识干家

企業閱讀　學以致用

识干家官网
www.bracebook.com.cn
企业阅读 ■ 学以致用

白酒营销的第一本书

唐江华◎著

升级版

中华工商联合出版社

图书在版编目（CIP）数据

白酒营销的第一本书：升级版／唐江华著．—北京：中华工商联合出版社，2016.2

ISBN 978-7-5158-1588-6

Ⅰ．①白… Ⅱ．①唐… Ⅲ．①白酒－市场营销学－研究－中国 Ⅳ．①F724.782

中国版本图书馆 CIP 数据核字（2016）第 018861 号

白酒营销的第一本书（升级版）

作　　者： 唐江华
责任编辑： 于建廷　臧赞杰
责任审读： 郭敬梅
封面设计： 久品轩
责任印制： 迈致红
出版发行： 中华工商联合出版社有限责任公司
印　　刷： 北京宝昌彩色印刷有限公司
版　　次： 2016 年 7 月第 1 版
印　　次： 2018 年 12 月第 2 次印刷
开　　本： 710mm×1000mm　1/16
字　　数： 200 千字
印　　张： 16.75
书　　号： ISBN 978-7-5158-1588-6
定　　价： 68.00 元

服务热线： 010－58301130
团购热线： 010－58302813
地址邮编： 北京市西城区西环广场 A 座 19－20 层，100044
http：//www.chgslcbs.cn
E-mail：cicap1202@sina.com（营销中心）
E-mail：gslzbs@sina.com（总编室）

工商联版图书
版权所有　侵权必究

凡本社图书出现印装质量问题，
请与印务部联系。
联系电话：010－58302915

博瑞森图书：企业阅读　本土实践

亲爱的读者朋友：

也许您是博瑞森图书的老读者，也许是新朋友，欢迎您阅读博瑞森图书！

当今中国，各行各业都存在着转型升级的压力与机遇。博瑞森图书与您一同应对转型挑战并发现其带来的机遇。

我们一直在问：什么样的书能为您解决管理难题并带来启发？

我们一直在找：哪些作品能帮助企业从跟随到领先？

我们一直在做：把最好的作品以最便捷的方式呈现给您，纸质版、电子版、书摘邮件、微信……

我们策划图书的原则是：

- 企业阅读——与您一样，做水中的游泳者，而非岸上的观众或教练，企业的困惑就是我们的任务。
- 本土实践——与您一样，立足本土环境，追求卓越实践，传播最适合当下中国企业的管理之道。

我们也向所有的企业管理者、管理咨询专家和企业研究者征稿，让更多被实践检验的好思想、好方法迸发出来，为企业助力！（bookgood@126.com 或 QQ：1963328416 或手机号 13611149991，绝非“自费出书”，不向作者收取任何费用）

如果有一天，您把博瑞森图书视为您优秀的事业伙伴、管理助手，我们也就实现了自己的梦想。

博瑞森图书

凡购买本书的读者，都将免费获赠本书精华电子版 + 书币，请登录博瑞森管理图书网，输入刮刮卡号码，即可下载电子版、领取书币。

升级版自序

不要辜负这个时代

一本技术类工具书能够再版，尤其是在这个“快时代”，说明了两个意思：一是读者的多元化，不管什么时代，总有一些人在坚守内心的纯粹，不愿意随波逐流；二是书本身随着时间的流逝越发显现出的真知灼见及不落后于时代的观点和内容得到了读者的肯定，在这个时代里有其一席之地。不管体现的是哪层意思，对于作者来说自然是欣喜的，读者的认同和褒奖就是对作者最好的致敬。

时代的变化之快反应在白酒行业也是让人恍若隔世，前几年行业的发展还像一匹脱缰的野马拉也拉不住，一个顿号就出现了断崖式的下跌，让整个白酒行业如惊弓之鸟。河流有自我净化功能，大自然有自我修复功能，社会的发展、行业的发展也是如此，没有永远的直线，有的是螺旋式的曲曲折折，这个曲折就是社会发展、行业发展的自我纠正和修复，是不以人的意志为转移的。

所以才有不要与趋势为敌的至理名言！

2015 年行业上市公司的三季度报表已经出炉，好消息多于坏消息，茅台作为带头大哥率先实现复苏，销售与利润均实现了两位数的增长；五粮液基本持平，说明其最坏的时候已经过去；剑南春在三季度结束就已经完成了全年指标；新三强洋河业绩傲人，发展势头锐不可当；ST 酒鬼和水井坊都实现了逆袭，利润大幅度增长。行业形势大好，“弱复苏”变成了“触底反弹”，行业是否重回了发展的快车道？

上市公司本就是行业的优质资产。所谓“春江水暖鸭先知”，行业是否复苏，这些上市酒企很能说明问题。有一点谁都不用怀疑，任何行业的发展都与这个社会的经济发展息息相关，中国的经济目前处于什么状况？三个字“新常态”！那么“新常态”下的白酒行业到底是什么状况？

一是行业的总体容量和销量是下降的，从高峰期的年消费过千万吨到去年的700万吨左右；二是市民消费崛起；三是中小企业，尤其是没有品牌根基和知名度的酒企生存举步维艰；四是强者恒强，白酒行业的整合时代加速到来。也就是说，以上市公司为代表的优秀白酒企业及地方强势品牌酒企的增长是以众多中小酒企的举步维艰甚至消失来实现的，是一种典型的挤压式增长，这就是目前行业的真实现状。

这种状况好不好？当然好！行业要想实现真正的修复，这是必须经历的过程！就像国家的经济结构调整一样，通过这样一种自我修复的过程实现新的转型和升级。在行业的转型和升级中，如果还心痛众多中小酒企的倒闭和破产，本身就是对消费者的不负责任，对行业本身的不负责任！在这个移动互联时代，如果企业有特色，哪怕再小也有自己的生存之地；如果没有自己的特色和创新却又指望在行业里面捞金，说明这个行业辜负了时代的选择。就像微信如果心痛电信、移动、联通的信息费收不到，微信就成不了我们生活的一部分；马云如果心痛淘宝对实体店的冲击就没有阿里巴巴的诞生。

中国崛起已成潮流所向，我们的白酒行业身处这个大时代，尽管目前有一点小曲折，但这是发展的曲折，随着中国的大国战略逐步实现，行业的发展将再次迎来新的转折点，实现新腾飞。

个人离不开时代，书的内容自然有鲜明的时代烙印，但营销就是这样，不管哪个时代都是着迷于对消费者本身的研究、迎合及引导，是以满足消费者的需求和潜藏的欲望为出发点，也就是说营销的本质没有改变，只是因时代不同导致消费者的消费嗜好、消费体验发生了转向而已。

感谢博瑞森，在这个电子媒体一统天下的时代还有自己的执着，用书的芳香持续滋润着这个时代的共同爱好者；感谢本书的编辑马优女士，是她的孜孜不倦让本书得以再版；也感谢我服务的企业——华泽集团，是企业的包容和帮助让我不断成长，没有与时代脱节；也感谢我成长道路上的每一位领导、老师、伙伴，你们的鼓励让我有了坚持下去的动力，也使得我不敢懈怠。

你我都是大国小民，在这个白酒行业急剧变革的前夜，你我都不要辜负这个时代！

唐江华

2015 年 11 月 8 日

原版自序

说说酒话

白酒行业的景气度连续几年挤进前三名，尤其是白酒板块在股市的神话般的表现，更是引得许多业外资本逐酒而来。这不，国内最大的PC巨头联想继2011年7月控股湖南武陵酒业后近期又将河北的乾隆醉揽入怀中，联想期望在酒业大展拳脚的心理表露无遗。

所谓"酒不醉人人自醉"，茅台、五粮液这几年的突飞猛进，洋河、郎酒近两年的再度崛起和狂飙，让白酒行业的标杆效应愈发显现。尤其是茅台，早在2006年笔者应《销售与管理》杂志之约写了一篇《冷眼相看茅台涨价》的文章，提到茅台的价格和价值效应远未释放出来，茅台的未来发展应该是走白酒奢侈化之路，短短几年时间，预言变成了现实，如今的茅台正在申请奢侈品标识。但茅台、五粮液仅仅是标杆而已，对他们来说，白酒的营销已经逐渐远去，对拥有两万多家白酒企业的行业而言，其发展的借鉴意义不大，尤其是营销上的借鉴更不是众多的中小白酒企业能够用得上的。

笔者一直在中小白酒企业工作，伴随着企业由小到大，见证了企业的成长过程，也因此积累了一些成长中的经验，受行业媒体朋友们的厚爱，将这些总结式的文章分阶段逐一发在行业媒体上与那些在中小白酒企业工作的同仁共享。现北京博瑞森管理咨询公司将笔者这几年的文章做了一个整理结集出版，以期让更多的行业同仁更系统地理解行业的发展规律，打开白酒营销那扇虚掩的大门。

这不是一本白酒营销教科书！

这也不是一本白酒营销战略规划书！

它就是一本摸爬滚打在白酒营销一线十几年的营销人员的实战总结，希望对目前仍在行业一线奋斗的白酒营销人员有那么一点启迪，对占据行业80%份额的中小白酒企业有那么一点借鉴。

任何行业的发展其实都与国民经济的发展息息相关，白酒行业也不例外。随着中国经济的持续高增长，白酒作为人的精神愉悦的一种体验势必会迎来更大的发展机遇，这从发达国家走过的路可以预见。而行业的机遇同样可以带动一大批中小白酒企业的发展，如果您不想错过这轮发展机遇期，追上这趟高速行驶的列车，本书或许可以带给您一些用得上的建议。

书已成稿，好坏自有读者去评说。在此，我要感谢北京博瑞森管理咨询公司的张本心总经理、感谢本书的主编曾奕玮先生，是他们的辛勤工作才有了本书的出版发行；感谢我工作的企业华泽集团——开口笑公司，让我有机会亲历企业由小到大的发展过程，也促成了自身的发展；感谢我成长过程中的每一位领导，是他们的宽容和支持让我有机会将所想付诸实践，将理论变成实战。

营销无定式，创意无止境。促销最好的方式就是涨价，营销的最高境界就是没货卖。看完本书，您能够理解透彻这两句话的真正含义，您就能够做到轻轻松松卖酒！

唐江华

2011 年 12 月 3 日

升级版新增篇章说明

（共 10 篇，比原版增加 25% 的新内容）

录

第一章

白酒行业的未来趋势

一、白酒行业请远离浮躁

不知是移动互联的到来让资讯过于发达的缘由，还是白酒行业养在深闺太久了，近来的白酒行业总让人觉得浮躁之风太浓，暴戾之气太盛。按说黄金十年让白酒行业嚣张得有点过，给国民的印象像“土豪”，到了如今的白银时代，好歹也得收敛一点，让别人去喧嚣，我们过好自己的日子就得了。

但媒体是不会消停的，媒体的属性决定了它必须不断制造噱头以吸引读者的眼球。因此，尽管行业里面90%的企业都在苦难中挣扎，但我们每天看到的却是充斥在媒体头条的“5亿元到25亿元的秘密”，“100亿元企业的市场真经”，让人感觉行业里面90%的企业活得很艰难是跟媒体毫不相干的事情，白酒行业仍然是一派欣欣向荣的景象。只不过上市公司作为行业里面的优质资源，他们的数据摆在那里，都说外行瞧热闹，内行看门道，但就是外行，他也认识数字啊，那么消费者该信谁呢？

我一直都不是悲观派，但我更不喜欢睁着眼睛说瞎话。行业的集中度肯定会提高，但绝对不是提高到茅台、五粮液、泸州、洋河几家说了算的程度。真到了这个地步，消费者会得到什么好处？行业里面的从业者会得到什么好处？媒体会得到什么好处？适度的集中是为了净化市场，将那些对消费者不负责任、对社会不承担责任的企业淘汰掉，而不是形成新的垄断。市场一旦被垄断，吃亏的还是我们自己，这种吃亏的事情我们见得还少吗？经历得还少吗？

做市场是需要耐心的，一个健康的市场、一个健康发展的企业更要放在10年、20年的历史长河中去进行评价、考证、研究、提炼、学习。

郎酒的“群狼战术”用5年时间把郎酒从年销售3亿元提高到了100多亿元，行业里面对这种战术倍加推崇，媒体的报道也是狂轰滥炸，极尽

恭维。及至行业下行，郎酒疲态初现，曝光的100亿元销售背后隐藏的巨大库存又让媒体逮住进行新一轮的轰炸，只不过这次是作为反面教材，之前的“群狼战术”、“招商战术”成了库存积压的反讽。好在郎酒命不该绝，2014年崛起的歪脖子小郎酒再次赚足了行业媒体的眼球，其销售也从几亿元暴增到五十几亿元。

还有一个例子就是上市公司青青稞酒。2013年的媒体报道把这家企业捧上了天，成为行业逆市增长的标杆，2014年才过了一半，标杆应声落地，持续增长不再。不是说销售额下降，青青稞酒的发展就不行了，人家照样活得很好，人家的市场占有率摆在那里，不是随便可以抹杀掉的。

前段时间看江小白老陶写的一篇文章《跨界就是为了创造另外一个界面》很有感触，觉得这是真正做企业的人应有的思考和动作，比媒体对某些企业的总结深刻多了，也算是企业家拒绝浮躁的一种回应吧。不是把卖酒的平台搬到互联网上，也不是用微信朋友圈卖出了几吨白酒，你就拥有了卖酒的互联网思维。既然是思维就得有一个系统支撑，有配套的东西跟进，有可持续性，不是玩了一个概念或一个点子就可以一劳永逸。如果是这样，小米手机早就消失了。

还是江小白老陶说得好：“江小白是酒类行业第一家跨界开设自有品牌酒吧的企业，属原创。估计以后又会有模仿者，但是请爱惜自己的FACE（脸面），别抄袭模仿山寨了还说是自己的原创创意！”都说创意无限，白酒行业需要创新，但中国最缺的就是这个东西。老陶是吃过这种亏的人，所以感触深一点。从行业的现状来看，老陶带领的江小白近几年可能做不大，既然定位小资就要忍受小资人群的窄众，但这不会妨碍老陶的企业很好地活下来。小而美也是一种很好的生活方式，关键是自己看得清、不盲目。

如今的白酒市场缩减了至少三分之一甚至二分之一。如果行业对此视而不见还在一味地要求增长、要求高利润就是在自欺欺人！当然，任何情况下都有胜出者，每家企业都想做那家胜出者，此消彼长在任何行业都是存在的，但这不能代表整个行业的发展。

二、远离浮躁之后如何做

既然不能浮躁，那么企业接下来该怎么干呢？

（一）面对现实，调整目标

杜康三年冲100亿元销售额，一个苗国军实现不了，再给杜康三个苗国军同样实现不了。这时候企业就要认真分析自己所处的实际情况，深度调研，给自己一个跳起来够得着的目标。如果继续一意孤行，最终会走入死胡同，成为行业调整下的牺牲品，也可以叫好高骛远下的牺牲品。

市场的发展是不以人的意志为转移的，小米加步枪能赶走日本鬼子那是阿Q式的意淫。行业里绝大多数企业要对自己的企业有一个清醒的判断，不能继续以往的快马加鞭，一定要调整目标，让自己的队伍看到希望，不能天天打败仗。如果总是打败仗，队伍的战斗意志很快就会消失，到那时就悔之晚矣。

（二）以变应变，引导消费

移动互联时代的消费者有了哪些变化？企业要成立独立的消费者消费趋势调研部门，专门研究消费趋势的改变和追踪新的消费热点。

做市场能够成功无外乎两种模式：一种是满足现有消费需求，消费者需要什么就生产什么，用产品的高性价比吸引消费者的比较选择，这是大多数企业使用的套路；另一种是满足消费者的潜在需求，能够引导消费者，挖掘消费者内心的真实需求，通过某种引导将消费者的这种需求激活，爆发出强烈的消费欲望。

诺基亚的科技以人为本，走的是满足现有消费需求的路子，所以它的产品很精致，做工、价格也很合理。但乔布斯的“苹果”走的是满足消费者潜在消费欲望的路子，所以尽管价格很高，仍然引得粉丝疯抢。

在行业里面有一款产品发现了一种消费趋势，尤其针对年轻人，并将其深入挖掘，也成就了自身的疯狂成长，这个产品叫冰锐。说白了就是一款鸡尾酒，也不是什么新鲜产品，但它在迎合年轻人的酒精消费需求上把产品做得更符合年轻人的审美和饮用情趣，这是它的聪明之处。

所以我坚持认为，尽管老陶的江小白不会一下子做得很大，但他的方向没错，如果他能够坚持下去，一旦年轻人的消费欲望被激发出来或者若干年后这一拨被江小白陪伴成长起来的年轻人拿到话语权，就是江小白功成名就之时。

（三）产品聚焦，多做减法

行业里面不管哪个成功的企业，尤其是现有环境下还能有利润支撑的企业一定都是主销产品突出的企业。开发一大堆产品满足消费需求的企业实际上满足的是渠道的利益追求，消费者有这种需求吗？答案是显而易见的。

产品聚焦促使企业要学会做减法，尤其是在品牌定位上的产品减法。一个品牌对应的价格段肯定是有限的，无限度地衍生在行业向好时有点蝇头小利，在行业下行时一定会产生积压，从而严重损害企业的赢利。

从消费者的认知上来看，消费者对应的品牌记忆更是少得可怜。没有哪个消费者能够记住你所有的产品，说得出前三个产品的消费者是对品牌有感情、有记忆的消费者。何况我们的许多企业员工自身都记不住自己企业出了多少款产品，更遑论其价格体系了。

笔者接手无比保健酒的操作时，将当时企业市面上销售的近50款产品缩减成“1+2”，即1个全力以赴主推的无比小高瓶保健酒（100ml装），加上2款春节期间应节销售的礼盒产品。将全部资源集中投放在无比小高瓶上，通过这种聚焦才把企业从亏损的泥潭中引入发展的快车道。

（四）价格至上，死生之地

都说吴少勋带领的劲酒这几年做得好，尤其是近两年行业调整期一路高歌更是羡煞众多止跌不住的酒企领导人，也一度成为行业学习的标杆。学习的资料已经汗牛充栋，但吴少勋在2014年劲酒长沙年会上讲的话有几个人真的听进去了？

他的大意是这样的：在劲酒的货物管控和价格管控上哪怕让劲酒的年销售从60亿元腰斩一半到30亿元也要坚持。因为如果价格乱了，渠道赚不到钱就会心生怨气，劲酒这个品牌将不保。无独有偶，“牛二”这款年销售过2000万箱的单品在行业如此不景气的情况下仍然数次提价，为了什么？就是为了确保价格体系的稳定，保障渠道网点的合理利润。

反观行业里面各大白酒企业对价格的运用，是只听新人笑，伤尽旧人心。价格不保，网点总是赚不到钱，品牌被踢出局是迟早的事情。消费的坏口碑是怎么聚集起来的？就是众口铄金的结果！国窖1573的停货被很多行业人士耻笑，为了眼前利益，很多人是不管未来的！国窖1573只要生存不成问题，停货这种举措在未来的收益是可期的，关键是国窖1573对净化市场的决心有多大，能不能像吴少勋那样哪怕销售额腰斩一半也要坚持，不会动摇？

（五）多点创新，扩容市场

网络卖酒卖什么？以前的网络卖酒就是价格战，毫无新意可言，也是最为传统渠道诟病的。随着移动互联的发展和网购的盛行，这两年网上的卖酒状况也有了很大的改变。酒仙网做的几次限量纪念版酒品个人觉得很好，例如与厚工坊合作的世界杯纪念版很有创意，据说也卖得很好。网络上兴起的掘金老酒潮，把遗落在民间的老酒价值充分挖掘出来并提供了一个交易平台，让白酒的收藏市场再度风生水起。

网络卖酒就是要将互联网的优势释放出来，用创新的手法玩转白酒市场，而不是仅仅与传统渠道抢生意。网络应该是市场扩容之地，借助新鲜的创意，把白酒这一传统的生意做出全新的体验，吸引更多的消费人群。

（六）网络下沉，抢抓先机

以前的乡镇市场一些“三无”产品占主流，随着乡镇市场的消费升级和各大主流企业对乡镇市场的重视，那些偷税漏税、偷工减料、以次充好的白酒企业将会逐渐被挤出乡镇市场。“乡镇当作县城做”会成为下一波热点，事实上许多企业在这上面已经尝到了甜头，成立了专门的乡镇推广机构或乡镇办事处，分食那些“三无”产品的市场，培育新的消费群。

乡镇市场的白喜事消费尤其值得重视，这种消费尽管单瓶档次较低，但数量巨大，最大的优势是不存在退货且是实实在在的消费。目前的乡镇年轻人都在外打工，只有老家亲人过世了才会聚集回家，于是庞大的消费潜力一下子就被激发出来。但这种消费也需要引导，找准话事人才会有效。

（七）私人定制，个性挖潜

移动互联的最大好处就是将个性化消费进行释放和攀比。一个人有了新的发现会发图分享，你分享了我也不能落后，也会想办法扳回一局，这种潮流就为私人定制酒水提供了契机。目前的婚宴用酒选择定制产品的新人越来越多，稍微有点钱或者离酿酒基地近一点的消费者成群结队到酒厂定制封坛酒。有些人封坛后用于多少年后自己过生日时开启，有些用于自己的小孩考上大学或结婚时开启，等等。

私人定制要有特色，要符合消费者的个性化需求。可以组织私人定制产品的消费者建微信圈或俱乐部，定期进行分享，要将线上成果进行转化，通过这种方式可以带动口碑宣传，吸引更多的人加入私人定制。同时，举办定期活动让这些消费者能够参与互动，而不是一锤子买卖，形成粉丝经济。当然，就算每次活动有很多粉丝到不了，也可以邮寄纪念品，将参与活动的粉丝照片上传至微信圈，让群里面的人能够感受到被重视。

白酒行业在中国是一个有着5000多年传承的行业，尽管互联网带来了很多新式玩法，但传统的一些好的东西仍然值得我们去坚守。毕竟占据行业主流的企业不可能都有茅台、五粮液的品牌地位，更多的企业是在行业下行时要过得稳健一些，让自己活下来，而不是每家企业都去潮头唱歌，成为弄潮儿。

三、经济萧条的应对策略

随着全球经济增长放缓，以外贸出口为主的企业受到的冲击最大，不是被关闭，就是被迫减少订单，但也有部分外贸出口企业的日子随着危机的到来越发红火。许多企业倒闭，导致订单更加集中到这些尚未倒闭的企业手中，行业洗牌让这些企业越发强大起来。

白酒行业的洗牌是否会像这些外贸企业那样呢？不会！一是白酒行业属于典型的与居民日常生活密切相关的行业，受经济的晴雨表影响较小；二是白酒企业基本上以内销市场为主，只要国内的经济不崩溃，行业很难出现大规模的洗牌行动，倒是那些曾经红火的国有企业或者大型企业会在经济萧条中因为自身的应对措施较慢或举措不力而暂时丢掉排名或陷入经营困境。

就白酒行业而言，中小企业只要不犯原则性的错误，经济萧条对它们的影响反而没有对大型企业的影响大。白酒行业的洗牌不会令其受到更大的影响，这是中国特色的行业环境和经济环境所决定的！

(一) 主产品：高端酒推广是企业能够走远的决定性因素

白酒行业之前有调高产品结构、加大高端酒推广力度、压缩低端酒生产和销售比例进而获得增长和效益的有效“法则”。对于这些现在正在失灵的“法则”，个人不敢苟同。如果一个企业的发展丧失了基本法则，就算它能够躲过阶段性危机的影响，过后的发展仍然会举步维艰。

这不是危言耸听！

危机时期的高端酒推广不要像经济形势大好时期那样高歌猛进、不计成本就行。不管什么样的危机，高端的商务接待不会销声匿迹，反而更能彰显接待双方的实力和面子。中国的国情和民俗不会因为这个危机被改变，这就是高端酒的机会。

当然，如果你不识时务地在这个时候大肆推广高端酒新品，消费者是不能接受和认同的。因为你违背了中国人在应对危机时需要共同遵循的节俭原则。

结论：手中有现成高端酒品牌的企业，尤其是推广工作稍微有点起色的企业不要停止推广，因为企业未来的希望和市场现状决定你不能停止；计划推出新品牌的企业则应该暂缓上市计划，待经济形式有所好转时再加大推广力度上市；低端酒的压缩生产和取消也应该是企业未来发展的战略之一，不应该受影响。经济萧条的到来放慢了这种发展的步伐，许多企业误以为抓住中、低档产品就可以躲过经济萧条的袭击。

人类文明的发展和前进绝对不是危机能够阻止的，消费趋势上移的脚步也不是危机就能够止住的。经济萧条的影响就像股市的震荡，在经过一段时间的波动后会一次次顽强上扬。因此，压缩低端酒的生产和销售比例在未来仍然是白酒企业的关键方向之一。只不过面对经济萧条的袭击，我们需要放慢并调整步伐，适当增加一些销量上的应对而已。

所有这些都是一些战术上的调整和应对，而战略上的原则是不需要更改的。

（二）副产品：需要更加重视中档酒的推广

对中档酒的概念有必要做个解释，例如你所在市场的白酒主流价位是20～30元/瓶，那么这个价位就是你所在市场上的中档酒概念；而你所在市场上的白酒主流价位在100元/瓶左右，那么这个价位就是你所在市场的中档酒概念。因此，我们说的重视中档酒推广是根据各个市场的实际情况来界定的。

中档酒的市场爆发确实与危机的到来有点关系。在人们消费更趋理性的今天，中档酒的需求会被点燃，抓住这个机会，市场就有了保障。但面子消费同样会对中档酒推广形成考验，不是说你的价格定在中档大家就会消费，而是你的酒够档次才会形成潮流，这就是推广才能形成的局面。

（三）市场：阵地更集中

危机的影响导致企业投放到市场上的资源有限，如果将其分开使用，其作用就会削弱。白酒企业应该明白自己的利基市场在哪里，集中有限的资源从利基市场上摄取更多的份额和利润。寄希望于新开发市场的胜算无疑是要大打折扣的。当然，企业的资金充足，足以支持战略扩张则另当别论。

为了应对危机，企业进一步收缩市场，但投入并没有因为这种收缩而降低。在危机时期我们更讲究投入对重点市场的影响，更讲究投入的回馈比例。从实际效果来看，市场收缩不但没有让销售受到任何影响，反而大大增强了员工和经销商的信心，让经营利润有了根本性的改观。

阵地集中可以增强企业对市场的可控性，减少投入失误，为危机过后的快速发展奠定资金和市场基础。

（四）渠道：进一步扁平和下沉

如果不是为了配货的需要，目前各地的批发市场真的没有再存在下去的必要。稍微有点品牌影响力的白酒企业早已经摒弃了传统的批发市场，因为这些传统的批发市场反而成了他们发展壮大的绊脚石。传统批发市场的价格杀伤力往往令这些白酒企业的价格体系一夜之间崩溃，这也是中国市场的价格体系不那么规范的罪魁祸首。

渠道的进一步下沉有两个原因，一是为了强化与三四级市场的渠道商沟通，加强其服务功能，加快反应速度，及时解决市场上不断冒出的问题；二是快速掌控渠道商的资金和生意资源，收集来自一线的渠道商和消费者的意见。

目前的白酒渠道也逐步多样化。由于单纯的酒店、批零点卖酒并不能完全有效启动市场，因而消费者“盘中盘”被更多地挖掘和受到重视。尤其是高端酒的推广，不重视与核心消费者的一对一沟通，销量就不能获得根本性的改观。

（五）经销商：加强沟通和培训

经济越是萧条，与经销商的沟通越是重要。许多经销商反映某些品牌因为不讲诚信导致自己的市场积压严重，市场进展缓慢甚至倒退。但厂家并不理会这些事情，反而是一个劲儿地催促打款。厂家的驻地经理也是这样，要经销商打款的时候人就出现了，一旦打款人就没了踪迹。如此种种，对经销商的伤害很深，某些经销商说：“这个品牌以后哪怕就是卖疯了我也不会做，我就不赚这个钱！”

经销商讲出这样的话是对那种不做市场的品牌的抗议，以及对那些不讲诚信厂家的憎恨。经济萧条时如果这样对待经销商，以后能有好日子过吗？

经济萧条的到来对白酒行业来说是一次很好的机会。在生存未受到根本性影响的前提下，渡过危机的最好办法就是“苦练内功”，夯实所在市场的基础，为经销商提供稳定赚钱的产品，为消费者提供物超所值的产品，顺应危机潮流和市场趋势，这样企业在危机中就会得到进一步的发展和壮大，危机后才会迎来新一轮的发展！

四、关键时刻的营销六法

从广告营销到整合营销，从掌控渠道到掌控终端，白酒营销走过了一段辉煌而崎岖的道路。白酒行业既催生出了茅台、五粮液这样的行业巨头，也滋润了类似洋河、西凤、宋河、汾酒等老牌名酒，让它们重焕生机，赢得了行业内外的尊重。更有近2万家尚在“冒烟”的大大小小的酒厂，不但养育着千千万万的以酒为生的员工，更是带活了一方经济，成为地方政府的座上宾。白酒行业目前也的确面临着巨大的生存危机。许多新产品上市就等于退市，而老产品也是苦苦支撑，白酒行业在利润微薄的情况下煎熬，难道到了生死存亡的关头？

我们曾经有过排队运酒的辉煌过往，也有过贴牌做全球总经销的意气风发。可今天，包装洋气了，酒质提升了，价格便宜了，但酒却很难卖动了。今天的消费者究竟怎么了？白酒怎么了？白酒还能够怎么卖？

要想重拾往昔的辉煌，需从以下几方面着手：

（一）与酒文化结缘

教育在扩招，每年都有成百万上千万的大学生涌向市场，这说明了一个问题：中国人的整体素质提升了！在这种环境下，将白酒还看成是下里巴人的专利无疑是拿根绳子套自己的脖子。

文化酒层出不穷也说明这个大趋势还是很清楚的。让人郁闷的是，一些文化酒也有点太牵强附会了，因为很多八竿子打不着的故事都被我们白酒厂家引经据典给用上了，过高估计了喝酒人的素质。就是卖文化也要大俗大雅，让大家看得明白才能喝着舒畅。

酒鬼的文化是什么？洋河的文化是什么？茅台的文化是什么？即使是一些不喝酒的人可能也能说出一二，这样的酒文化才真正能够让人记住，才能够融入卖酒的过程中让消费者产生共鸣，激发出其购买欲望。

（二）为消费者服务

卖白酒也是做服务。很多人不相信，认为只要自己的酒好，设计的价格体系让各个环节都有钱赚，工作就算到位了，还要给消费者去做什么服务呢？难道要亲自把酒一瓶瓶卖给消费者？没错，就是这样。虽然这一瓶瓶酒不是通过你亲自卖给消费者的，但这一瓶瓶酒确确实实是消费者从城市的每个角落买走喝掉的。他为什么买你的酒而不是别人的酒？也许就是你的服务比别人好！

对消费者的服务体现在很多方面。消费者的需求有时表现得很模糊，需要我们不断去诱导、挖掘。营销的本质就是不断满足消费者的潜在需求！这种话我们听得多，但实际执行得少，所以对消费者的服务也是停留在口头上。

从茅台、五粮液的专卖店来看，做消费者层面的工作要大于其实质销售的目的，因为消费者来到这种专卖店享受到的服务直接决定了该品牌留给消费者的印象。通过这个窗口，厂家也可以直观地掌握消费者的需求变化及爱好，从而提供更符合消费者新需求的产品和服务。

（三）让促销更新颖

离开促销酒就没法卖了，这是行业里面卖酒人的心声，也说明了促销的普及化和重要性。促销又分为渠道促销和终端促销两个大的范畴。渠道促销是大家最喜欢做的，也最容易检测到成绩和效果，但渠道促销对白酒来说也渐渐不灵光了，效果越来越差；相对来说，终端促销才是白酒真正需要关注和执行的。终端促销既包括以酒店、单位为平台开展的促销活动，也包括直接针对消费者开展的促销活动。

促销活动的新颖要求我们注意促销的方式、方法、促销赠品及助销物料的选择。同类产品的赠送在市场稍有起色立即予以停止，赠品的花样更要时做时新以吸引消费者的眼球。

（四）用广告来助销

做任何产品都需要做广告。很多人都觉得新产品需要做广告，但对老产品也需要做广告就不以为然了。在这个吸引注意力的经济时代，消费者的遗忘功能是很强大的。曾经红遍全国的明星只要三个月不露面就会被忘记，更何况那么多并不知名的白酒，被消费者遗忘的速度就更快了。

广告助销还要注意的就是广告画面的更新，尤其是白酒行业。一个形象代言人、一部广告片三五年不换是常事，不要说消费者厌倦了，你自己成天看着也烦吧？没有创意，稍微变换一下颜色也好，换一个故事再讲也行。看看金六福、饮料行业的“两乐”和娃哈哈，不要总说人家发展快、做得大，举手之劳的事都不愿意做，广告助销的效果又怎么能体现出来？

（五）持续地推广

做市场就是要不断折腾，折腾得让消费者产生消费依赖后还要继续折腾，这说的就是推广的持续性。许多品牌做一两波活动能够坚持，而且做得轰轰烈烈、美轮美奂。两波活动一结束不管市场有没有反应都没了下文：有反应的话就想到前期自己投入那么大该是有所收获的时候了，总不能够不收获；没反应的话就更要谨慎了，鬼知道再往下投会不会亏得更多？

没有耐心打持久战的人最好不要做白酒，两三年不赚钱是常事，三五年还亏本的大有人在。消费者也变得更有耐心了，对那些经常出现在他们身边的品牌才更能够产生信任。消费为什么向名酒集中？是消费者自身起了变化。

推广的持续性不要轻易受市场本身左右，只要我们认准的方向没错，哪怕暂时亏损了、活动出现了偏差也不要轻言放弃。所谓“柳暗花明又一村”、“风雨过后见彩虹”，能够坚持的品牌绝对会有出头之日！

（六）不遗余力的品牌打造

卖酒就是卖品牌，这话在今天恐怕没有人再反对了。品牌就是消费者的一种购买符号、一种购买标识、一种信任。

花 400 元买一瓶五粮液而不买 100 元的泸州老窖，就是因为五粮液的品牌溢价比泸州老窖高出很多。酒鬼受体制所困多年未走出困境，被折腾得资产呈巨额负数，却仍然得到中糖公司的青睐，其中品牌起了居功至伟的作用。

笔者最近看了原北欧航空公司总裁詹·卡尔森写的《关键时刻》，书中提及最多的是“究竟以产品为导向，还是以消费者为导向”的诘问，答案自然不言而喻。我们卖酒的“关键时刻”有哪些？一切围绕消费者所做的工作都是“关键时刻”！消费者关注你的品牌，希望你提供的产品知名度高、有安全感；消费者希望你不断推出一些促销新花样，让他们能花更少的钱买更多的东西；消费者还需要你的货随处可见，以方便他们的随机购买。消费者的总需求就是我们卖酒的原动力，也是我们能够持续不断地把酒卖出去的方向所在。

很多人卖酒显得很迷惘，广告、促销、更换包装、买店、赠饮等花样百出可就是没有成效，消费者该喝什么品牌还喝什么品牌，问题究竟出在哪里？我觉得不要把卖酒看得过于神圣，只要大家扎扎实实地静下心来做好一些基本的市场基础工作，酒的动销只是迟早的事情。

说到底白酒也只是一个物质载体，白酒能够让消费者记住更多的是白酒本身以外的东西，尤其是能够长久延续的东西。

五、剥掉虚伪文化的外衣

“文化入酒”成功的先行者要数酒鬼。随着黄永玉大师的题名、题词，酒鬼的“大湘西神秘文化”一时被无数好奇的国人所认识、探询。酒鬼酒像水井坊一样成了当时国内最贵的白酒，风头盖过茅台和五粮液。只是酒鬼终究没能把握时代所赋予的一次次机会，导致先驱变成先烈，酒鬼文化也逐渐远离了消费者的视线，沦为没落的贵族。

现在还在品尝酒文化的甘甜的当数风头正劲的水井坊。全兴（四川全兴酒业有限公司）巧妙地在历史遗迹上大做文章，沿着酒鬼曾经成功的道路推出国内最新一款最贵的白酒，初期定位在中国最先富裕起来并一心想炫耀财富的新生代大富大贵人士的奢侈消费品。犹如百事定位于“新一代的选择”一样，水井坊的这种定位和文化宣传也使其迅速上位，成为红极一时的高档白酒新贵。

以上所列举的都是高档酒的例子，难道中、低档白酒就不能拿文化入酒了吗？问得好！这就引发出了我们的第一个问题：谁是文化酒的拥趸？

高档酒的消费人群相对来说知识层面较高，你给酒里面揉入一些比较深奥的文化元素，他们一看就能够领会，而且越是深奥的东西越能引起他们的探求欲望和解疑的好胜心，以显示自己的与众不同；而中低档白酒的文化入酒讲究的是大俗大雅，大家一看就能够明白，得到大多数人的认可和共鸣就算成功了。

金六福的福文化，着力打造的是中国民俗的一部分，立意深远而又让国内平民阶层认可、喜爱；浏阳河的伟人文化、民歌文化，是用国人熟知的民歌、伟人来为自己的酒增辉，触发的是消费者的怀旧情感；今世缘的缘文化、全兴520的时代感文化等都是抓住消费者内心的一些需求在做文章。所以说，文化入酒也需要事先给自己的产品界定身份、界定目标消费群，然后才能确定融入什么样的文化到自己的酒里面。

那种靠堆砌历史名人典故给酒文化做装饰的做法很不可取。说到底文化入酒只是一个药引子而已，并不是说酒里面含有了文化就能够给这个酒带来倍增的身价。更何况文化入酒讲究的绝非一朝一夕之功，并不是你的酒因为人为地上了一点文化的颜料就能够脱胎换骨。

看看那些文化酒做得比较响亮的品牌，哪个不是花了大把大把银子才有了些许的成就？金六福为了让福文化深入千家万户，短短八年时间号称花费了二十多亿元，才有今日这小小的成就；水井坊、国窖1573等哪个不是用金钱的堆砌才有今天的成就？再看看“国酒”茅台和“酒业大王”五粮液，每年为自己的国粹文化和霸气文化耗费了多少银子才守住今天的地位？所以说，文化酒也是需要金钱来打造的，不是贴上“文化”二字就行。

消费者是文化酒的最终鉴定者。消费者喜欢什么样的文化？消费者爱好什么样的文化？找到了消费者的嗜好我们才能够有的放矢。你孤芳自赏搞什么自己的鉴定标准，只能把酒卖给自己喝。

案例：没追到梦的“追梦人”

市面上曾经有一款叫“追梦人”的白酒，推出了年轻人的“追梦文化”，也算是附庸风雅有了诗意。但市场的结果却是一败涂地，没几个人去饮用、去购买。

表面看来，它可是抓住了消费者的嗜好啊。但这里要问的是：有谁看到过十八九岁的年轻人天天去喝白酒的？就算他喜欢喝白酒，他的经济承受能力呢？而中老年消费人群谁又会去追梦呢？

所以，类似“追梦人”这样的文化酒失败是正常的。如果成功的话，那是老天爷开眼，让它开辟了一个全新的酒类市场，瞎猫逮住了死耗子。到南极去卖冰箱只是营销教案上告诉我们不要受思维的局限，但现实中就不是这么容易成功的。

当然，消费者的心智和嗜好有时是需要我们去开发和引导的。如何引领潮流、引爆流行就是我们这些做酒的人需要思考的问题。消费者的潜意识里有些东西是需要激活后才能够爆发出来的，因为消费者是有消费习惯的，而消费习惯又是可以培养的。消费者受五粮液的霸气文化熏陶久了也就习惯性地认为五粮液就是中国的酒业大王，是最能够体现身份的白酒；因为茅台是“国酒”，用茅台送礼就显得很体面，是一种面子文化。

案例：不糊涂的“小糊涂仙”

有的酒虽然也打了文化的旗号，但骨子里这种文化并不是其卖酒的根源。如小糊涂仙的糊涂文化，到底是因为其糊涂文化令小糊涂仙卖遍大江南北，还是别的原因呢？分析小糊涂仙的文章汗牛充栋，笔者不想凑这个热闹，这里说三点自己的观点：

（1）小糊涂仙抓住了当时全国性的消费上移趋势，独家主打推出了终端价格定位在100元/瓶左右的产品，满足了消费者既要面子又讲究实惠的心理；

（2）非常巧妙地借用了茅台的概念，打出了“茅台镇传世佳酿”的旗号，“忽悠”了消费者；

（3）大家熟知的大面积终端促销人员的导入，占得了历史性的先机。

至于其所谓的文化，又有几个消费者是冲它的糊涂文化去消费的呢？也因此小糊涂仙的案例在行业里面并未作为文化酒供大家学习，反而其终端操作为白酒后来者借鉴。而那些效仿小糊涂仙推出文化酒的品牌则没有一个学习成功，全部在“糊涂”中消亡，因为它们没有找到小糊涂仙成功的真谛，却去学皮毛，焉有不败之理？

到今天，名酒的复苏现象愈演愈烈，消费的集中度也越来越高。这说明了一个根本性问题：消费者对那些具有厚实历史底蕴的名酒发自内心地认可并相信。名酒复苏卖的是一种历史沉淀文化，是多年以后消费者的理性回归选择。名酒是历史沉淀的产物，是经过大浪淘沙淘出来的，它的文化不仅仅是一瓶酒那么简单。消费者之所以选择它是因为名酒带给他的不仅有感官上的享受，更涵盖了内心深处的私密，是一种满足和虚荣。

现如今的消费者追求什么呢？文化入酒的消费者又在追寻什么呢？剥掉文化的伪外衣后，那瓶酒还有几个人认识和认可？不少新酒在推向市场时都曾经做过类似的实验，将没有品名的酒摆在一起让消费者选择，结果他们立即变得无所适从。这说明一个什么问题？说明酒的内在品质是常人分辨不出来的，说明白酒的同质化很严重。五粮液之所以是五粮液，不是因为酒质就真的比泸州老窖好很多，更不能说明比水井坊差很多，而是五粮液这三个字已经让人认为就值那个价钱，即不会高也不会低，除非其本身的形象得到提升。

做酒要做到消费者的心里去，做文化酒就更应该做到唯消费者马首是瞻。文化能够统治一个民族、一个国家，何况是一瓶小小的白酒呢？我们那么多的白酒没能好好用上文化的外衣是因为对文化一知半解，总觉得文化是可以“忽悠”的、消费者是可以“忽悠”的。消费者可以不懂你提出来的文化但不意味着不懂文化，如雅文化、俗文化、高深的文化，只是对应的人不同而已。每个群体都有自己认同的文化，就像宗教的信仰一样，个人有选择的自由。

能够标榜自己是文化酒的白酒已经越来越少，与前几年酒鬼酒大打酒鬼的文化复兴牌不同，目前的白酒就是做文化也是潜移默化，讲究对消费者的渗透而不是狂轰滥炸。看看水井坊和国窖 1573 的较劲就知道了，文化只是附着在其表面的外衣而已。地方的白酒就更不用说了，地方文化的特色就是对酒文化的最好诠释，也是最能打动消费者的地方。

做文化酒还是做酒文化？要做出自己的选择。

六、高档酒才是未来之星

全球经济萧条对各个行业的冲击逐渐显现出来，白酒业也不例外，但冲击威力并不如想象中那么大，白酒的发展仍然以势不可挡的速度前进。

经济萧条对白酒行业的两端发展影响不大。我们没看到或者听到那些老酒民减少自己的饮酒量，也没有看到民企老板因为工厂破产而减少自己对高端白酒的消费，倒是那些曾经的白领、中产阶层为了储备粮食“过冬”而压缩了自己的对外应酬，消费能力有所减弱。

（一）危机下的“完卵”

股市大跌的时候，茅台仍然站在高位，就算在股市惨不忍睹时，茅台、五粮液等高端的白酒品牌仍然是股民们的希望所在。国内各个酒企的发展也是这样，如泸州、郎酒、西凤、洋河等白酒企业在继续高歌猛进，以国民经济发展几倍的速度往上蹿。仔细观察，这些酒企的快速发展都有一个共同点：它们的高端产品销售在市场上非常红火。高端产品的火爆使它们面对经济萧条时毫无惧色。

从现状可以断言，未来高端白酒消费会继续维持在一个稳定的水平，可能没有明显上涨，但绝对不会下降；中档白酒的销售因为白领阶层的谨慎消费会出现一个较大幅度的下滑；中低档产品的销售会继续稳定上升，因为一部分消费中档白酒的酒民会退而求其次，消费的两极分化进一步加剧。

（二）历史的“天空”

行业的泰斗五粮液能够成为今天的酒业大王不是产值决定的，而是这个代表高端消费的品牌决定的。每一个国人想到五粮液时，浮想出来的首先是一瓶很贵的酒、是一种能够代表身份的白酒品牌。茅台的发展也是这样，如果定位在中低档，茅台也就不成其为国酒了。五粮液提价成功，茅台一直死盯住不放。也因为这样，茅台抓住了二十世纪九十年代没有与五粮液拉开差距的黄金十年，始终保住了国酒的地位，站在了行业的最高端。

同为中国名酒的泸州老窖、汾酒、西凤、古井贡等品牌，一开始就把自己定位成老百姓的名酒，不到十年时间，就与行业巨头茅台、五粮液拉开了差距，甚至有些曾经一度为生计发愁，可见差距之大。当然，泸州老窖发现了这个规律后，在二十世纪末、二十一世纪初狠推国窖 1573，通过国窖 1573 的成功终于回归一线名酒行列。

我们再来比较两个品牌：酒鬼酒和水井坊。二十世纪九十年代初，酒鬼酒横空出世，号称当时最贵的白酒，因为这个定位，最高峰时单品牌销售额超过了 9 亿元，一度风靡大江南北，连当时的五粮液、茅台也要惧其三分。后来的操作令其销售几度受挫，但就因为这个高档酒的定位，酒鬼酒一直是僵而不死，如果换作其他定位低档的白酒品牌恐怕早已退出市场了，可以讲是高端品牌定位让它仍有机会东山再起。

水井坊是酒鬼之后又一款号称价格定位超过五粮液、茅台的白酒品牌，并且取得了成功。水井坊的崛起和成功不但树立了高端白酒的榜样和黑马作用，更重要的是它让全兴这个白酒企业在四川和全国站稳了脚跟，继续了其四川 6 朵白酒金花的传奇。试想一下，没有水井坊的成功，现在的全兴在全国人民心目中有什么地位可言？

全国性品牌因为其中高档白酒的成功才站稳脚跟；有点影响、日子过得还算滋润的地方白酒企业同样如此。现在势头迅猛的两个地方品牌洋河、衡水老白干是典型的代表。洋河酒厂定位中高档的蓝色经典系列目前销售额占据其 70% 以上的市场份额，也是洋河得以翻身的根本所在；衡水老白干推出定位中高档的“十八酒坊”成功助其成为目前真正的“河北王”；西凤的“咸鱼翻身”更是这样，西凤十五年的成功帮助西凤酒厂走上了快速发展的道路。

（三）现实的选择

案例：五神酒的“凤凰涅槃”

五神酒厂是一个有着六十多年历史的国营老酒厂了，二十世纪九十年代末由于经营不善在勉强维持了几年后于2002年宣告正式停产。2006年8月，在地方政府的支持下，五神酒厂进行了改制，由当地的一家民营制药企业接管，实际上是政府在剥离了原有的历史债务后卖给了这家制药企业。

该制药企业接管后首先推出了卖价为198元/瓶、388元/瓶的中高档产品，借助政府的支持及自身在当地构建的人脉关系，主攻团购、酒店销售，配合一系列的广告、公关宣传。经过2007年一年的强势运作，曾经破产的五神酒厂，不但站稳了脚跟，而且实现了较大幅度的盈利。

五神酒厂的复活是顺应了行业未来的发展趋势，借助了政府这个有利平台，从高端产品入手，快速砸开了“利基”市场，让自己获得了发展的滚动资金。有了资金和平台，接下来的市场挤占和扩张步伐才会更稳健。

同样，2012年我们一款卖价在200元/瓶左右的酒上半年的销售同比增长了50%以上，而曾经非常畅销的那款卖价在100元/瓶左右的中档白酒销量出现了较大幅度的下滑；另一款卖价在50元/瓶的中低档白酒销量上半年同样出现了大幅度的上升，这些事实说明两极分化已经越来越明显，有能力的消费者开始提升消费档次，价格带又往上移了。

国人喝白酒一直以来的趋势都是往高端、优质发展：那种真正把喝酒当饭吃的酒民已经大幅度锐减。另外一点，中国的国情也决定国人的白酒消费是面子消费。喝得起高端白酒的人不会天天喝，喝不起的人为了某种需要往往在某个时刻又不得不喝。面子消费的另外一种结局就是高端酒成为送礼酒、商务应酬酒。

七、中低档酒的生存之道

随着全球经济新一轮通货膨胀的到来，各行各业的原材料大幅度涨价，生产厂家受到原材料价格上涨及市场销售形势并未上涨的双重挤压。越来越多抗风险能力较差的企业如履薄冰，稍有不慎就可能被淘汰出局。

对白酒企业来说，有几种趋势在促使各个企业的分化越来越明显。传统的强势名酒企业主销产品主要定位于中高档，生产成本上涨所构成的影响微乎其微，就算不通过涨价的方式予以消化，只要在营销、政策上稍做调整，上涨的成本就会被消解掉。更何况传统的强势名酒企业往往是涨价的发起者，在一轮轮成本上涨所带来的市场斗争中，与其他企业拉开差距，加快自身发展。

对地方传统强势名酒来说存在两种走向：一是主销产品定位于中高档的白酒企业。例如湖北的白云边、湖南的开口笑等，这种成本上涨所带来的生产和市场压力都不是很大，而且就算每瓶提价 10 至 20 元，也不能从根本上阻止消费者的消费热情；二是主销产品定位于中低档的白酒企业，例如东北的很多酒厂主销价位集中在 30 元/瓶以下。这些厂家面对的就是双重压力，开源节流不能消化上涨的成本，为了生存就只有向市场要效益，而市场基础的不牢固又令消费者不接受或者减少消费，市场的销售减少反过来又增加生产成本。恶性循环之下，许多企业的生存就受到了严重威胁。

还有一种趋势就是那些制造中低档假酒的制假分子在这轮通胀大潮下会失去市场，因为成本上涨所获得的利润也变得非常有限，而风险却随着消费者的觉醒和社会法制的完善越来越大；制假分子的黑手会更多地伸向传统名酒及地方高端名酒。

对中低档白酒的生产企业来说如何应对成本上涨所带来的压力和挑战呢？

（一）开源节流，减少生产浪费

效益好的时候，许多企业的习惯就是大手大脚，许多可开支可不开支的项目都列为开支项目，而且员工的头脑里根本没有节约这个概念。看到过暴发户花钱就知道什么叫浪费了。

生产环节上的开源节流要先唤醒员工自身的意识，从思想上重视了，体现在行动上就会自觉，这种开源节流才能落到实处。

（二）加强库管，减少资金占压

效益好时，为了体现业绩或者对市场盲目乐观，生产企业最喜欢做的一件事就是加班加点生产，等到所有的仓库都放满产品时仍然不会停止生产。而是给出政策把经销商的仓库也占得满满的。他们的理由很质朴，认为市场形势好，不抓住机会多卖点，一旦缺货，就让竞品钻空子了。

实际上，这是愚蠢的做法，讲一个事实大家就会明白了。五粮液、茅台好不好销，什么时候听说茅台、五粮液可以大量地拿货？如果说茅台因为工艺原因在生产的总产量上确实有上限的话，那么五粮液的生产能力是大家有目共睹的，它为什么不加班加点生产以满足市场所需呢？

生活中有一个基本的小常识，就是“饭吃七分饱”，凡事不能太过。生产企业同样如此，效益好的时候不能过于挤占自身和经销商的仓库，以免价格下滑，避免人为多投入一些不必要的政策。效益不好的时候，更应该严格控制仓库库存，最好实行订单式管理，做到零库存。个别非常畅销的产品确实需要有适量的库存以备市场急需时，也要像国家战备储备一样不轻易抛向市场，而是掌控在企业的最高指挥官手上。

（三）净化品类，突出主销产品

现在的白酒企业都有数十个、上百个品种，而真正能够带来销量和利润的就是几个。绝大多数的产品都是一上市就意味着退市，甚至有些产品一开发出来连上市的机会都没有。还有更多的鸡肋产品，丢掉觉得可惜，不丢确实没什么贡献。

对企业业绩有贡献的主销产品要培育、保护起来，延长其生命周期，能够做到长盛不衰当然更好。对于一上市就退市的产品拿出政策给经销商和市场，消化完库存后坚决予以淘汰。连上市机会都没有的产品让研发部重新研发，配合市场需求重新调整，转为主销产品的储备产品；对鸡肋产品要分析其分摊成本的作用和大小，保留一些确实能够分摊企业生产成本的产品，其他的一律淘汰。

品种净化后，一般的企业只需要保留十个左右的品种即可。没有主销产品或者主销产品不突出的企业，其生存发展的速度及抗风险能力都不会很理想。而主销产品一旦确定下来就要想尽办法保护好，不被市场和消费者抛弃。稳妥的办法就是每年或每两三年要确保一款新产品成为主销市场的主流产品或畅销产品，形成不同价格阶梯的畅销产品集群。这样，企业的生存才能真正得到保障，后续发展才没有阴影。

（四）专注主业，减少盲目开发

企业的多元化经营就像《围城》里说的那样，城里的人想出去，城外的人想进来。行业之间、企业之间的相互渗透已经是一种流行病，尤其是“涉外”尝到一些甜头的企业更是乐此不疲。通胀下的白酒企业就要小心了，主业发展弱依靠非主业输血到目前还没看到过成功的案例。把主业的血液输送到非主业导致企业倒闭的案例倒是见过不少，最典型的就是巨人集团了。越是非常时期越要凸显主业的张力，强化对主业的投入。因此，白酒企业就要果断砍掉一些拖累自己发展的非主业项目，净化企业血液，降低风险。

（五）合理把控，增加经销商投入

“效益好的时候让经销商出钱都被拒绝，现在行业的通胀时代到来了，经销商自身也会受到许多影响。这个时候增加市场投入费用，势必会引起经销商的反感，导致合作失利。”企业的这种担心不无道理，但你们想过没有，经销商发展是随着企业的发展而发展的，如果企业没有了，他赚取的这些利润又到哪里去要呢？在这种问题的取舍下，任何稍微有点头脑的人都会想得明明白白。“皮之不存，毛将焉附？”

效益好的时候他不出市场费用是因为你不坚决，再加上企业能够承受这点费用，让经销商多赚一点也是好事。但需要共同渡难关的时候，经销商如果不能好好配合，则要坚决予以取缔，引进新的血液。企业要清楚，减少对他的投入不代表他就没有钱赚，只不过从以前的赚10%变成赚5%了，他不做还有很多到处寻找优势新产品代理的经销商等着做呢。

案例：有难需要同当

笔者接手某新项目操作时，为了规范市场，改变以前对经销商大包大揽的市场支持手法，减少不必要的市场投入，就降低了对经销商的支持力度，并要求经销商拿出更多的费用来共同运作市场。

措施一出台就引来反对声一片，其中一个经销商自恃业绩好，销售规模大，更是以停止经销相要挟。我数次与他沟通都没有得到他的理解，当机立断给其发函一封，停止发货三个月，三个月后如果他觉得没有必要合作，就终止合作。依照笔者的性格，这样的经销商我会立即取消，考虑是企业多年合作的老伙伴了，没有功劳也有苦劳，就给他一次机会。结果，对方收到函不到一个星期就主动找到我，要求给他一次机会，并保证按照企业的要求积极配合。

后来他跟我讲，以为我会像其他负责人一样只是吓吓他，不会动真的。作为生意人，他想多争取点费用支持也是情理之中的事，当后来他看到我真的是想取消他，特别是从别的渠道了解到我这个人的做事风格后，他觉得再不找我，真的丢掉了经销权，那一年几十万元、上百万元的利润就没了。生意人谁会跟自己的利润过不去呢？他希望我理解他。我当然理解他，也希望他能够理解企业。

通过这件事，我们的政策推行得非常顺利，员工也觉得扬眉吐气，因为他在经销商面前更能够讲得起话了。

所以，让经销商在这个时候多投入一些费用是完全可以做到的。

（六）主动出击，挤占竞品份额

大家都在紧缩银根的时候，你就要主动出击了。1998年的白酒行业因为秦池酒业的夭折而视广告为畏途的时候，有一个企业看到了机会，那就是金六福。在大家都不发声的情况下，金六福的突然发力显得格外引人注目，成就了白酒行业新的神话。

成本上涨的压力固然要消化，但市场的推进更是不容阻挡。我们选准的目标市场如果仅仅是因为减少费用投入而止步不前的话，就要立即纠正这种想法，把费用集中起来打几场更漂亮的攻坚战。其他企业不是不投入了吗？这样的机会千万不要错过，当然，目标市场的攻坚战需要前期有周密的市场调研，不能盲目。

（七）确定目标，坚决实行提价

高端产品，涨价目标消费群的压力不会很大，也不敏感；但低档产品的消费者对价格十分在意，上下5毛钱的差价就有可能改变购买意向，因此低档产品的提价可以以“温水煮青蛙”的方式进行。就是一点点逐步提高销售价格，不要一下子拔得太高，最好让消费者在不知不觉中就涨了价。

如果产品还没有得到主流消费者的认可，你的措施就要更慎重了，尤其是根基不牢的产品，更要注意方式方法，但不主动去应对涨价。害怕涨价就会被其他的企业远远抛在身后，因为消费趋势的上移是大势所趋，不能被社会抛弃和淘汰。

（八）做好预算，严格执行政策

许多企业的预算从一开始就没打算认真执行，做预算是为了应付检查。更有许多企业做预算是闭门造车，完全不按照市场的正常规律来做。预算做得好，在接下来的经营中才不会有大的漏子出现，尤其是一些走上正轨的企业。

有预算就会掐住财务上的费用黑洞，不会出现“一支笔”现象，随意开支、随意投入。等无法刹车时才清醒过来，企业可能就经营不下去了。目前的成本上涨凸显了企业预算的重要性和科学性，生产有预算、市场投入有预算，养成凡事有预算的习惯，制订有预算才有投入的政策并予以贯彻。

对营销人来说，不管什么阶段都没有“冬天”的说法，因为在营销人的眼中和字典里，他就是解决这个“冬天”的人。因此，成本上涨对白酒企业里的营销人来说只不过是又一次的演练而已。就算是“冬天”，这个“冬天”也不会很冷，更不会很长！

八、未来十年的营销之路

从每年800万吨的销售量跌落到近300万吨的低谷，再从300万吨逐渐恢复到目前的400万吨左右，白酒行业演绎了一部悲喜剧。

有一点值得我们欣慰：行业销售额及利税额的增长比例要大于销售量的增长！这说明“喝少一点、喝好一点”成了大家的共识；说明白酒回归了它的本质，是用来交流、沟通的媒介，而不是纯粹的生理上买醉，尽管这个功能仍然存在。

行业发展到今天，究竟下一步该何去何从，我们又该如何卖酒?

（一）白酒行业将进入“寡头竞争”时代

一个县一个酒厂，一个镇一个酒厂，中国白酒行业的800万吨销售就是这么制造出来的。那个时候当县长如果不知道办酒厂，你的政绩多半是体现不出来的。这么多的白酒卖到哪里去?别的地方卖不动，只好在家门口卖。在家门口也卖不动时，就把酒发给职工抵工资，自己想办法喝掉。销量虽然上来了，但卖酒人的日子却越发难过，给国家的利税更是无从谈起。

物极必反，山东酒厂的广告营销一夜之间在捧红鲁酒的同时，也给国内众多小酒厂以沉重的打击，就此走向消亡之路。白酒行业进行了一次历史上最大规模的洗牌运动，行业酒厂也从巅峰期的8万家酒厂滑落到约3.8万家，大半的酒厂在这场洗牌运动中被洗掉。

遗憾的是，这种疯狂没能持久。被短暂胜利冲晕头脑的鲁酒，孤注一掷的营销模式很快就遭遇了寒冬，行业随之进入急速下滑状态。任何危机都预示着机会，五粮液的OEM品牌打着五粮液的品质保证大旗一路攻城略地，诞生了中国最大的白酒大王——五粮液。五粮液的崛起又带动了大批的名酒复苏，金六福、浏阳河也红遍了大江南北。消费者的觉醒又给了众多的中小酒厂当头一棒，做白酒成了有钱人的资本游戏。

啤酒的竞争在目前已经进入寡头竞争时代，这一点没有人不信，而啤酒的今天就是白酒行业即将出现的明天。以前一个乡镇都会有一个酒厂，而且活得比较滋润；今天，一个省也就那么三五家酒厂活得滋润，这种趋势还会进一步集中，最终形成做白酒只是少数人的游戏。当然，考虑到中国地大物博及消费习惯的差异性，暂时还无法准确估计这种寡头竞争时代到来的具体时间，但从市场表现及攻打市场的方式来看已经显现了。

（二）白酒营销将成为“有钱人的游戏”

以广东市场为例，以前如果能够做2000万元的推广预算那是超级海量投放了。现如今你说投2000万元打开广州市场，就只能去忽悠外行人或者不懂酒水行业深浅的人。古绵纯、皖酒王、诸葛酿在广州的成功是抓住了历史机遇；东方喜炮、宋河等大量品牌饮恨沙场是因为没有发现竞争形势的转变，弹尽粮绝而亡；而后期崛起的稻花香、高炉家、开口笑则是准确预估了市场形势，备足了弹药才取得后来居上的成功。

很多白酒企业偏安一方，过着自给自足的小农生活，没有预估到风险的来临。要不了多久，这种悠闲自得的农家生活就会被打破。这个世界还没有发现资本攻克不了的地方。口子窖的“盘中盘”前几年之所以大行其道，就是扛着资本的大旗在狼吞虎咽；而近两年的偃旗息鼓也是因为在攻打市场时遇到了更厉害的资本狙击手，在龙争虎斗中搞得两败俱伤。

（三）地方名酒与全国名酒将进行“生死对决”

名酒复苏不只是全国性的名酒，也包括地方名酒的整体崛起，这是消费者整体作用的结果。当消费者越来越向名酒集中的时候，全国性名酒和地方名酒为了自身的发展势必会上演一幕幕决斗的好戏。全国性名酒会在提升品牌、中高档价位上多做文章，而地方名酒则可考虑全系列覆盖，但应该实施双品牌或者是多品牌策略，以对应消费者的需求。

全国性名酒的推广在未来会形成自己的重点投放或主导区域，地方名酒在做实大本营市场的同时也会遵循边际扩张原则，实施碉堡战术扩展自己的市场领地。只要各自不出现战略性的失误，这种对决状态在未来十年内会一直存在。

（四）地方名酒与地方名酒将发生“肉搏巷战”

地方名酒的战略要地可能是在同一个主打市场，也可能是双方的相邻市场，当自己所在市场已经运作得无法扩张时，到别人的一亩三分地抢饭吃就成为必然。湖北酒与安徽酒就是典型的例子。安徽酒前几年抢攻相邻的江苏市场，湖北酒争相抢攻相邻的湖南市场都是这种营销思维的体现。

还有一种趋势就是地方名酒纷纷杀向那些没有地方名酒的省份，在那里安营扎寨、抢夺地盘。例如近几年的广东市场、浙江市场、福建市场等就成了好些地方名酒的乐土，也确实成就了辉煌的战绩。

地方名酒与地方名酒的战争打起来会比地方名酒与全国性名酒的对决更惨烈、更残酷一些。因为资金相当、实力相当、品牌定位雷同，地方名酒之间的对决更像是一场肉搏战，比拼更多的是耐力和执行力。

（五）借用外脑将成为家常便饭

翻看一下白酒行业功成名就的酒厂名单，或多或少都会有外脑的身影闪现。不是说借用外脑或是与咨询公司合作就一定会成功，而是咨询公司的介入可以为企业梳理清楚拓市思路，并站在一个客观的立场、一定的高度来为企业把脉。有一句俗语是“当局者迷，旁观者清”，也可以说是“不识庐山真面目，只缘身在此山中”。

借用外脑，笔者认为一是不要盲从，不要希望外脑介入后能够扭转乾坤，把全部的希望寄托在外脑上，因为你自身对企业的熟悉绝对比外脑要多；二是有所听、有所不听，结合企业的实际情况做出自己的判断；三是先试点，成立独立的项目部供外脑去折腾。既然外脑把自己吹得天花乱坠，就姑且相信他一回，但事关企业根基的事情暂时不要交给他，让他从新项目运作做起，确有成效并觉得自己能够自由驾驭时再逐步引进到老项目中去。

闭关锁国的思想在以后的白酒行业会遭淘汰，而与咨询公司合作在未来的行业里面会成为主流趋势。

（六）媒体导向功能将更重要

行业媒体的繁荣既说明行业本身的繁荣，也是行业自身的需要。媒体在行业里面扮演的角色会逐渐淡化功利色彩，成为行业导向，而跨行业媒体合作的实现对消费的引导作用会更加明显。很难想象一年四季不被媒体关注、不在媒体抛头露面的白酒厂家或白酒品牌会得到消费者的青睐。

其实，媒体在引导行业竞争的同时也是利益收获者，媒体也不想成为少数人的喉舌，尤其在这样一个资讯高度发达的年代。

（七）将会出现超级酒类运营商

金六福、福建吉马、北京朝批、上海海烟、陕西天驹等一批酒类超级运营商在未来会进一步做大做强，酒类运营商的联合在未来也会成为一个趋势。随着对网络掌控和优质品牌垄断经营权的进一步加强，超级酒类运营商成为外来品牌在当地很难逾越的一道门槛。

以陕西天驹为例，外来白酒品牌如果想在西安有所作为，不与天驹合作的话，付出的代价和成本将会是成倍的。这也提醒我们，怎么样成为当地的老大是我们众多经销商重点思考的问题。未来十年，全国各地类似性质的酒类运营商将会越来越多。

同时，超级酒类运营商的出现会打破生产企业与经营性企业的融合。酒类运营企业在贴牌、代理逐步正规后为了攫取更多的利润，会向上、向下挤占资源。例如向上收购酒厂、向下开设酒店和名烟名酒连锁店，甚至会出现专业的品牌运营商或者品牌输出商。手中握有多个自己打造的或收购的酒类著名品牌，想代理就只能去找它要，而它自身却不负责具体的销售，只负责品牌的打造和升值。就像帝亚吉欧那样，在全球拥有上百个著名品牌。

（八）买断品牌会继续存在且向地方名酒集中

买断品牌成就了五粮液的霸业，也快速提升了泸州老窖的市场份额。但自从五粮液提出瘦身计划，着力实施“1+9+8”计划以来，似乎走到了生命的尽头、不再吃香。

其实，买断品牌本身并没有什么过错，因为是行业自身把它进行神化后又把它打倒。买断品牌的衰落是因为经销商买断品牌后没有足够的资金运作全国市场，大多数抱着招商圈钱的心态在搞品牌买断，伤了许许多多中小经销商的心。

品牌买断不仅会继续存在，还会成为地方名酒的主流。品牌买断备受青睐是因为买断品牌可以跟随厂家的主导产品做市场，并更能够满足部分经销商多赚钱的心态。做地方名酒的品牌买断风险会小很多，甚至没有风险，因为地方名酒在本土市场本来就非常强势，买断的品牌放在本土销售就会非常安全。山西汾酒这几年的大步发展就是得益于大量买断品牌的出售。对地方名酒来说，自己只要花足够的精力把主导产品运营好就行，那些众多的买断品牌就无须再耗费精力。

这里需要提醒地方名酒厂家的是，虽然买断品牌好处多，但太多太滥的开发也会葬送自己的大好市场。要把握好开发的度，尤其要把握好买断品牌的定位，不能让买断商一通胡搞伤害消费者的利益、伤害品牌形象，要事先约定好双方的责、权、利，明晰开发品牌的市场定位。

（九）行业人才流动会加快且会有更多跨行业人才涌入

人才互流在其他行业早已不新鲜，但在白酒行业也就是近两年的事情。随着一些名酒企业开发外地市场，以及市场开发中打攻坚战越来越成为主流，那些深谙白酒市场操盘手法并有一定团队经验的职业经理人在白酒行业越来越吃香。而咨询公司、猎头公司的兴起为这种交流提供了一些极好的沟通、交流平台，白酒行业这两年的快速反弹和发展正是得益于这种职业化人才步伐加快。

另一个趋势也非常明显，那就是外来行业的职业经理人快速流向白酒行业。近两年啤酒行业、饮料行业、家电行业甚至医药行业的营销人才也在加速向白酒行业流动，给行业带来了许多新气象。

外行业人才的涌入给白酒这一古老的行业注入了许多新鲜的气息，也提高了行业的发展和营销水平，以前的粗放式营销手段逐渐遭到摈弃也是这个缘故。

（十）外来资本将加速进军白酒行业

随着水井坊被外资入股，中国的最后一块行业处女地被攻破，这是好事。

行业外资本进入白酒行业后诞生了如金六福、浏阳河、小糊涂仙等著名新兴白酒品牌，并催生了新一代中国酒类富豪。外资的进一步进入势必会给行业带来福音，催生更多的白酒强势品牌。

没有竞争就没有发展，更没有消费者的选择。从这个意义上来说，我们应该欢迎外来资本的介入。我们需要做的是把这个华夏五千年文明的结晶输送到世界各地供世人共享，而不是躲在没有喧嚣的地方静待他人改造和奴化。只有这样才算真正用好了外来资本这张王牌。

白酒行业的未来趋势还有白酒细分，包括消费者细分和渠道细分两大块；也有促销方式的变革及卖酒模式的革新等，限于篇幅这里就不再一一叙述。

在这个科技高速发展、社会高速前进的时代，预测十年以后的事情着实是件很艰难的事情。既然是预测就无法说100%的准确，但有些事情并不是随着社会的变迁就能够改变的，犹如营销的本质，真正的营销就是去满足消费者的潜在需求并设法引爆它。就这么简单的事情，要真正实施起来却又难倒了无数英雄好汉。预知趋势就是为了帮助我们减少通往消费者的障碍，少走弯路。

第二章

白酒企业的自身修炼

一、基础：活着更重要

现在的白酒行业不知道是有点乱还是行业自身受大环境影响慌了手脚，一说“腰部战争”就全民下腰，一说“腿部战争”更是全民争抢，小酒风行，全国就看不到哪个企业不做小酒的。不管是五粮液这样体量庞大的白酒大王还是偏居一隅的小型酒企，每个企业都在不断地折腾自己，期望通过折腾走出行业低谷。

这里想说的是，五粮液不管怎么折腾，携白酒大王余威，就算销售、利润有所减少，但动不了其根基。因为每年赚100亿元和每年赚50亿元，对五粮液来说只是一个数字问题，也不影响五粮液很好地活着。

而对于行业里面绝大多数的中小企业而言，销售与利润的减少就不是数字好看与否的问题了，直接关系到其是否还能够继续活下去的问题。如果连活着都存在问题，谈什么发展、利润就纯粹是“空谈误国”了。因此，今天我们讨论的就是中小企业在现有环境下怎么活下去的问题。

（一）产品是王道

在行业环境越发恶劣的情况下，各个企业的产品开发反而更加频繁。媒体报道，酒鬼酒在2014年春季糖酒会上一口气推出了50多款产品，比某些上市企业从建厂至今所推出产品的总和还要多。市场不景气指望通过一些新产品来挤占一些市场份额，从道理上也说得过去，但产品的无序开发无疑会稀释市面上既有产品的含金量，也会使品牌受到很大伤害。理论上，每个品牌对应的产品数量是有限的，只有当品牌的含金量不断上升时，品牌能够承载的产品数量才会相应增加。

道理显而易见，但事到临头我们很多企业却管不住开发的欲望，是什么原因呢？销售增长给逼的，市场份额给逼的，至于这是不是“春药”很多企业就不去管了，反正这一下管用即可，先快乐了再说，娱乐至死精神在行业里面也展露无遗啊。

我们说产品是王道，是指企业要有自己倾注全部心血打造的核心产品，所有的开发产品都是为了保护这些核心产品服务的。而不是反过来，开发产品去稀释主销产品的份额，最终让消费者搞不清什么是主销产品，从而失去对品牌的记忆。产品的王道变成诡道，搬起石头砸了自己的脚。

（二）宣传要集中

宣传的聚焦原则大家都懂，关键问题是在实际执行过程中乱了手脚。原因无非这么几点，一是关系广告太多，都要照顾。像一些企业的根据地市场，认识的方方面面关系非常多，这些关系对产品的前期推广肯定有帮助，但到后来往往成了企业自身的绊脚石；二是禁不住诱惑，看到对手在投，自己就一定要投，跟进意识浓厚，也不管这种跟进是否对自己有利；三是好大喜功，喜欢表面文章，被为了讨好领导去投一些根本不符合企业自身实际的广告。

广告的投放一定要跟品牌的知名度挂钩，在目标市场已经有了高知名度的品牌，广告的投放一定要落地，要落到企业现阶段主推的产品身上，而不能投放一些纯粹的形象广告。例如康师傅和娃哈哈的广告就很能说明问题，绝对不会去打康师傅、娃哈哈这样的形象广告，一定是落到具体的产品上，如康师傅的冰红茶、矿物质水，娃哈哈的营养快线、格瓦斯等都是这种模式。我们现在冠名的“开口笑白金岛全民跑得快扑克大赛赢汽车、房子大奖”就是典型的产品对接，用的是开口笑红 K、开口笑黑 K 两款小酒来对接落地，因为开口笑的品牌知名度在湖南已经是家喻户晓，关键是怎么对接上产品，让消费者对某款主推产品形成记忆点。

开口笑红 K 的宣传语是“大牌”，开口笑黑 K 的宣传语是“高手”，恰好与扑克牌大赛的“大牌云集、高手过招”相吻合。当然，是用开口笑品牌冠名还是用开口笑红 K 这款产品冠名，这里还有值得斟酌的地方。

而产品在目标市场上品牌知名度很低的话，广告投放可以先从打开品牌知名度着手，产品本身可以上广告，但不一定非得粘着上，能够让消费者对品牌形成话题即可。例如太白酒业的 90 后白领征婚广告就是这个套路，先制造品牌的话题、提升品牌知名度，而不一定非得落脚到某款产品身上。

宣传要集中还体现在物料和促销品的使用上，不一定是宣传的物料越多越好，一定要集中到某一两款物料上。促销品也是这样，对于中小企业来说你不可能跟大企业拼多样化，让消费者形成记忆最重要。我们在做无比酒的时候对宣传物料的选择就是店内KT看板和圆圆贴，促销品就集中到牙签筒和精美的一次性打火机，既省钱又起到很好的效果。

（三）阵地要下沉

全国性品牌也在收缩，把区域集中到自己出手够得着的地方。地方品牌和一些中小企业更要学会下沉，在自己的一亩三分地上进行深耕。行业形势向好时，一些不知名的品牌依靠招商都可以活得很滋润。因为被招的经销商有些是依靠关系卖酒，酒的知名度不是特别重要。他们也是卖了这个卖那个，不在乎天长地久，只在乎曾经拥有。而一些有渠道网络的经销商做这些杂牌酒也是对自己利润的一种补充，不指望卖很多，卖一点能够补充、分摊一些费用即可。

现在的行业形势下这种模式卖酒已不可能。关系营销受限制“三公”消费影响早已经成为鸡肋，目前恐怕连鸡肋都不如了，还想用一些“三无”产品走关系营销是在自掘坟墓。如果继续走粗放式营销，那么你的品牌影响力与全国性品牌相比差距会越来越大，怎么办？回到自己熟悉的阵地，做深做透自己熟悉的阵地。

中小企业做不了全省做好几个地级市，做不好地级市做好几个县，做好一个县都有问题时可以先做好几个乡镇，将资源集中起来，做所在市场的绝对第一。全国性品牌再厉害不可能将所有的县城都当作重点，因为它的资源跟不上，更不可能将所有的乡镇都作为重点；至于渠道下沉后怎么做，行业里面的介绍太多了，这里就不再赘述。

（四）渠道要抓牢

许多名烟名酒店已经关门大吉，行业里面类似的报道不时呈现，这给我们传递了哪些信号？

我们的解读有三方面：一是纯关系支撑的名烟名酒店率先关门，那个平时靠做一两个单位就能够养活一个名烟名酒店的时代终结了；二是无自己主推、随大流的名烟名酒店举步维艰；三是管理不善，未能及时调整经营方向的名烟名酒店困难重重。中小企业面对渠道的这种分化就要及时想办法聚集一些紧跟自己步伐走的渠道网络，帮助他们渡过难关，想办法多支持他们一下。

行业形势的变化导致企业出现分化和重组，对渠道也是一样。有些网点在这次大潮下挺不过去就会让出一部分市场，而坚持下来的就会将这部分市场进行瓜分，因此我们才看到有些名烟名酒店熬不下去，但有些却活得更好。我们的任务就是抓牢这部分活得更好的网点，一起迎接新的春天的到来。

（五）管理要松绑

战争越激烈，对一线指挥员的授权就应该越大。毛主席的一个战略术思想是：“战略上要藐视敌人，战术上要重视敌人”。战略上的藐视是给自身的信心，战术上的重视是让自信有根基、有出处，而不是盲目地自信。

市场上的管理松绑也是一个道理，既然是区域责任制，目标也很明确，你只要将红线划下，其余的事情就是检查和考核。只要一线指挥员不是在砸市场、倒窜货、恶意压货，你就没必要事必躬亲，搞得对方束手束脚，你也劳神费心。

管理松绑就是一个目标，打赢是硬道理。其余的都是围绕目标转，不是最重要的。

（六）消费要互动

移动互联时代，信息的透明度已经趋近于百分之百，还指望通过信息不对称来忽悠消费者，基本上没有可能。当然，有些产品因为更新换代快，产品的价格一直处于不透明状态，但这种事情多了对品牌的杀伤力也是巨大的。而品牌一旦坍塌，价格就变得毫无意义，最多是赢得一时之利。

消费者的互动活动除了利益刺激，还要将关注点放在好玩上。因为利益刺激已经不足以打动一般的消费者，你也不可能每瓶酒都去送车子、房子。好玩就是吸引消费者自身参与进来，自己进行体验，在体验当中形成对产品和品牌的记忆。

我们的“开口笑？我的婚礼在韶山”活动就是让结婚的新人自己参与进来，而不是作为一个旁观者。现在在推进的“开口笑白金岛跑得快扑克大赛赢汽车、房子大奖”也是延续这一理念，让更多的消费者参与进来，通过自己的参与获得与品牌及产品的互动，加深记忆。

（七）活着更重要

2014财年上市酒企上半年度的报表显示，以五粮液为代表的酒企全线下滑，包括曾经逆市增长的互助青稞也不能幸免。能够进入股市的自然代表行业的优质资产，在面对行业的下跌时优质资产都不能表现出抗跌性，绝大多数的非上市酒企境况如何，局外人也能够推测一二。

让人略感意外的是，行业龙头五粮液的表现正应了中国的一句古话“夫妻本是同林鸟，大难临头各自飞”。五粮液的许多动作都是自己怎么舒服怎么搞，一般不理会市场和合作经销商的感受，如此形势之下，其心情自然可以理解。

有了带头大哥的榜样作用，那些绝大多数在生死线上挣扎的企业更应该抛开一些窠臼，不要扭扭捏捏，瞄准的事情以一贯之，也不要怕伤害了对手。现在就是一出弱肉强食的大戏，熬不下去怨不得别人，熬得下去成了新的王者就是行业整合的受益者。

乱仗不管怎么打，市场的一些基本规律还是要遵循的，要不然战争还在继续，打仗的人不见了、打仗的企业不见了，你怎么去赢得战争？中小企业要把自己的目标定得合理一些，尽管有毛主席“战略上要藐视敌人”的理论在先，但后一句“战术上要重视敌人”可能对我们的中小企业现阶段更管用。

多关注我们的主力产品，不要学大企业的全产品线出击；多集中我们的资源，找出我们的长板把它加长，不要学大企业补短板；多打阵地战，碉堡式推进，精细化营销，做小池塘里面的大鱼，不进行大企业的战略决战；多做管理上的能动放权，一切以打赢为目标，不做大企业的机械化流水管控。

这些都想清楚了，接下来就是要沉得住气、耐得住烦，一定要相信阳光总在风雨后！

阳光出来的时候，见得着太阳比什么都重要！

二、回归：做潮流掘墓人

现在各种大改变、互联网+呼啸而来，如果不是跟这些沾上边，就会显得非常落伍，落伍得你都不好意思告诉别人你到底是干什么的。

其实，我们就是一卖酒的，没有马云和马化腾那么高大上。马云和马化腾做的是平台，我们就是他们那平台上众多的小商家而已，是运转他们这个巨大平台链条上的一个小节点而已，真的没有可比性。所以，你每天总是跟马云比或唯马云马首是瞻，不是被气死也会被马云语录呛死。

白酒行业自进入拐点以来，行业的形势一下子变得风声鹤唳，日子过得紧巴巴的。在这种状况下求改变、求创新也是行业和各白酒企业本能的反应，以变应变嘛。国家层面现在也在提大众创业，万众创新，也在说转型、说创新。

我只是奇怪，行业仍然未能改变跟风的陋习，形势发生了改变，本来应该是万众创新，却变成了万众跟随。只要哪家企业的创新有了丁点成效，这家企业的创新就成了行业的创新，每个企业都会跟进，创新很快就成了消费者的审美疲劳，行业又一次陷入僵局。

江小白出来了，就有了泸小二、德山小秘、沱牌的沱小六等一大堆企业推出的潮流小酒；歪脖子郎酒畅销了，就是五粮液这样的大佬也不忘推出五粮液歪嘴郎来进行跟进；进入高考季，朋友圈都是白酒行业的“爱心送考”赞助活动，充满爱心的白酒企业刷爆了朋友圈。从以前的信息不对称，消费者需要通过广告来获知企业的活动开展到现在信息过剩，消费者需要屏蔽广告以免信息过多污染自己的眼睛和耳朵，移动互联在给我们带来方便的同时，也让我们患上了“手机依赖症”。

电商的盛行让酒企也跟着患上了电商综合症，触“电”的急迫心情时刻烧烤着酒企。按说，新技术的诞生应该是为我们服务的，从整体来看，新技术似乎奴役了我们。我们被新技术、新潮流胁裹着前行，没了自己的思想和灵魂，真的让人伤心。问题是加入了这么多的新技术、引入了这么多的互联网+，我们的酒卖得怎么样了？我们的行业复苏了吗？2015年出了一个词叫“弱复苏”，有多少酒企闻到了“弱复苏”的味道，或正在进行着“弱复苏”？

我天生不是一个悲观派，但我也没乐观到脱离现实进入魔幻状态。我们这些卖酒的还是脚踏实地好些，创新的东西当然要搞，新技术当然不能排斥，能为我所用为什么不用呢？但是要认清自己的现状、认清自己赖以生存和吃饭的真家伙到底是什么。最怕的就是顾此失彼，捡了芝麻丢了西瓜，拥抱了互联网，就把传统卖酒的优秀招式都予以抛弃，美其名曰彻底转型。

三星之所以未能超越苹果，是因为三星始终未能像苹果那样形成自己的“果粉”；小米最有可能挑战苹果成功，盖因为小米的“米粉”群体一旦超越“果粉”，挑战的梦想就能成为现实；白酒行业率先走粉丝之路的就是潮流小酒江小白，后面一大堆跟进的所谓潮流小酒都是打着潮流的旗号，所以只能是一阵风，因为没有根基。不能说江小白的陶石泉一开始就想到了这点，但他后续的发展验证了这一思路的正确性，让跟风者永远只能跟风而成不了主流。

随着80、90后话语权的增大，中国的购物环境发生了天翻地覆的变化，尤其是大城市。但不管怎么变，对服务的需求始终未能改变，不但没有改变，还有逐渐加大的趋势，白酒行业也是如此。更何况，中国市场之大，一线市场和三四线市场的差距更是一下子无法得到统一，这让传统的市场法则有了升级落地的可行性，也是劲酒这样的行业翘楚能够在行业冷风的劲吹下实现逆市增长的根本原因。

反腐败的重拳出击，让腐败消费成为过街老鼠。尽管仍有顶风作案者，但也只能是偷偷摸摸，掀不了风浪。回归商务消费和百姓消费的白酒行业终于像快消品行业和小米那样要用90%以上的精力关注普通老百姓的需求和嗜好，研究他们的购物习惯、饮酒习惯；盯防与他们打交道的网点、酒店及商超等常规渠道。

回归传统的白酒行业又该强化哪些传统措施呢？

（一）聚焦市场，坚守自己的一亩三分地

没有全国品牌的基因，就不要浪费资源妄想全国运营，在自己的优势市场聚焦资源，对竞品实施歼灭战，肯定好过打一枪换一个地方的游击战。就算是全国性品牌，目前也在收缩战线，聚焦自己的优势市场重点运作，而不是像过去那样撒胡椒面。品牌力再强，对白酒品牌来说，落不了地始终是市场的弃儿。

优势市场是输血的基地，根据地没了，犹如战士被人断了后路，没了休养生息的家。行业里面最典型的算酒鬼，一度全国飘香，但湖南基地市场的失守让其一落千丈，一时半会连气都喘不上。安徽的口子窖、古井一度拼杀全国市场，后来发现情形不对，集中精力做安徽市场才有今天的局面。

（二）严控价格，死守价格底线

劲酒的价格管控人尽皆知，也是劲酒能够可持续发展和增长的根本。

小米号称价格屠户，但小米的价格坚不坚挺？小米的出货主渠道 70% 都是网上抢购，同款型号如果在经销渠道购买一定是加价消费者才能购买得到，并且这种加价还能够得到消费者的理解。难道是小米的产能真的不能满足需求？以中国的产能，就是满足全世界的需求还绰绰有余，何况小米那点出货量？小米做的是什么？就是价格管控！明明有 30 万的“米粉”抢购，我偏偏只放 20 万的货出去，让没有抢到的“米粉”越发期待第二波的放货来临；而抢到的也有赚到的心理，更会成为小米的义务宣传员，在这种你情我愿的游戏中提高了购物体验。白酒行业按理是价格管控的高手，行业的剧变让这种传统的优势丧失殆尽，不知是行业的悲哀还是行业老大的“有钱、任性”！

苹果是暴利中的暴利，没听说受到反腐败的影响。五粮液卖 600 元每瓶能够说是腐败酒？行业的自乱阵脚才是根本吧？要么学小米，70% 以上的出货量从网上体现，砍掉经销渠道这个环节；要么就确保经销渠道的合理利润，让经销渠道成为品牌的义务宣传员。

主销产品（爆品）价格不保，市场陷入断崖式的下跌只是时间的早晚问题，因为消费者不知道以什么价格购买时才不会觉得吃亏或受骗，经销渠道不知道卖什么样的价格才算能获得自己的合理利润，公司的业务员也不知道怎么跟消费者或网点解释为什么会出现这种混乱不统一的价格。整个链条等于已经失控了，纯粹是靠着惯性在转，能转多久？遗憾的是行业里面真正能够践行这种传统模式的品牌少之又少，也是行业未能形成真正爆品的主要原因之一吧。

（三）精耕细作，挖掘现有的市场潜力

行业下行，许多酒企出现了一轮新的减员风波。行业里面热炒的郎酒、深圳银基曾经深陷减员、裁人漩涡。我们说了，消费的环境不管怎么变，对服务的需求不会变。服务靠什么来实现？能够做到情感沟通和交流的，当然是人，而不是机器。

市场要精耕细作，就需要通过增加人员来实现，尤其是一些企业的优势市场，怎么实现销量的进一步突破？还靠过去的“放野牛式”运作市场，市场空白太多、网点杂牌货太多是不可能实现销量的有效突破的。

如果我们在这些地方新增人员，让其第一时间知晓辖区内谁家有酒席或喜事并及时上门沟通，就会让杂牌酒没有生存的空间，空白网点的接货也就变得理所当然。这时你的销量不增长谁的销量会增长？当然，增加企业生产人员、后勤服务类人员的工作饱和度，让人员尽量往一线销售和车间倾斜这是无可厚非的。怕就怕先把销售人员裁了，或禁止销售人员出差，美其名曰节省出差费用，那才是真正的杀鸡取卵。

另外一个精耕细作就是网络要进一步下沉到乡镇、村庄，把进村入户的工作做好。国家搞新农村建设，乡镇的消费潜力进一步得到释放，消费升级很快，看不到这一点又会错失先机。

（四）提前布局，抢抓节假日消费

酒驾处罚措施的实行及禁止公务员中午饮酒的规定让过往白酒消费的主力之公务接待和商务接待逐渐式微，沦为鸡肋。但中国的人际交往和沟通确实又找不到比酒更好的媒介，这就让平时压抑的需求在节假日得到集中释放。尤其是一年一度的春节，在这两年几乎成为白酒市场的狂欢盛

宴。平时不动的货，到了春节一下子就消失得无影无踪，让许多厂家措手不及。这告诉我们，提前布局节假日消费会给我们带来极大的回报！我们曾经做过测算，节假日消费如果提前布局，我们的销售同比增长至少会有10%。这10%要放在平时得花多大的代价才能够实现啊！

提前布局，就是在货物准备、物流运输、促销政策制订、核心网点的人员蹲点等方面未雨绸缪。还有一点就是要学习快消品行业的六个核桃、旺旺礼包的操作，尽量开展堆码营销，抢第一位置，并在网点营造浓厚的过年、过节气氛。招聘好假期工，用于驻点堆码的促销，踢好临门一脚。

（五）锁死酒店，全力掌控好酒店平台

酒店曾经是白酒行业心中永远的疼，做终端找死，不做终端等死就是这种心态的真实写照。随着这两年自带酒水的兴起，曾经气势汹汹的酒店也逐渐回归理性，也不会再提一些过分的要求。但团购的式微，让酒店平台的战略价值再一次凸现出来。因此，酒企的优势市场如果不能把酒店控制好就会给竞品机会。更何况，近几年小酒的流行，让酒店平台再次成为焦点。尤其是一些BC类酒店，成为小酒的必抢之地，斗争非常激烈。

酒店尽管没有以前的狮子大开口了，但不意味着酒店运作的门槛降低了。随着人工成本的剧增和单店产出的剧烈下降，酒店的整体运营成本不降反升。这就需要我们去算总账，把酒店平台的掌控放到整个市场的推进里面去核算。如果酒企有实力、有决心，在酒店平台最好实现直销，最不济也要实现直营，才能让竞品彻底丧失斗争的信心。目前对酒店的运作一边可以考虑用小酒带动大酒，一边可以考虑对辖区的形象酒店派员驻守，还有一些专业的宴席酒店可以考虑实行定制产品直接合作。

（六）卖点突出，用好特色产品来挤占团购、个性化市场

这几年火爆的封坛酒、原浆酒、个性化订制酒抢的就是团购市场份额。虽然爆品让团购单位喜欢，但特色产品可以成为团购单位的送礼佳品，无疑也备受关注，会激发购买欲望。

随着移动互联的普及，消费的个性化越来越明显，也使得个性化订制产品俘虏了不少消费者的心。目前的私人订制已经发展到3.0版本，纯个

性特色的东西也能够得到展示，深受消费者的欢迎。

这个市场的培育一旦形成，竞品就很难一下子跟得上。特色产品要注重口碑传播，有了粉丝才算真正成功，才会形成核聚变。

（七）商超独立，加快超市的布局运营

商超购物能够得到消费者的认可，是因为其提供了保真、一站式购物及购物环境的愉悦体验。由于商超的消费特性是家庭主妇或老年人占主流，产品要符合这些人的消费习惯才会受其待见。另外就是节假日的礼品消费占据了绝大部分市场，因此，产品的包装要大气，第一眼的感觉要好，性价比高，出货速度才快。

同时，特价是商超屡试不爽的手段，这也是那些春节期间做短期特价促销的产品能够生存的根本原因。商超的费用较高，要求企业的品牌力要强或者能够给商超提供巨大的利益，这样才有谈判的控制力。企业的商超部独立，与商超的合作更能满足商超的服务要求，加快反应速度。

（八）同城连锁，企业的渠道终端利器

我一直设想强势企业要有自己直接掌控的同城连锁酒类便利店，要么自建、要么控股或参股。因为，做成这件事，企业的根基才算真正牢靠，可以从这些便利店最先获取消费者的第一反应，通过管控使价格统一；专业的酒水服务形象可以提升企业的品牌力，保真的背书及良好的服务可以构建与消费者的情感利益链条；团购的式微，让这些同城酒水连锁越来越有生命力，因为消费者更喜欢专业卖家。有了同城连锁这个据点，企业的线上发声才能落地，形成线上和线下的互动，满足消费者体验、方便两不误的消费心理需求。

目前酒水经销商的积极性高，试水的最多，如果酒企自己看不到这一点，后续的发展主动权在谁手里就难说了。当然，企业也不要一下子铺得太大，可以从自己最具掌控力的市场和城市着手，逐步推广。但不做，真的有点可惜。

回归传统的酒企不是就要与潮流一刀两断，该做的电商仍然要做，但最好有电商的专销产品，要能够与80、90后这些网购主力军接上地气，而

不是简单地把线下畅销的产品搬到网上发售。

回归传统也不是让酒企因噎废食，失去创新的动力，酒企要有专门的创新部门，不要害怕试错，因为每一项成功都是在不断试错中历练而成。关键是酒企要有开放的思想和专门的预算，而不是安排几个老人守在创新部门就算是成立了创新部，与其这样还不如不搞。创新部门一定是年轻人的天下，要把过往的经验完全抛弃，才有可能在白纸上绘出蓝图。

所以，回归传统，做潮流的掘墓人，我们要掘那些伪潮流的墓！真正的潮流是趋势，谁也不能阻挡！

三、模式：从单一到系统

（一）"1+N"模式

"1+N"模式，作为一种成熟的模式，在白酒行业被广为应用。该模式在白酒品牌架构中的基本形式有两种，一种是"T"字形的品牌架构，另一种是"川"字形品牌架构。"T"字形品牌架构最为常见。"1"指的是该主导品牌和该主导价位，"N"指的是"1"下面的更多小品牌和产品。"川"字形品牌也很常见，主要是有实力的大品牌或企业使用这种策略。"1"指的就是这条产品主线，"N"指的是以多个经销商为主导的产品线。

五粮液通过OEM模式一举成为中国酒业大王，这种模式一度成为中国白酒企业竞相仿效的榜样、企图自救并取得战略突围的宝典。但任何一种模式都不可能一劳永逸地解决市场上所有的问题。当OEM被五粮液限制使用，被有意突出主销品牌的市场逐渐摒弃时，以泸州老窖为代表的，同一个品牌名下开发许多系列产品，通过选择不同经销商经销来挤占同一个区域市场的"群狼战术"模式又在行业里面流行开来。把这种模式从战略的高度加以总结运用的当数郎酒。

不管是以五粮液为代表的OEM模式，还是以泸州老窖、郎酒为代表的"群狼战术"，从本质上来说，都是借助多品牌或多产品来应对不同经销商对利润最大化的追逐，从而达成自己借助经销商资源挤占市场的目的。

不同点在于，OEM模式更加注重经销商自身的综合实力，不但要有足够的资金，还要有坚实的网络基础、运营品牌的思路；而"群狼战术"则是基于同一个品牌下的多产品战术，品牌运营方面由厂家负责，经销商只要有资金、网络即可。

按照泸州老窖的操作手法，成功挤占一个市场往往是某一主销产品在目标市场取得根本性突破后，其他产品才蜂拥而至，迅速扩大市场份额。

而郎酒则是一开始就采取多产品在目标市场同步招商，更多的是在“抢钱”而不是做市场。这是泸州老窖与郎酒同样采取“群狼战术”反映却不同的地方。从经销商角度而言，泸州老窖的模式更受青睐，因为风险比较可控。

随着洋河、口子窖、枝江、白云边、稻花香、泰山、四特、开口笑等一大批地方酒厂的崛起，地方名酒对决全国名酒成为行业的重头戏。地方酒企掌控地方市场一般都是采取无缝隙覆盖战术，也就是高中低通吃，但很少能够做到运用同一个品牌完全覆盖市场。不是企业的投入不够而是消费者的心理定位决定了这个品牌在他们心中的地位，因此还能够在全国市场继续耀武扬威的只有全国名酒高档产品。一两个中低档产品有起色只是局部市场的胜利，离全国的胜利相去甚远。小二锅头的全国化市场之路是历史积淀的原因，与其市场操作无关。

了解了行业现状再看现在流行的白酒行业“1+N”模式，就很容易知道谁在青睐这一模式：正在崛起或者想方设法期待突破的地方白酒企业是这一模式的忠实拥趸者。地方白酒企业在开拓市场时，限于品牌影响力一般都是在自己的一亩三分地上耕耘，偶尔的外出也是战略出击需要，但外出时使用“1+N”模式基本上无人接招也就谈不上建功立业了。

地方白酒企业为什么喜欢使用“1+N”模式来开拓地方市场呢？除了刚才提到的消费者需要，还有没有其他原因？它的优劣势如何？

1. 满足消费者的需要

这是“1+N”模式在地方白酒企业得到运用的根本性原因，也从战略的高度解决了企业持续发展问题。当一个品牌在消费者心目中形成固定的印象时，要改变它非常困难甚至可以说是不可能的。

步步高在推“音乐手机”时，基本上与其他电子业务没关联。当在音乐手机取得一定市场份额和业绩时，人们才逐渐认知到这是步步高推出的一个新品牌。这个时候消费者已经对其音乐手机形成了一个定位，再知道是步步高出品也没有什么抗拒了。

湘泉酒厂推出酒鬼酒和全兴推出水井坊，都是与原来的渠道隔离开来运作的。直到酒鬼酒、水井坊的市场运作有了很大的起色，人们才逐渐了解清楚其背后的湘泉酒厂和全兴酒厂，这个时候已经不影响消费者将他们作为高档白酒选用了。

邵阳酒厂的邵阳大曲在湖南市场稳居低档市场头把交椅多年，但其上延产品一直不温不火没有一个样板市场。直至新品牌开口笑产生一定的影响后，酒厂的发展才走上快车道。消费者既然认可邵阳大曲的酒质，为什么不认可它推出中高档产品的努力呢？这就是品牌认知在作祟，因为一开始消费者就对定位低档的邵阳大曲能否酿出高档好酒持怀疑态度、排斥态度。当开口笑的市场影响逐渐传播开时，对邵阳大曲的影响反而是正面的、积极的，因为能够酿出开口笑这种美酒，畅销多年的邵阳大曲一定不会差到哪里去！看，消费者的心里就是这么怪！

武陵酒厂被泸州老窖合并后，武陵名酒回归高档阵营。经过近几年的苦心经营，在酒厂所在地，高档酒的印象已经被消费者逐渐接纳，品牌定位被拔得很高。这时如果再用同一个品牌推出几块钱、十几块钱一瓶的中低档产品，新的消费者不但不会买账，恐怕现有的高端客户群也会流失。中国的高端客户群就是这么奇怪，越是大家都能够喝到的好酒他就越不去喝，他只认自己的圈子，或许这就是白酒行业的消费者“潜规则”吧。

满足消费者的需要这句话很简单，要真正做到却很难。不从战略高度去看待这个问题，地方酒厂运用“1 + N”模式就会成为邯郸学步、东施效颦。

2. 企业网络下沉的需要

除非是品牌买断，有抱负的企业都不会选择总经销制。市场的精耕细作是企业在地方上能够做大做强的根本，如果一开始就让总经销商牵着鼻子走，企业发展的步伐就会慢很多。

“1 + N”模式的运用可以让企业将网络下沉，充分调动乡镇级经销商的积极性，主动帮助企业做好所在的乡镇级市场。

企业在地县级市场选择一个经销商，除了许许多多的高空支持外，地面部队一个都不能少。就算这样，总经销商对厂家仍然不满足，总挑刺，但乡镇经销商就不同了。厂家能够直接跟他打交道、发货、做服务、派遣人员帮助他做市场、做分销（分销到村级）、打广告，他什么时候享受过这样的待遇？目前的绝大多数乡镇经销商没有享受过。外地白酒品牌限于资金、人手的投入一开始肯定不能做到这一步。本土企业在自己的根据地市场一开始时就拿出这种魄力和规划，才能够和竞争对手拉开差距，才能加快发展步伐。安徽宣酒集团这几年的快速发展就是得益于网络的快速下沉。

当每个乡镇市场都建立起了自己的经销体系，每一个乡镇的销售都成为绝对第一，“1+N”模式就显现出了威力。

3. 经销商逐利的需要

地方酒厂所在的地方，产品稍有起色，出厂价就会满城皆知，因此畅销产品在根据地市场总是低利润产品的代名词。这也是经销商不愿意经销本地白酒企业产品的根本原因，谁愿意拿几十万元每年去做搬运工呢？

推行“1+N”模式就可以帮助经销商解决利润上的难题。畅销的产品也卖，但高利润产品一定要成为主推产品，以此弥补经销商的经销利润。山西汾酒集团在山西市场的运作就是这一模式的典范，也是经销商愿意经销汾酒的重要原因之一。

（二）盘中盘模式

“盘中盘”营销模式主要被中高端的白酒所采用，通过控制核心消费餐饮网点以影响中高端消费人群，以此辐射其他渠道，影响其他消费人群，达到拉动全盘市场销售的目的。

白酒行业的竞争在经历“广告为王”、“渠道突破”后迅速出现了新的风向标，那就是“盘中盘”时代的到来。

口子窖宣传自己是“盘中盘”模式的缔造者和既得利益者。小糊涂仙的异军突起是依赖酒店终端大规模突破成功在行业里没有异议，只不过没有特别提出这一营销模式或者称为前沿营销思想而已。实际上，当时的许多白酒企业都已经在朝这条道路走。企业的感觉总是跟着市场走的，正因为企业的实际运用，才有了理论家的总结和推广，口子窖刚好被理论家发现并被用来作为案例而成了行业先行者和标杆。

案例：流行的不一定是好的

笔者在运作某中高端白酒时恰好是“盘中盘”模式颇为盛行的年代。当时笔者所在的Z市场酒店竞争非常激烈，许多酒店都被当地的几个大型酒水经销商买断，而笔者的经销商却是从未做过酒水、完全没有任何酒店网络资源的门外汉。这个时候如果采取当时流行的“盘中盘”模式去运作，该品牌根本连酒店的门缝都挤不进去。于是，结合经销商所具备的社会关系资源，采用了向政府权力人士和企事业单位公关的方式，把酒水直接卖给单位，再通过单位领导的带动迂回把酒水送进酒店。也就是，市场的启动是先单位后酒店再带动名烟名酒店。三年后，该品牌成为当地市场中高端白酒第一品牌。

笔者当时虽然没有选择流行的“盘中盘”模式，而选择了“团购模式”启动市场错开了竞争渠道，却达到了同样的效果。

从现有的竞争格局来看，不管是“盘中盘”还是“团购营销”都已经是红海一片，企业指望用一种模式打开市场、赢取胜利，已经非常困难。为什么对酒店终端的竞争没有停止的迹象反而越演越烈？运用“盘中盘”模式打开市场的必备条件到底有哪些呢？

1. 品牌定位决定了企业的选择

能够用得上“盘中盘”模式的品牌基本上是中高档白酒品牌。中高档品牌的消费场所相对比较固定，人群比较集中，尤其是高档白酒品牌，地方上能够消费该价格产品的人群，掰着手指都能够数出来。要搞定大多数人，企业的精力、财力可能有限，但搞定这少数人，还是有把握的。因此，白酒品牌的档次注定了企业的推广模式选择。

2. 地县市场更容易检测效果

“盘中盘”模式，简单点说就是以酒店这个小盘带动消费者这个大盘。地县级市场能够卖得动中高档白酒的餐饮酒楼就是那么几家、几十家，如果企业掌控住这几家、几十家酒店，把他们买下来，做透、做好，就能够对领袖人群产生影响，然后通过领袖人群进而影响其他普罗大众，市场的反应就出来了。

大城市因为酒店众多，能够起到带动作用的人群也很多，口碑传播效应严重滞后。如果企业还没到市场启动的那一刻就已经倒下或退出市场，前期的所有市场投入都会打水漂。因此，选择“盘中盘”模式的基本上都是地方酒厂针对地县级市场来运作。大城市尤其是特大城市，如果企业的实力不是足够强大最好不要考虑，因为一旦陷入就要打持久战。

3. 将团购营销纳入“盘中盘”

不管是“盘中盘”模式还是“团购营销”，其最根本的一点就是希望借助对核心领袖人群的公关来带动整个市场的启动。“盘中盘”模式是通过掌控酒店终端来影响核心领袖消费人群的消费习惯，而团购公关是直接通过对核心领袖人群的拜访、赠酒来改变或影响他们的消费习惯。选择的方式不一样，希望达成的目的是一样的。

因此，如果把“团购营销”纳入“盘中盘”的管理中来，双管齐下形成联动，对核心领袖消费人群的影响速度势必加快。而且随着自带酒水现象越来越盛行，酒店的酒水销售大打折扣，单纯的酒店买断也买断不了选择权利。

（三）系统制胜

近两年“盘中盘”模式的衰落有以下原因：

（1）“团购营销”的崛起；

（2）“车尾箱工程”的流行；

（3）众多大品牌及地方著名品牌对核心稀缺酒店终端资源的掠夺性开发。

由于酒店的进场、买断门槛越来越高，酒水在酒店的销售日渐滑落。很多时候都出现了所卖酒水还抵不上酒店进场费的“平常事”。企业自我安慰叫品牌影响力推广、形象展示，其实就是掩耳盗铃、自欺欺人。但没有哪个品牌甘于退出，整个市场陷入了僵局，谁也占不到便宜，谁也得不到好处，只有那些核心酒店在偷偷地笑。

为了打破这一僵局，自建终端逐渐流行开来。有以专卖店模式出现的，如茅台、五粮液等几大高端品牌的专卖店推广模式；有以酒水运营连锁代理模式出现的，如有一定影响力的华致酒行等；还有在酒店、商超中设立“店中店”模式的，基本是地方上的强势经销商在做尝试，这些经销商代理几款在当地比较畅销的产品来增加自己在酒店和商超的话语权。

“店中店”模式从本质上来说也是为了构建一个可以放心消费的平台。打的仍然是核心消费人群的主意，只不过将“盘中盘”模式中的酒店平台改组为“店中店”这样一个类似于平价超市的酒水平台，体现的是价格合理，购买渠道放心，是一个“真酒”平台。

既然是这样，“店中店”模式还是不能改变酒水行业现有的竞争格局，只不过让企业在原有的“盘中盘”模式、“团购营销”模式上再加上一道针对核心领袖消费人群的保险栓。把对核心领袖消费人群的掌控始终放在第一位这个方向没有错。

那么，未来的白酒竞争到底该怎么走？

1. 单点突破，系统制胜

指望通过一种招数去撬开市场已经变得很不现实。“盘中盘”模式、“店中店”模式的运用也要基于企业对整个市场的规划和掌控来实现，涉及企业的物流管理、采购成本管理、产品研发、经销商服务、营销策划、广告投放甚至人力资源的整合等。许多人在学习同行业优秀品牌的经验时，看到的总是被放大了的特色，回来后自己一运用却得不到想要的结果，因为不具备隐藏在企业背后的整体实力和供应链，单独学习一两点当然不能完全复制。

俗话说，成功的企业各不相同，失败的企业总是很像。找到企业中那些属于品牌自身的优质资源并加以整合运用，站在系统的高度去审视我们的市场运作，然后突出特点加以放大，让竞争品牌跟在我们的特点后面跑。运用田忌赛马的理论，让我们的劣马与对手的良马跑，让我们的良马与对手的劣马跑，笑到最后的才会是我们。

2. 把握方向，抓牢核心

不管是“盘中盘”模式、“团购营销”模式，还是目前大行其道的“店中店”模式、酒行连锁等，对核心领袖人群的掌控和影响始终是其主线，要通过核心领袖消费人群来完成品牌植入。

对核心领袖人群的影响还可以通过广告和公关的行为加以实现，例如对高端杂志、高端媒体的广告投放，对高端消费人群的会所营销，对热点事件的关注等。

3. 手中有“粮”，心中不慌

虽然“盘中盘”模式不能带动整个市场的启动，但对核心酒店、核心名烟名酒店的掌控仍然不能放松。资源越有限，越要抓在自己手里才踏实。与此同时，“店中店”模式自建连锁名酒行甚至自建餐饮酒店终端都可以尝试，目的是扩大对核心消费人群的影响力和平台数量。没有舞台，戏唱得再好也是独自欣赏，而舞台的搭建是要依靠自身来完成的。

4. 巧借资源，以点带面

找到关键人物、找到合伙人，这个“店中店”模式基本上就有了保障。就算是茅台这样的品牌，如果当地没有一定的人脉资源，明明可以有5吨的销量到了你手里可能就只能卖出1吨（跨区销售不在此列）。不要不承认差距，有资源与没有资源在对高端产品的推广上立马可以见分晓，何况你运作的可能还是非常不知名的所谓高端品牌。

有资源的人很多，“店中店”模式要找到这类人合伙做生意，才会有基本的保障。实际上很多品牌都在走这条路，就是没有开设“店中店”的品牌，其寻找的代理也是走的这条路。

5. 打造品牌，持之以恒

多个品牌进入同一个市场，三五年后还能够在该市场活下来的基本上是品牌基因被激活或者品牌打造有所成就的；那种来时汹汹，去时匆匆的品牌对于真正做市场的人来说是不足为惧的，怕就怕那种润物细无声的持久战者。

“盘中盘”模式、“店中店”模式的运用和打造也是如此。买断一个酒店一年，许多品牌都能够做到，连续买断一个酒店三年、五年就需要魄力和耐心了。同理，“店中店”开了一年，可能很多顾客还不知道有这么一个店的存在，当“店中店”存在了三五年时才有了基础，对核心消费人群的影响才能真正凸显出来。

一个人做一件好事很容易，难的是一辈子做好事。我们的品牌、店中店没有持久战的决心和毅力是很难打响的。

这是最好的时代，也是最坏的时代。白酒行业又一次迎来了发展的大机遇，尽管有许多繁杂的声音骚扰我们，但行业发展的快速步伐并没有因为这些杂音的存在放缓，行业先锋的探索一刻也没停歇。当整合如家常便饭，当手握终端资源的品牌越来越多，等待我们的将是行业史上的又一次聚焦和裂变。

四、差异：打造错位营销

案例：黄金酒的“黄金价”

史玉柱操盘的黄金酒采用的就是错位营销手段。他避开了白酒操作中竞争最激烈的酒店渠道及保健酒中目前销量最大的小瓶酒市场，直取其最了解、也最擅长的礼品市场。借助其用脑白金、黄金搭档构建的礼品王国，通过视觉冲击，为消费者增加了选择的新产品。

黄金酒既非传统意义上的白酒，更非真正的保健酒。说白了，史玉柱就是把它包装成一款新出的礼品而已！脑白金、黄金搭档销售多年，就算送礼者本人不疲劳，受礼的人也有点烦了。白酒市场每年都在更新，礼品市场同样需要更新，而史氏赖以起家的礼品市场不可能让给别人，恰好中国的保健酒市场每年以30%以上的速度递增。于是，扛着保健的旗号，借助五粮液的威名，向着自己最擅长的领域，黄金酒诞生了。

分析史玉柱的选择，不管有意还是无意，至少在市场渠道和产品的选择上他是把错位营销运用得很娴熟。不管黄金酒的运作最终是否能够成功，其产品错位、渠道错位及经销商错位的模式应该值得白酒行业和保健酒行业的人学习。

错位营销从本质上来说就是以前的差异化营销。错位营销的运用很广泛，业内也有很多成功的案例。

金六福刚上市时首创星级概念。按照酒店划星的标准给白酒分星级，并且首款上市就直接主推五星金六福，在五星金六福行销全国后再跟进一星、二星、三星、四星产品，迅速覆盖中低档市场。同时，金六福给白酒第一次烙上了定位的痕迹，其“中国人的福酒”定位给品牌打上了区别于其他白酒的标签，赢得了消费者的疯狂追捧，也开创了中国白酒市场上的“金六福时代”。

酒鬼酒以文化的名义卖酒，借助黄永玉大师的名号，以卖画的定价勇气在二十世纪九十年代第一次推出价格高过五粮液和茅台的产品，一时震惊全行业，也成就了酒鬼二十世纪九十年代的传奇。

水井坊从严格意义上来说借鉴了酒鬼酒前期的一些做法，例如其价格定位高过再度崛起的茅台和五粮液，运用历史遗迹炒作自己的酒文化等，但水井坊大量运用的事件营销手法却开创了白酒行业新的操作模式。

还有洋河蓝色经典的包装错位和口感错位案例，小糊涂仙开创的意见领袖案例等各领市场风骚数年。

创新是这个时代的主流，也是酒水行业不断发展的法宝。白酒行业发展到今天各种招数无不穷尽其极。曾经的单点突破即可占领市场的运营模式，在历经广告突破、渠道突破、酒店终端突破及单位团购突破后已经纷纷失效。不是这些手段不管用了，而是曾经运用这些手段到极致后所取得的市场成功到现在不灵了，没有哪个品牌目前运用其中的一种手段就可以给新产品撕开市场或赢得新的市场根据地。当团购成为今天白酒市场，尤其是中高档产品市场的主流渠道时，这个单一的操作手法还能够像五年以前那样管用吗？

某些品牌大量招聘的美女军团已经丧失了卖酒的底线，沦为了“卖笑”的又一个新市场！不能不说这是团购营销变异的悲哀！遗憾的是，我们的某些营销大师在给企业做培训时还美其名曰“勾引营销”，说这种做法刚好迎合了某些掌权者的嗜好，至少在目前这个阶段还有其存在的土壤。从营销的本质就是满足消费者的潜在需求来说，这些大师对目标消费者和购买者的心理研究还是蛮透彻的。当“制服诱惑”也玩腻时，团购营销或者就到了寿终正寝之时。

那么怎么运用好错位营销为企业服务、为品牌建功立业呢？

（一）战略规划率先而行

你是要错位市场、错位产品、错位渠道还是错位定位？对这些事情一定要先规划好并做好充分的前期市场调研。许多企业之所以在最后采取了趋同营销策略，归根结底是眼光短浅的结果，看到的总是别人已经成功的经验、已经摘取的果实、已经培育好的消费群体。这种趋同营销不是没有效果，而是跟随企业的实力决定了你超越的可能。

案例：趋同营销需要实力

娃哈哈每年都会采取一些趋同营销策略跟进同类竞品，并取得成功。

以前的非常可乐、激活就不说了，最近的 HELLO－C 系列就是跟进农夫山泉的系列产品研发的。但娃哈哈的实力是摆在那里的，据媒体披露，娃哈哈光砸在 HELLO－C 和啤儿茶爽两款产品上的广告费就达到了 15 亿元。而到目前为止，这两款产品获得的销售收入也才 15 亿元左右，可以说是 100% 的投入。

那娃哈哈赚什么钱呢？这 15 亿元放在娃哈哈每年两三百亿元的营业规模中不显得多，顶多就是偏高而已，不至于伤筋动骨。但娃哈哈凭借超常规的海量广告投放占领了先行者已经培育起来的市场。这也是屡试不爽的法宝，不是每个企业都有宗庆后先生这样的实力和魄力！

当然，娃哈哈是快消品中的饮料行业，产品的价值不高，消费者乐于尝鲜、尝新。如果白酒行业照搬娃哈哈的手法估计是死无葬身之地，因为娃哈哈除了海量的广告投放，还有其通达全国每一个角落和乡村的下货网络。

行业的标杆不是那么好模仿和超越的。但有了错位营销的思维，有了战略先行的规划，在局部市场上形成对标杆的超越还是完全有可能的，通过局部的渗透逐渐连点成线、连线成面，最终形成整体上的超越。

（二）整合营销结合单点突破

既然单点突破已经发展到了系统制胜，我们在运用错位营销时就要考虑其整合运用。在错位市场的同时还可以做到以下方面：

（1）错位产品，即为战略市场研发专销产品；

（2）错位包装，提供区别于其他市场的产品包装，防止边缘市场窜货；

（3）错位市场投入，为目标市场提供多于其他市场的资源。

同时，尽管单点突破已经失效，在错位渠道时还是要凸显主渠道进行重点扶持，形成单点突破的亮点给市场造势，让渠道、消费者感觉到你的亮点在哪里，形成表面上的消费理由。

案例：茅台的翻盘

茅台在价格连续多年被五粮液压制后，一举超越五粮液回归其国酒之尊。

你去问喝茅台的消费者为什么要喝茅台时，几乎有一个千篇一律的理由：喝茅台可以护肝，喝别的白酒都是伤肝！这里不讨论喝茅台护肝是否有科学依据，但茅台在大大小小媒体上投放的“喝茅台可以护肝”的软文确实成了消费者饮用茅台最好的理由，可以说茅台引导消费者自己给自己找了个喝茅台的理由。

从专业的角度来分析，这个理由只是茅台能够成功的一个点而已，如果没有茅台的控货及季老爷子（季克良）对国家领导人和军队持之以恒的团购公关，茅台也不可能重回老大的交椅。控货保证了渠道商的利润（当时渠道商普遍反映卖茅台比卖五粮液赚钱多了），对领导人公关是践行“少数人带动多数人的消费原则”。

错位营销整合运用的背后不能忽略单点突破对市场的画龙点睛作用，两者的完美结合才能够撬开市场，而不是每一个错位模式都蜻蜓点水。

（三）员工思维错位培训

市场是有个性的、有差异的，指望用同一种模式撬开所有的市场很不现实。公司的领导层不可能对所有的市场都了如指掌，况且变化的市场日新月异。一线员工最清楚变化的痕迹，如果员工没有错位营销的思维就会对变化的市场视而不见，找不到自己工作的重点和应对方法，从而错失良机。

员工的错位思维培训很简单，就是充分授权，强化检查和监督。充分授权才能够活跃员工的思维，培养其独立处理问题、操作市场的应变能力；强化检查和监督是为了帮助员工不偷懒、少犯错误，保证市场的可持续发展。

（四）错位消费者的研究

不研究透彻消费者的需要，在家里闭门造车是做不好市场的。营销的本质既然是满足消费者的潜在需求，就要研究不同消费人群的不同需要，然后找准目标消费人群，投其所好加以征服和诱导。

啤酒的目标人群是年轻人，传递给大家的总是活力、激情，符合年轻人群的消费取向；白酒的历史厚重感更浓，因为其主流人群是中老年人。尤其是中年人群是白酒主流消费群，喝啤酒胀肚，商务应酬都是白酒为主流。那么中年人群的消费取向是什么？有面子、符合自己的身份；求人办事，需要体现档次；追求健康，迫不得已的应酬，等等。

产品、品牌针对的是哪一类人群，研究就要朝哪类人群集中。一个没有消费人群消费的品牌，渠道工作再好、酒店终端客情再到位也永远打不开市场。围绕消费者做工作、研究是每一个品牌能够保持长销和畅销的根本原因。

（五）错位根据地市场的打造

中国的白酒品牌之多是任何行业都无法比拟的，这么多的品牌都像茅台、五粮液那样开工运作全国市场不是天方夜谭就是异想天开，不说其品牌影响力难以支撑，单是资源的投放就不是一般的企业能够承受的，何况毛毛细雨是淋不透土地的。

错位营销中的错位市场要求我们选准根据地市场进行打造。一般是选择企业所在地进行深度运作，其次是选取竞争企业没有重点镇守的市场进行运作。没有根据地市场做支撑，企业很容易陷入四面楚歌的境地，也容易被经销商牵着鼻子走，丧失自己做市场的主动权。

错位营销虽然是一个新名词，但本质怎么都改变不了。创新的思维带来的变化虽然给大家一个新鲜的感觉，但如果忽略了营销的基础工作，忽略了对消费者的持续关注和培育，再好的营销方法都将是故纸堆里的人情，无法取得实质的运用。

看到他人运用错位营销的手段取得了一个又一个的市场胜利，我们更要看到每一个胜利企业背后的艰巨付出，那就是对市场基础工作多年的坚持和沉淀。

五、窜货：谁偷走了奶酪

倒货、窜货问题是每一个企业的心病。一个年销售高达五六百万元的市场因为倒货的冲击拱手让给了竞品，这种切肤之痛，不亲身经历恐怕很难理解。尤其是从经销商的角度，他损失了市场就是损失了利润，也失去了对企业的信心。而对于冲货方的员工和经销商来说，他们又得到了什么呢？市场？利润？发展？一个都没有！

随着市场环境的改变，对消费者的依赖越来越严重、销售越来越碎片化，单纯依赖渠道倾销的把戏会逐渐绝迹。我们不再为了单纯地完成任务去挤压市场、抢占经销商的资金，也不再为了一时的销售过度挤压渠道，打烂价格。倒货一事虽然是行业通病，但并非不可治疗，尤其是在一些思想开明、与市场高度接轨、谋求百年基业长青的企业里更是可以彻底治愈的。

案例：让窜货者"窜不动"

记得刚调去某项目部工作时主要有三个问题是迫切需要解决的：一是遗留问题太多；二是价格体系混乱；三是倒货、窜货严重。前面两个问题只要是做市场的人都会清楚该如何下手，关键是第三个问题不知道怎么做。我解决这个问题的方式非常简单，就是坚决、彻底地执行企业提出的"四项基本原则"：对客户利润负责、对拉动消费负责、对货物流向负责、对稳定价格负责！

在领导的支持下，我提出了让一部分愿意遵守企业游戏规则、愿意与我们共同进步的经销商先富起来的指导思想，坚决打击不按照游戏规则出牌、浑水摸鱼的经销商。为此取消了好几个经销商的经销权，重金处罚了部分有倒货行为的经销商，对于不能制止、不能管控好货物流向的业务经理予以调离撤职或劝退，严格控制货物的发放，不为了完成任务向市场压货、向经销商摊销任务。效果是大家预见得到的，化解了员工及经销商一直投诉的倒货、窜货问题。

综观个人曾经亲历的一些市场，运作过的产品，以下一些经验或许可以借鉴：

（一）处理态度

太多的厂家说要严格控制倒货、窜货，但发生此类事件后又睁一只眼、闭一只眼。经销商如果看到厂家是这种态度，你说他会继续怎么做？领导对倒货、窜货态度暧昧，员工与经销商在做此类事情时就会有恃无恐，尤其是那些自认为在企业里面还有些关系的人更是乐此不疲。

（二）考核机制

企业对经销商的考核标准、对员工的考核标准是什么？唯销售数字论英雄、计提成这样的考核机制当然是促使人倒货的导火线。有人也许要问，做销售没有业绩企业怎么发展？市场怎么进步？那么倒货倒出来的业绩也是为市场做了贡献？也是为企业谋得了发展？

更何况我们企业提出的区域负责人在调离原岗位后三年内要对该市场负一定的责任，就是为了让区域负责人不要为了市场一时的销售去杀鸡取卵。

（三）人员责任

这批货流向了外埠市场，主管该经销商和市场的区域主管和区域负责人如果不知道只能说明两个问题：一是对该市场极度无知，根本不清楚自己的市场一个月下来、一年下来能够卖多少货；二是疏于对经销商的掌控和管理，平时没有向经销商灌输此类事情的危害，缺乏有效沟通。

许多情况下，业务员和主管不是直接参与倒货，就是唆使经销商这样做。我们在走访市场时听到的这种声音、企业查处的这类事件还少吗？做一线的都清楚，能够被查处的可能只是冰山一角！

（四）事后处罚

对于倒货、窜货的处罚，要说规章制度不严厉那也是睁眼说瞎话。如取消经销权，罚几万元的款，但事情还是层出不穷。更离谱的是，你让集团处罚了我，我马上安排经销商到你所在市场去收一批货回来然后进行举报以此报复。这种事情相信很多人都经历过，如果在查实后不进行更严厉的处罚，就会成为违规者炫耀的谈资，更加促使其倒货、窜货成瘾。

事后的处罚一旦确定要坚决执行，哪怕丢掉这个市场也要执行。丢掉了这个市场却可以保护更多的市场，这个道理站在更高的角度就容易理解了。有时我们处罚不了对方，不给他发货、不和他合作也行。

（五）如何学习

劲酒一直是大家学习的榜样，确实也值得学习，不说其市场操作手法多么先进，团队管理多么严谨，单是它对倒货、窜货的成功掌控就值得去研究。

那么全国快销品的样板——王老吉，对倒货、窜货的控制又是怎么样的？

一是对货物投放的严格控制，能够卖 100 件货，经销商得到的货物就只有 80 件、90 件，绝对没有足额供给的理由；二是持续关注对消费者的拉动，以市场动销与否来检验市场的成功。如果他们的产品不是持续动销，不是消费者持续点用，他的这种货物控制就失去了根基和意义，经销商和市场也不会追捧。

弄明白了上述两点就知道关键点是什么了，那就是培养消费者持续消费的市场和有效管理货物投放，再加上前面几点措施，就能有效控制倒货、窜货问题。

因为倒货而不断消失的市场是敲响警钟，如果不悬崖勒马，我们失去的将不仅仅是一两个市场，可能是企业就此消失，这绝不是危言耸听！

做促销的最好方式就是涨价，做营销的最高境界就是没货卖！

六、产品：何为长销之道

如果没有一两款畅销产品，一个企业的发展要说很红火那是自欺欺人。

比较遗憾的是，到目前为止还没有哪家企业能够像茅台、五粮液那样安之若素，让一款产品历经岁月的沉淀畅销几十年不衰。也正因为这样，曾经的老八大名酒、十七大名酒中的很多著名企业逐渐远离了消费者的视线。近几年通过企业的研发、打造，有新的畅销产品出现时，企业才重新焕发生机。最典型的当属洋河、西凤等企业，因为洋河蓝色经典、西凤十五年的崛起和畅销而重回白酒一线阵营，让即将成为历史的老名酒再次站在时代的前沿，演绎了一曲新时代弄潮之歌。

行业中人都知道畅销产品对于企业的重要意义，也很清楚畅销产品应该如何打造，不明白的就是为什么当初畅销的产品怎么突然一下就不畅销了，甚至成了滞销的代名词。曾经的各领风骚三五年，一年甚至三个月喝倒一个品牌的事情能否被避免？也有人说，从产品的生命周期来看，历经导入、成长、成熟、衰退后，产品谢幕退出历史舞台是必然的，但同样一款产品，饮料业的可口可乐为什么历经百年不衰而且越卖越好？茅台、五粮液也已经成为行业领袖几十年，其主打畅销产品为什么也是畅销几十年经久不衰？

畅销而长销的事情是完全可以做得到的，就看我们怎么做。

（一）明确长销产品方向

从白酒业的规律来看，真正畅销而长销的产品是往两头跑的。也就是说，企业的中高档产品或者低档产品一旦形成畅销之势，要想保持长销会比较容易一些，这是由产品本身的特性和消费者的消费习性决定的。

高档产品一旦形成品牌效应，其标杆的影响是持久的。一是高档品牌的打造费时很久，没有几年甚至几十年的历练很难成功；二是高档消费者的忠诚度一旦形成，也很难改变。

茅台、五粮液形成价值取向，后来者总是很难撼动其地位，但不是没有机会，没有机会就不会有后来的酒鬼、水井坊、国窖1573等高档品牌的崛起和搅局了。从地方高档品牌的打造来看，这种事情就更加容易做到了，这也是地方酒类企业未来站稳发展脚跟的方向之一。

低档产品的畅销和长销源于历史的积淀及企业本身的光环效应。二锅头畅销全国这么多年因为这个品牌给消费者多年的熏陶已经让消费者的脑海中形成了深深的烙印。尽管不是品牌名，但这个工艺就让消费者觉得能够酿出好酒。另外行业里低档产品的竞争相对要弱些，限于产地和成本因素影响，地方低档产品只要运作得当，总能够在当地拔得头筹。

前几年在全国某些地方比较畅销的东北低档白酒，就抓住了低档产品竞争不激烈、不完全的特点，借助自身生产成本的优势及地方政府极度优惠的税收政策优势，一举成为地方市场的畅销产品。但要长销就不能只这么做，消费者的培育是一个缓慢的过程，太快的崛起也意味着衰退的到来。

明确了方向，在给企业做规划时就很清楚知道自己要什么。能够成为企业百年支撑的长销产品，应该是高、低档各有一款，高档树立形象，摄取利润，为企业的发展积累足够的发展资金；低档占领市场，稳定企业的生产，满足最普通人群的消费需要，为地方政府解决就业、税收等问题。

（二）保持价格体系稳定

畅销产品不能长销的根本性问题是价格体系不稳定甚至穿底，导致经销商无利可图，网络商利润微薄，成为带货产品可卖可不卖。这个时候就算有消费者的忠诚度在，渠道总是见不到货或者总是被卖货商说坏话，在有其他畅销产品替代的情况下，消费者就会逐渐转向。

茅台这两年的销售形势要比五粮液好，表面看是因为茅台的公关做得好，消费者愿意喝，但很重要的一点就是茅台的卖货价差远远大于五粮液，导致越来越多的经销商去追逐茅台，也使茅台的价格越炒越高，也让我们见识了行业史上的第一份限价令。茅台给经销商规定了最高售价，而一般的产品害怕经销商砸价，规定经销商的最低售价，多么鲜明的对比反差。

邵阳大曲在并入华泽集团前已经是湖南的畅销产品，而且是网店商带货的畅销产品之一。但网店商、经销商并没有积极的态度、没有一定要卖的意思。被并入华泽后，通过市场梳理以控制货物投放的方式，拉升了价格体系，让各级渠道都有了合理的利润空间。短短几年，产品从零售网点售卖每瓶五六元飙升到每瓶十几元仍然是各级渠道手心里的宝。

东北的一些低档产品尽管能够在局部市场快速崛起，但因为价格体系不稳定，不能保证各级渠道的正常经营利润，起得快也落得快，很快被别的产品替代。

因此，稳定的价格体系是保证产品畅销和长销的根本！

（三）持续的消费者培育

产品畅销后对消费者的关注就会越来越少。最典型的例子就是消费者喝自己的酒有抱怨、有投诉时总是不予理睬，甚至说少你一个人喝没有关系，这些话就为产品以后的滞销埋下了隐患。随着时间的推移，越来越多的消费者被漠视后，厄运就来临了。

消费者的培育不但要持续做好服务，还要让消费者不断感受到产品（品牌）的热度、鲜度，能够与时俱进。

茅台持续做政府高层、部队公关的同时，对品牌本身的投入也是不遗余力，“茅台护肝、保肝”、“国酒茅台”、什么炎帝祭祖的赞助等，要让消费者不断地知道他在发声而且声音还蛮大的。

现在的社会信息资讯量大，一两天不发声都会被人遗忘，更何况一两个月、一两年不发声。指望消费者忠诚于你，真是开天大的玩笑。

产品畅销后，单纯的硬广告固然能够让消费者随时留意到你的存在，但“润物细无声”的软广告更要成为品牌的“撒手锏”。许多看似无用的付出串起来可能就是一条链子，任何一个环节脱离，都可能终止链条的运转。

一些不懂的营销总监总害怕花这样的“冤枉钱”，做活动喜欢与销售挂钩，完全不从品牌的高度、产品长销的高度去看待某些活动的开展，直到产品要滞销了或者已经呈现滞销的症状，还搞不明白哪个环节出了问题，以为是自己的促销力度不够造成的，于是增加促销力度，搞得渠道价格混乱，加快了市场下滑趋势。

（四）不断进行产品升级

畅销产品的长销不代表墨守成规，不能对产品做任何修改才是真正的长销。在行业要成功推广一款新产品那是何其艰难，但产品的正常升级，只要得法基本上能够维持新一轮的热度，形成新的消费潮流。

产品升级分为微调和包装的彻底改变两种模式。具体要依据各自市场的特性和对市场的掌控来决定。五粮液的升级是从盒装改为透明装，外包装来了一次较彻底的改变，价格也得到了一个较大幅度的提升。一般的升级都是对产品的微调，要么是瓶型的改变、要么是外盒的稍加修改。劲酒的产品一直都有调整，但幅度不大，要把几次调整对照来看才看得出较大的变化。

不管采取哪种调整方式，有一点是要坚持的，就是升级产品一旦推向市场就要果断停止老产品的生产，不能让两个产品并存。一旦并存，升级计划很可能失败流产。有些领导人看到老产品销售形势好，害怕升级产品消费者不接受，喜欢等到升级产品起来了才取消老产品的销售。如果这样做，很可能再也看不到升级产品的崛起，相反，老产品被消费者厌倦时，我们的末日就到了。

（五）适时推出全新产品

不是说产品长销了就不要推新品，而是推新品能够保证、保护好产品的长销。宗庆后先生有一句震惊业界的反问："你有热产品吗?"一个企业在一个市场取得一定的成功和市场份额后，要持续扩展自己的市场就要想办法多推热产品，每年或每两年有一款热产品都是好的。啤酒行业在这方面走在了前面，白酒行业受现在新品推广成功速度慢的影响，热产品的出现难度在提高和出现时间在延长，导致给行业的影响就是都害怕推新品。

白酒行业的中档产品因为竞争激烈，消费者的消费转向快，往往是最容易制造流行的价格段，企业做这样的产品时不妨抱着做策略性产品的心态。采取两三年培育一个产品的方式逐步推进，形成不断的旺销局面，又能巩固长销产品。

经销商经销热产品有积极性，有较高的利润回报，也容易积累消费者的口碑。长销产品利润比较稳定，是可靠的投资回报。没有后顾之忧，企业和经销商在推新产品培育热销产品时就能够全力以赴，成功概率也较大。

还有就是产品的上下延伸。有时延伸不是要体现出多少新增的销售，完全就是为长销产品做陪衬的。没有对比就没有消费者的坚持，这是一种购物心理，也是我们做产品规划的一种依据。

茅台推年份酒，不是卖得越多越好，而是印证了茅台的高贵品质不是瞎蒙的，普通消费者消费普通茅台的心理价值感更加明显，诱使其忠诚度更高。

许多地方企业在自己的某款中高档产品畅销后喜欢推超高档产品，动不动就是每瓶两千元甚至五六千元，不是为了这些酒一年能够卖出多少，而是树立品牌的形象，为企业那些正在畅销的产品竖起保护伞。

（六）持续提升产品价格

中国经济发展速度超出了世界所有人的预期，也导致了消费趋势的逐年快速上移。今年这个价位的产品是主流，到了明年可能就是更高一个价位产品的流行。作为一款畅销产品要不断把握上移的趋势，与时代同步才能确保长销而不滞销。

茅台、五粮液每年不断涨价，不但没有因此走向没落，反而一次次成为行业的风向标，带领一大批企业同步上移，为行业所称道。

低档产品的持续提价道理是一样的。几年前我们这个地方的很多市场还在卖塑料袋装的米酒、桶装白酒，现在已经绝迹或没落，日薄西山。原因没有别的，消费者口袋里有了钱，消费档次上移了！

产品的持续提价，不做不但是傻瓜，更不能保证产品的持续旺销。就算认为消费者没有什么诉求，渠道这个环节肯定盼望你涨价。因为你每次涨价他都能得利，能够多赚钱。能够同时满足渠道和消费者双重利益的事情不做还要做什么事情呢？

畅销的产品要想保持长销并不是很困难的事情。把市场原理搞清楚，产品想不长销都不行。道理本来很简单，但被业内咨询公司的专家一忽悠，许多企业蒙住了，以为长销的产品很难做得出来，出钱买了方子，结果还是一样的。不懂原理，就算能够保得住一时的旺销，整个产业链运转出了问题还是不能保证持久的长销。

企业产品的长销是一个系统的工程，需要各个环节的努力和把控，关键的问题能够把握住就算出了一些小状况也不会动摇根基。

七、促销：如何合理控制

做促销是每一个业务员必须面对的事情，促销的好坏直接关系到市场的启动及货款的回笼问题。因此，每一次促销活动的设计就显得非常重要。那么如何核算促销活动的成本？怎么样评估促销活动的效果呢？

（一）设定年度销售目标并细化出具体阶段

这个年度目标的设定并不是随意而为，而是根据市场的实际情况及竞争对手的市场占有率来设定的。这个目标通过某种业务手段或者市场运作方式是能够实现得了的，是通常所说的“跳起来够得着的目标”。然后把目标细化，把大目标分解成小目标。如果每一阶段的小目标都能实现，大目标自然也可以实现；如果小目标发生偏差也可以进行分析，找到问题的症结或者调整目标值。

（二）根据区域市场的战略地位适当调整

例如Z市是K公司的重点区域战略市场。K公司平均的市场推广费用率只有10%，但是为了打下Z市这个重点战略性市场，K公司给市场部的推广费用率可能会有30%。也就是说，如果年度销售目标是100万元的话，市场部的费用可达到30万元；如果是非战略性市场，那么市场部可用于做市场推广的费用就只有10万元。

一个阶段要完成目标，就需要一定的促销活动进行配合，尤其是新产品推广。但不管这个计划如何制订，它的整个费用率要在整体的年度费用率之下，不能超标。

（三）允许合理分配促销费用比例

如果下个季度准备销售6000件的货物，为达成这个目标，本季度准备推出一个开瓶有奖的促销活动，而该季度的可用费用比例为 15%。为了快速启动市场，提高消费者的消费兴趣，在设计促销活动方案时，就可以有意识地把前面的 1000 件货设计成 50% 的中奖率，然后再依次递减，直至取消。这样，前期的造势就会给消费者一针强心剂，而整体费用仍然控制在 15% 以内。

（四）时刻明确促销推广的目的

促销只是我们运作的手段，市场的启动和销量提升才是进行促销活动的根本目的。业务员往往被竞争对手来势汹汹的促销所吓倒，诘问自己的品牌为什么就没那么大的力度，却不知道这只是竞争对手施放的烟幕弹而已。

以社区的免费赠送为例，不管怎么送，都是有一定量的限制。例如限送前 50 名消费者，整个“买一送一”的总量控制在 5 件货物以内等，得到的回报：一是开展此活动的超市进场费免掉了；二是超市附近的零售点被顺带进了货；三是激发了一批没有抢购到特价产品的消费者的消费欲望；四是广告宣传作用。所以说，天下没有白吃的午餐，此话千真万确，促销的最终目的仍然是回报。

（五）针对渠道牢记控制力度

不会做市场的业务员在拿到公司的促销政策后往往不知道怎么使用。最常见的也是最愚蠢的方式就是，把公司给予的政策一点不剩地全部放到渠道促销上面去，一时的痛快换来长久的痛苦。渠道价格崩盘，产品价格穿底，公司利润白白地流失。做促销时一定要多动脑筋，想些其他不损害品牌形象和价格体系的方式方法。以笔者的经验，针对消费者本身的促销活动可以放肆做，新产品的促销活动也可以放手做，不需要顾忌太多。

从本质上来说，促销是一柄双刃剑，做得好可以令市场锦上添花甚至起死回生；做得不好也可能令市场身陷沼泽、进退两难。如果我们了解清楚怎么去做促销，或许才能够避免一些不必要的麻烦，少走一些弯路。

第三章

科学管理渠道与终端

一、高、中、低档酒应对措施

白酒业发展到现在，戏剧性的故事情节越来越多，而所谓的行业乱象更可以用“惨烈”二字来形容。2013 财年白酒上市公司上半年的财报相继出炉后，白酒行业的浑水被越搅越浑。不但许多行业专家直呼看不明白，恐怕就是厂家自身也是“犹抱琵琶半遮面”、“只缘身在此山中”了，更何况是我等不明真相的大众消费者呢？

其实，白酒行业的黄金十年之所以终结，许多专家学者、白酒企业均将其归因为中国在 2013 年后实行的史上最严“反腐”政策及限制“三公”消费的持续实行，事实真是如此吗？

历史的发展轨迹总是惊人的相似，而历史的发展总是不以人的意志为转移。经济的发展也是如此，不可能总是一路高歌狂奔，也需要休养生息后再冲高，是一个螺旋状的过程。也就是说，没有“反腐败”政策的推出和限制“三公”消费的推行，白酒行业的黄金十年也会结束，也会自动进入一个调整期。只不过任何一个行业的发展都与国民经济息息相关，限制“三公”消费等政策的推行恰好成了终结白酒行业黄金十年的一根导火线，如此而已。

下面我们就来对白酒行业的一些困惑一一进行剖析：

（一）关于高端酒

高端酒在 2013 年的快速下滑出乎了绝大多数厂家的预期。就在 2013 年年初时许多厂家和高端酒品牌尽管对高端酒消费下滑有心理准备，但下滑速度如此之快、销售锐减如此迅速还是不能想象。这也是以茅台、五粮液为首的龙头企业在碰到真正的市场危机时，因为可预见性差，为了完成那些不可能完成的指标而盲目出招，置市场生死于不顾的真正原因。

上市公司 2013 年半年度财报公布后，许多证券分析师认为最坏的时代已经过去，消费即将迎来新一轮的利好。他们的判断就是以茅台、五粮液为首的白酒企业在上半年仍然实现了增长，尽管这种增长微乎其微，但这是在上半年最最艰难的时候实现的。随着下半年旺季的到来和渠道去库存的加快，好日子就会逐步回归。

有一点可以肯定，好日子会回来，但不是现在，也不是下半年！

高端白酒的发展走的是一条“寄生路”，这不怪酒企和那些白酒高端品牌的打造者，只不过白酒企业将这种机会用得过了头，当“寄生”的道路堵死时，就被打回了原形。有段时间网上有一篇文章《茅台降价羞辱了谁》，大意是说茅台的降价很正确，而许多专家学者说茅台不应该如此降价，但茅台就这样做了，让那些嚷嚷茅台降价的人羞红了脸。

这里姑且不讨论茅台降价到底羞辱了谁，首先需要明确的是，就是时至今天，稍微了解一点白酒行业的人都知道，茅台就是到现在也没有调低过出厂价，何来降价一说？至于茅台的零售价从高峰期的2000多元一瓶腰斩至最低谷时的八九百元一瓶完全是市场行为，茅台从没有说过要把茅台的零售价降低到八九百元一瓶来挤占大众市场，如果这样的话茅台就不会被发改委约谈、罚款了。

退一万步说，茅台作为行业的龙头企业就是一个公众人物，既是一个公众人物就要让人评头论足。茅台降价不降价是茅台自己的事，只要茅台认为对自己的市场发展有帮助就可以，茅台的降价羞辱不了任何人！就算茅台出昏招将企业搞垮了，能够蒙羞的只是企业自身，对我等普通老百姓来说生活不会发生任何改变，因为还可以喝国窖、喝五粮液、喝二锅头……大把的白酒品牌，不喝茅台是不会死人的，这个可以肯定！

没有消费者的支持，茅台算什么？它又能够羞辱谁？

高端酒肯定不会消亡，这是一个基本判断。我也仍然坚信茅台最终会走向奢侈品道路，对中国来说具有茅台这种基因的品牌确实不多，茅台应该好自为之！茅台要做老百姓喝得起的品牌，茅台厂家里面多的是这种品牌，但这不影响茅台自身的定位。就像红酒拉菲，拉菲酒厂里面生产的并不都是顶级奢侈品，也有大众消费的红酒，这不矛盾。

高端酒目前要沉得住气，不能明知市场回归理性了，还指望像在泡沫期那样操作，最后受损的就是品牌自身了。回到二十世纪九十年代，当时的四大名酒老大汾酒预判要走以量取胜的道路，结果将头把交椅拱手让给了五粮液、茅台、泸州老窖等，就是到现在仍然在修复品牌的含金量，已经不做老大好多年。如今的茅台碰到危机时如果首先想到的是以价换量，那可能就会重演汾酒的老路。茅台始终不调低出厂价，说明茅台还是很清醒的，就看它接下来的组合拳怎么打了。

（二）关于中档酒

中端酒在 2013 年被重视可以说是被逼出来的，高端酒销售受挫，让这些行业大佬一窝蜂涌向中端，还美其名曰“腰部战略”。姑且不说五粮液推出特曲、头曲是否真正能够挤占泸州老窖的市场，单是这种想法就让人觉得可笑。五粮液在推出头曲、特曲之前推出的中档价位产品、品牌还少吗？它有没有成为中档白酒市场之王？泸州老窖的位置有没有被撼动？因此，我们不要一看到五粮液这个时候推中档酒就觉得对现有品牌是一个威胁，如果市场这么容易做，五粮液、茅台每天就坐在家里开发产品得了，何必还这么劳师动众呢？我们这些地方白酒企业是否早就关门大吉了？

不管什么样的产品，它只是一个载体，产品最终成就几何靠企业的打造和努力。产品的先天基因对市场拓展有帮助但不是决定性的帮助，否则就不会有“寒门学子”的励志故事了。目前的环境下，中档酒市场是一个机会，但对这个机会的把握不是多出几款产品就能够解决的，市场的基础工作和厂商合力才是根本！

（三）关于低档酒

行业 2013 年上半年的数据是光瓶酒增长超过 15%，为中高档白酒增速的数倍。是消费群体突然增大了，还是低档白酒本来就不受“酒驾”和限制“三公”消费的影响？没有影响那是假的，只不过中高档白酒前十年的高速增长掩盖了低档酒的光芒，在暴利滋生的白酒行业谁会为了一点蝇头小利浪费太多的时间？只有当“微利总比亏损好”的至理名言变为现实时，各大白酒企业才在这股寒潮下掉头转向只有微利的低档酒。

在行业的高速发展期，低档酒每年也保持了 15% 以上的增速。现在不少白酒企业一窝蜂地冲向低档酒市场，由于行业 2013 年上半年仍然只有

15%的增速，所以行业的整体影响对低档白酒也是很大的，至少低档白酒的消费群体并没有预想的那么多，不会因为高档酒没人喝了就全部改喝低档酒。

中午不应酬、喝酒不开车对高、中、低档白酒的影响是同步的，只不过低档酒的消费群体基数大，下滑的速度没有那么明显而已。而且，随着小瓶白酒的逐渐流行和深入人心，那些喜欢休闲和个性化的中高端白酒消费人群也被逐步吸引到小瓶白酒身上，这也间接扩大了光瓶酒的消费群体。

低档白酒的操作其实更考验企业的基本功，因为市场拓展需要完成的琐碎性工作特别多。虽然快消品企业的打法有许多值得借鉴的地方，但完全照搬到低档白酒的操作上也会邯郸学步，毕竟白酒的消费速度再快也快不过饮料、水和啤酒。

二、高、中、低档酒行业发展

在认清楚行业的一些本质后接下来该怎么走就会略知一二了。

（一）心态

前面说过，行业的发展和调整是不以人的意志为转移的，没有“三公”消费限制，白酒行业也会迎来自己的调整期。就像2008年的经济危机样，全世界没跑掉，唯独中国放出天量的四万亿元资金救市指望躲过一劫，躲过了吗？在美国经济逐步向好的今天，中国开始进入艰难的调整期、阵痛期。

既然行业的危机躲不过我们就要勇于面对，不要因为消费疲软、销售的一时下滑慌了手脚。李克强总理给中国经济开出的药方之一就是调低增长预期甚至是中长期的低增长预期，逐步调整产业结构。我们白酒行业也应该如此，不能再人为地、不切实际地指望行业继续一路向好、一路冲高。我们的企业负责人更要冷静地分析自己的市场、品牌所处的竞争环境，给企业松绑、给员工松绑，那些明知道完不成的指标，除了给企业、给团队徒增压力和烦恼，没有实际意义。相反，有些团队执行者为了达到短期效益，拿到自己的“利是”，搞一些短期的“疯狂”，最终受伤害的还是企业、市场、品牌本身。这种事情我们见得多了，也经历得多了，若还想危机过后让别人在这个行业看到你矫健的身影就不要再去重蹈覆辙。

大家始终要明白一个道理，只要你的市场基础工作还在，你的消费者还在，没有丢失，只因为大环境消费疲软导致利润下降，你就不会没有饭吃，更不会无以为继，那怕什么呢？如果这个时候盲目采取措施，导致以后连饭都没得吃了，那又何必呢？当然，调整好心态不是让企业无所作为，而是要懂得适可而止，该做的基础工作绝对不能丢，还要进一步加强；该思考的策略还要继续思考、该变革的管理还是要继续变革，这才是正道。

把拳头缩回来是为了打出去更有力！心态的调整和考核指标的调整是为了来年市场更好的发展和增长。我经常讲的一个观点是，同样是三年做6000万元的生意，今年做3000万元、明年做2000万元、后年做1000万元与今年做1000万元、明年做2000万元、后年做3000万元，最终的结局和发展完全不一样。按照“321方式”意味着接下来的第四年、第五年会没有生意可做；而按照“123方式”则意味着第四年、第五年的生意会越来越好，是一个可持续的生意。目前的行业大环境也在迫使我们做出选择，是选择“321方式”还是“123方式”？企业的选择不同，其结局必然不一样！

（二）措施

1. 产品战略

高端白酒不是没有未来，而是要学会收敛，积蓄力量。地方白酒企业的高端产品更可以借此机会壮大、发展自己，只是推广的手段不要太过张扬，做到“润物细无声”，于“细微处见精神”。如果企业的发展没有一款算得上成功的高端产品做引领，这个企业很难说有什么看得见的未来，当然，单从企业生存这个角度无须具备这样的高度。

现在尽管名酒企业、行业大佬都在向中档白酒发力，但地方白酒企业也不用为此担心。因为中档白酒的操作品牌力尽管很重要，但已经不是决定性的因素，更何况地方名酒在当地的品牌知名度和影响力本就不比那些自以为品牌力强大的全国性白酒品牌差。倒是地方白酒企业需要有一个自己主推并在当地造成影响的中档白酒系列产品，也就是主力中档白酒产品一定要突出，不能被市场众多的中档白酒产品给遮盖了，如果那样的话，离市场被别人占领就不远了。

低档酒的布局就是要抓好一大一小两款光瓶酒产品。在产品价格带上要抓住10元、15元、20元这几个价格节点，引导消费逐步升级，占据先机。

其实，不管是高端、中档还是低档白酒，在这个价格带没有自己的主力产品和重点推广产品，市场要想起来也是痴人说梦。从这个意义上来说，企业推出再多的产品系列如果抓不住重点就会陷入猴子掰苞谷的怪圈。

2. 推广手段

自媒体的野蛮成长催生了推广模式的多样化，还以为只有电视、户外大牌才是最好的广告载体就真的落伍了。

有一个趋势倒是看得见，随着自媒体的普及，品牌跟消费者的互动是越来越频繁而不是越来越隔离。也就是说，没有跟消费者互动的品牌越来越不受消费者待见。

还有一个趋势就是，不管是全国性品牌还是地方品牌，不再沉浸在历史的故纸堆里自我欣赏倒是越来越惊人的一致。

每个品牌自有其生长空间，也决定了各个品牌的推广形式多元化。茅台放下身段搞起了“电话营销”、泸州老窖整合供应商资源开展易货贸易，打造新的易货交易平台等，这都是好事，并不会因此自折身价、丢了面子。相反，这才是一个行业在遇到危机时理应展开自救和创新的典范。

3. 团队打造

白酒的营销队伍相比其他行业都要显得粗狂，这一点应该不会被行业人士否认。喝喝酒、聊聊天、琢磨一下品牌、开发几款产品这一年一年就过去了，而且日子还很舒服。尤其是以茅台、五粮液为首的龙头大哥以前不但不为销售发愁，最发愁的是要把提前收上来的预收款怎么“用掉”才不至于让这些钱躺在银行账上贬值。那些其他行业为了一点销售经常见诸报端打破脑袋的事情与白酒行业绝了缘。

及至白酒行业团购营销的盛行，让行业一下子涌入了不少团购营销高手和从业人员，这个时候的白酒行业才算有了一点团队作战的味道。但团购营销说到底还是靠经销商和团购人员自身的人脉关系，人脉居上，营销第二甚至第三。而且团购营销里面的“贿赂营销”盛行，玷污了团队的声誉。

现在的白酒营销回归，让团队的作用再次凸显，这也是剑南春、洋河、泸州等企业下决心重塑管理团队、重组队伍进行阵地战的原因。

在团队的管理方面我们一直有个误区，认为自己带的队伍越大越好！马云的淘宝和雷军的小米却给了我们一个相反的例子。当部门某个团队的人员超过一定数量时必须进行拆分，进行团队重组，而且团队的层级最多也就是三级，实行管理扁平化，鼓励团队带头人一竿子插到底，站在一线直接面对消费者服务！团队的战斗力和狼性文化发挥不出来，这支团队很难打赢战争，更不用说面对如今惨烈的竞争形势了。对于国有企业占主流的白酒行业，我们的团队管理模式真的值得好好反思。

4. 回归渠道

对传统的经销商、名烟名酒店、酒店等终端的重视在2013年的各大白酒厂商里面显露无遗，而对市场上传统大经销商的争夺更是在各大白酒巨头及地方白酒巨头之间上演了生死时速。茅台放开经销牌照口子，连五粮液最大的经销商银基也动了心；五粮液自身也不甘寂寞，为一些竞争品牌的大经销商量身订制的产品彻底暴露了其哄抢经销商资源的野心。

传统卖酒渠道再度受到热捧这是好事，说明理性消费进一步回归。但传统渠道经过前几年的折腾和挤压，经销商也变得越来越聪明了，轻易不再上白酒企业的当，还指望通过老套的压货游戏掏空网点的运营资金已经非常不现实，看看2013年中秋纹丝不动的货物就约略知道网点的动静了。

渠道的回归是必然的，但渠道回归并不必然意味着压货的方向由团购转向渠道，而是通过对渠道的精耕，将这个卖酒的平台跟消费者进行有效对接，满足消费者购买自己产品的方便性，加快货物流转速度，形成好的消费口碑。保健酒行业的劲酒从不压货，但劲酒从不松懈自己对渠道的精耕细作，尽最大努力满足消费者购买的方便性和舒适性，不但赢得了与白酒黄金十年同样的高速增长，就是在2013年白酒行业的深度调整期，劲酒2013年1～7月也以22.05%的增速傲视白酒群雄。

说白了，渠道回归就是重构渠道的卖酒平台，通过平台影响消费者的购买嗜好，这才是我们回归的本质意义。

5. 锐意创新

时尚意味着热卖！可口可乐VS百事可乐，都认为百事可乐定位于新一代的选择，更容易获取年轻人的心，事实上百事可乐以前的道路确实也是这么走过来的。但可口可乐2013年的“卖萌”彻底颠覆了可口可乐在消费者心目中的印象，让原本古老的可口可乐重新焕发出年轻的活力，在赚足2013年这个夏天“眼球”的同时，自己也赚了个盆满钵满，完成惊险一跳，实现了自己的华丽转身。

白酒行业在时尚方面同样不甘寂寞，继前两年炸弹二锅头风靡全国、出尽风头后，后续崛起的江小白、泸达人、三井小刀正在继续白酒时尚的路子，在吸引消费者“眼球”的同时也在逐步扩大自己的市场疆土，尽管没有像饮料行业那样一夜之间“千树万树梨花开”，但也确实让自己站在了白酒行业时尚的最前沿。

这个年代的创新已经没有边界可言，支付宝可以对撼银行，微信撬动了移动的奶酪，淘宝、京东、凡客等居然可以让一大批实体店关门大吉，就连摩托罗拉、诺基亚、苹果等国际巨头稍不留意都只能各领风骚三五年，我们白酒的创新就更是迫在眉睫。

外行卖酒一度被认为水土不服，就是像联想这样的巨头进军白酒行业也不小心呛了口水，但外来资本进入白酒行业的脚步从来就不会因此停止。外来资本、外来行业进入白酒行业意味着什么？意味着微信挤掉中国移动市场的故事会越来越频繁地上演！未来会不会像互联网那样，免费才是正常的，收费反而不正常？也就是说，喝酒是不要钱的，但参观酒厂要钱；酒是不需要购买的，但你在我这个酒瓶上做广告、打上你们的结婚婚纱照却是要收费的！别以为这一切不会发生，自媒体时代上演的都是一些以小欺大的故事，市场的细分、个性化、差异化会成为绝对的主流！

（三）展望

白酒行业如今的乱象既然是行业自身造成的就不要推卸责任，该静下心来好好梳理一番了。行业五千年的延续和传承并不会因目前的困难而消失，倒是那些杀鸡取卵的事情少做一点，行业的发展才会得到净化。不从产品创新入手、不从市场基础工作入手、不从推广模式变革入手，一心想着依靠政府的力量去清理市场、抬升消费，我们就会陷入政府那只看得见的手中不能自拔。

世界上本就没有什么救世主，能够拯救自己的还是自己本身。恶性竞争带不来行业的繁荣，小算盘算计的是自己的前途。还是那句话，龙头企业要有自己的责任心和社会责任感，别怕摔倒，更别怕调整，不愿意革自己命的人就会被别人将命革掉！始终摸准消费者的脉搏，为消费者而变，做消费的引导者，最少也要做迎合者，唯如此我们才能做到快人半步！

三、限“三公”，转战商务酒

限制“三公”消费导致高端酒惨淡，而纪委出台的严禁公务员以各种红白喜事办酒为名敛财，超过20桌须向纪委申报、备案的禁令又将中高价位白酒的喜宴市场拖入泥潭。从整体来看，行业发展似乎迎来了史上最严大考，行业的出路在何方？行业的发展方向是什么？

其实，白酒行业的目前现状怨不得别人，也到了该调整的时候了。房地产行业因为与整体国民经济联系密切，政府有力使不出。尽管百姓怨声载道，也没有导致房地产行业迅速衰退，政府只是采用一种温和的手段进行调控。

白酒行业的高调，使得行业与腐败扯上了关系，而且这种关系也是越演越烈。有些地方官员政事不问，都在以卖酒为生，把好好的一个行业搅得乌烟瘴气，贿赂营销盛行；卖酒不是卖渠道、卖网络、卖创意、卖品质，而是在卖谁的人脉资源好、谁手中掌握的权力大。面对这样一个无关国计民生大碍，却让政府官员陷入腐败、贪污境地的行业，政府不下重手才怪。

只是有一点大家尽可放心，不管政府怎么出重拳，行业五千年的历史不可能因此消失，只要这个行业有存在的价值就意味着行业有发展的机会。只不过行业的发展要回归常态，不能走入歧途。汽车行业是靠政府购车支撑起来的吗？政府最多是行业初期的引导者，真正的爆发靠的还是国民经济发展起来后整个消费群的崛起，是广大普通消费者支撑起了整个汽车行业。再看看我们啤酒行业，短短几十年已经发展成为世界上最大的啤酒生产国和消费国，同样是卖酒、同样是政府反腐败、同样是酒精饮料受到了酒驾的影响，但是啤酒行业却波澜不惊，仍在以自己的速度向前冲。所以，不要把政府的种种政策说得那么可怕，眼下的白酒行业只不过在为自己过往偏离市场轨道的成长买单而已，就算没有政府出台的这些规定，行业也会进行回归。因为既然不是市场行为，市场就会对它进行纠偏，只是时间的早晚而已。

回归市场就得有市场的手段，政府不消费还有商务消费，还有普通老百姓的大众消费。你看那些豪车的购买者都是商务人士，以前部队也是豪车消费大头之一，现在部队也在搞整顿，商务消费就成了豪车的绝对主力。茅台走的也是这条路，当部队消费这个主力通道被堵塞后，能够顶上去的全部是商务消费。正因为这样，茅台的前三季度才勉强保持了同步增长，尽管幅度大不如前，但这也说明这个方向是对的，商务消费是实实在在存在的，而且是一个容量庞大的市场。那么商务消费怎么做？这个人群的特性和嗜好有哪些不同？

（一）打造品牌，迎合品味

商务人群是社会上的成功人士，对品味的追求比一般人群要高出很多，对价格的敏感度反而较低，觉得物有所值、能够彰显身份就会毫不犹豫购买。因此，你的品牌打造是否成功、是否与商务人群的心理需求接轨就很重要。我们说茅台、五粮液转战商务市场障碍小很多，就是因为茅台、五粮液多年来培育起的高端品牌形象，满足了商务人士彰显身份的需要。

地方白酒企业做这种事情同样要考虑这点，尽管你可能不如全国性品牌的名气那么响亮，但你至少是地方小众圈子的知名品牌，受到地方商务人士的追捧，满足他们在地方消费的面子需求。再说，地方圈子本来就小，带动的效果也较快，不像大城市，相互之间的影响要经过很多年的磨合才会形成辐射。

既然是圈子，圈子里就有领头的老大，搞定老大，让老大去现身说法带动其他人好过我们的各个击破。当然，如果老大已经有了嗜好，不接我们的招，我们就有必要逐个击破去分食蛋糕。

（二）以点带面，抓牢商会

现在各个地方的商会如雨后春笋般冒了出来，既是一个地方商业发展欣欣向荣的表现，也是地方商业人群抱团发展的需要。白酒品牌借助地方商会来拓展商务市场既迎合了地方情感，也是品牌推广的好平台，关键是目标精准，契合了双方需要。

酒鬼酒前几年的快速发展就是很好地借用了湖南商会的力量，尤其是省外市场的拓展，基本上是商会人士唱主角。有省外的湖南商会直接经销酒鬼酒的，也有省外的酒鬼经销商借助当地湖南商会这个平台将市场一举冲开，还有借助商会这个平台的人脉资源来拓展团购、召开品鉴会的。因为大家都明白一点，能够加入当地湖南商会的人群基本上是一些在当地取得一定成就的人群，尽管对当地人群来说是外来人，但因为他们对当地政商两界的影响力大，他们的消费嗜好同样会形成消费风向标，而这个影响的相互渗透就是我们追求的结果。

酒鬼是全国性品牌，因此它瞄准的商务平台就是湖南商会这样的省级商务平台。开口笑是湖南的一个地方品牌，基地在湖南邵阳，开口笑的外拓就很好地借用了邵阳商会或邵籍人士在当地的影响，同样取得了很好的效果。

（三）差别促销，进退有度

商务人群对大力度促销不感冒，促销力度过大反而让他怀疑这个产品的价值感，会迟疑。前面我们说过，商务人群对价格并不敏感，关键是要彰显出品牌的价值感。如果我们做促销时不考虑商务人群的感受，还想像针对政府人群那样做促销，就会砸掉自己的牌子，实际上也在损害自身的利益。

商务人群的促销怎么做？一是赠品要精致，不一定贵，要体现档次和质感；二是折现的东西不要搞，这会直接导致产品本身的价值感缩水，我们从豪车的促销就可以看得出来（除非是碰到了特别大的经济危机或者非常严重的行业危机，一般不要去做这种事情）；三是情感促销好过实物促销，能够直击商务人群内心世界的、拨动其心弦的促销方案更能够引起商务人群的共鸣。

对商务人群来说，企业是自己的，财产也是自己的。很多人本来就是玩营销起家的，你那些虚妄的套路他甚至比你更懂。以前喝酒花冤大头的价钱是因为他有求于别人，现在是按照自己的嗜好消费，觉得值就购买，觉得不值就可以不购买，促不促销，尤其是跌价式的促销他是不屑一顾的，这跟大众消费的贪小便宜心理有本质的区别。

（四）价格卡位，随行就市

商务酒的价格也要跟上整个社会的经济发展水平，不能过高，更不能拖消费升级的后腿。茅台酒前几年之所以零售价一跃飙升到2000多元每瓶，就是因为茅台已经脱离了消费品的本质，变成了投资品而不是用来喝的酒，其消费属性被掩盖了。茅台零售价格腰斩，让茅台回归了消费属性，借此激活了大部分商务用酒需求，也挽救了茅台危机下的颓势。因此，我们说，商务酒的价格定位既不能脱离经济发展的实质，高高在上，让大部分商务人士买不了单，也不能下里巴人，让商务人群觉得没面子。

还是以汽车行业为例，10年前的商务用车以10~15万元为一个坎，现在的商务车市场已经上升到20~30万元为一个坎。如果我们不顺应潮流，还在主推10~15万元的商务汽车，这个人群会买账吗？所以，酒类行业也是这样，目前的商务用酒主流集中在500~1000元之间，这个价位符合大部分商务人群的应酬需求，我们主推的就应该是这个主流价位。当然，适当增加一两款超高端产品以满足少部分顶级商务消费人群的需要也是应该而且必须的，也算是为未来的消费升级做储备。

锁定价格定位后，我们的整个推广就要围绕这个价格段的消费人群开展，找出他们的关注点和热点加以对接。

（五）包装典雅，媚而不俗

商务酒的包装不应该花里胡哨，更不应该想当然。商务人士一般都在社会上摸爬滚打多年后才取得一定的成就，就算现在的社会节奏快，称得上成功商务人士的人群也应该三十岁以上了（不是说三十岁以下就没有这样的人群，相对来说偏少），这部分人群相对比较沉稳，过了那种遇事激动的年龄，有一定的应变和自我修复能力。

大众消费的包装追求大气，就是我们常说的有过度包装之嫌。商务酒的包装要有气质，体现质感和档次，尤其是有一定的内涵和深度，把这酒往桌子上一摆，双方沟通的媒介就能够展示出来，这就达到了商务人士的内在需求。

另外，商务酒包装的文化内涵要有所表现。这种文化内涵不是表象的，要经得起推敲，有自己的说法，这个说法得到大多数商务人士的认可。

这种做法在我们的很多地方产品身上得到了很好的体现。

（六）酒质保证，口感清淡

近几年盛刮的绵柔风其实就是对商务酒口感市场的一个回应。商务应酬着眼于应酬两个字的多，既然是应酬说明并非是内心想喝酒，这个时候就希望酒下口要淡、好入喉，喝后不上头，不影响第二天或当天下午的工作。同理，既然是应酬，免不了有拼酒的场面出现，如果酒太烈或酒精度过高，肯定会影响现场拼酒的效果。知道了这些商务人群的特点，我们在研发产品，创新口感的时候就找到了方向，就要推出那些真正适合商务场合饮用的白酒供商务人士选择。

如果是好酒的商务人群，也没关系，对健康的追求也会促使这部分人群向健康饮酒方向发展，那些真正的好酒是会被商务人群识别出来的。因为一次两次可能体会不到，既然好酒就应该是长期饮用，这种酒的好与不好，商务人群的身体本身会有所表现。

所以，卖给商务人群的酒，其口感就要符合商务人群的饮用特点。

（七）找准渠道，精准出击

商务人群一般在哪些场合出现？推广的重心集中在哪些平台？除了前面提到的商会平台，还有许许多多的俱乐部、会所等都是很好的推广平台。都说现在流行圈子文化，微信平台的构建更是将圈子文化快速加以普及，掌中方寸之间就是一个平台。

各个地方的羽毛球俱乐部、汽车俱乐部、摄影俱乐部、钓鱼俱乐部、桥牌俱乐部、户外驴友俱乐部等都是非常好的商务圈子，在这些圈子做推广会起到事半功倍的效果，也容易找到突破口。

商务酒的推广并没有想象中那么难，关键是要了解商务人群的特点，有的放矢。而行业重心向商务人群的转移无疑也会推高市场的门槛，对市场的净化会有一定帮助。只要我们的社会还没有完全市场化，政府这只有形的手就随时会出现。

商务酒的推广同样不能再误入歧途，在满足商务人群嗜好的同时，我们不能过于拔苗助长，让大众消费跟风商务消费。当民众的不满从对政府腐败官员的不满转移到对商务人群炫富的不满时，政府的这把刀会砍向谁？

四、袖里乾坤的小瓶酒

小瓶酒在过往的行业发展史上本来就已经是一种趋势，随着2013年各大酒企在国家限制“三公”消费后，大瓶酒推广受阻。尤其是在高端白酒销售严重下滑的背景下，酒企的两大主措“腰部战略”及“重视光瓶酒”的推广迅速被提上议事日程。而光瓶酒推广中，光瓶小酒的推广上市被各大白酒企业特别重视。

在2013年除了受到限制“三公”消费影响及“茅台零售价腰斩”对自己的挤压，郎酒经销商历年积压的巨大库存更是让郎酒雪上加霜。如果不是郎酒前几年率先布局的小瓶酒在2013年初具成效，郎酒的日子可能会陷入困境也未可知。

保健酒行业的劲酒在2013年1～7月的销售仍然逆市获得了22.05%的增长，把绝大多数白酒企业远远甩在后面，而劲酒125ml的小瓶酒占据了其整体销售份额的70%以上。也就是说，酒驾、限制“三公”消费等不利因素尽管对整个酒水行业有巨大的影响，但对于小瓶酒来说，影响程度远不如大瓶酒，为什么会出现这样的情形？我们可以从消费者的消费心理来进行分析。

喝小瓶酒的顾客一般都比较休闲，既然休闲地去喝酒，就不会是应酬，不会带着很大的压力。三五朋友或知己小酌一番，要么约定不开车，要么安排专人开车，酒驾对其就不造成障碍。另外一种心理就是小瓶酒的喝法体现公平，每人发一瓶既不会浪费（我们这里许多地方的红白喜事也用的是小瓶酒，桌上的客人每人发一瓶，少了的可以再找主家要，喝不完的也可自己带回家里喝，因此用小瓶酒做酒席的主家没有退货的，但大瓶酒喝不完退回给购酒网点的非常普遍），也不会感觉到太大的压力，这一点从啤酒的发展历程也可略知一二。啤酒从以前大行其道的640ml标准装到600ml、550ml、500ml、475ml、375ml及至逐渐流行的335ml听装等都是同一个道理。

小瓶酒的市场前景已经被一致看好了，但小瓶酒的推广跟大瓶酒比较还是有很多明显的不同。尽管目前市面上的小瓶酒品种越来越多，就连茅台、五粮液、剑南春、洋河这些对小瓶酒推广曾经不屑一顾的大企业在2013年也加快了小瓶酒的推广步伐，五粮液的贴牌小酒小清纯在部分地方初露峥嵘，就取得了一定的成就。那么小瓶酒的推广究竟该怎么做？

（一）产品有特色

现在的小瓶酒非常多，不像前几年市面上产品少时，对产品本身的特色要求不是那么严，甚至有许多小酒就是某一款市面上畅销的大瓶酒的缩小版。

产品多了就要有特色，因为消费者的胃口和选择被吊起来了。你还指望像以往那样随便出一款产品，消费者就会买账？实际上这跟大瓶酒一样，产品少时，消费者不太关注产品本身的特色，涌向市场上的产品一多，没有特色就很难让消费者记住。

（二）产品的容量

既然是小瓶酒，就要给消费者一个合适的容量，通常以125ml、100ml为主流。我个人更主张推100ml，也许南方人酒量小，一瓶酒下去能够少喝25ml也是好事。实际上，此之外还有一个理由，消费者在喝高兴时喜欢点瓶子，比拼谁谁谁喝了几瓶。这时候如果是大容量，对人还是很有杀伤力的，而喝到这个时候的消费者是没人去关注一瓶小酒到底是125ml还是100ml。

当然，有些品牌从丰富产品线及根据不同地域消费者饮酒量的差异推出一些200ml、248ml甚至168ml的产品也无可厚非，关键是要做好市场调研。例如100ml的歪脖子郎酒在湖南市场取得成功后，后续跟进了150ml、200ml、248ml等容量的不下十种小酒产品挤占市场。还有酒鬼的三两三、剑南小烧等走的都是非主流容量路线，但他们对目标消费者的定位就不一样了。

（三）产品的价格

目前小瓶酒的主流价格带（指酒店售价）主要有三个：一是10元以下的（含10元/瓶），这个市场的容量最大，也是竞争最为激烈的一个价格带，涌进的产品数量最多；二是10～20元/瓶的。以酒店售价在15～20元/瓶为主流，这个市场的容量放量很快，尤其是一些大企业进驻小酒市场后，受远距离运输的成本影响，瞄准的都是这个价格带。例如郎酒的小酒成功就是这个价格带的胜利，当然也沾了消费升级的光。部分曾经喝10元/瓶以下价格小酒的消费者受收入增加影响改喝更高一级的小酒。郎酒进入这个市场后抢先在这个价格带卡位，取得了不俗的业绩；三是20～50元/瓶的小酒，受五粮液、茅台这些大品牌溢价的影响，价格能够卖得起，也俘虏了不少有消费能力的消费者的心。那些经常喝大瓶五粮液、茅台、国窖等高端白酒的消费者，受限制"三公"消费影响不敢大肆喝这些酒了，但不意味他就不喝酒了，怎么办？还想继续喝好酒的念头就促使其选择这些高价位的小酒产品，这些能够体现身份和价值。

从拓市建议上来看，如果一个小酒品牌要想切入该市场成为新晋主流，首先要搞明白目标市场的主流价格带是什么。如果该市场是每瓶10元以下的小酒产品畅销，你在攻打该市场时就要采取略高策略，主推产品可选择酒店价格在15元/瓶的小酒，不如此，你的推广费用就不会有着落。

有人也许会说，我们企业有钱，不怕。就算有钱，小瓶酒在一个市场要想成功也需要2～3年的时间进行市场培育，两三年后消费升级你还跟在畅销品牌屁股后面，消费者就不会认你了，因此，这种价格带的把控非常关键。

（四）产品的定位

你想给消费者一个什么样的定位一开始就要想清楚，搞清楚了就要坚持，不能朝令夕改。许多企业和职业经理人最喜欢将自己的意图强加在产品上，通过产品或品牌这个载体表达自己的思想。这也无可厚非，关键看谁是话事人，不能你想一个、他想一个或者你的思想传播一段时间、他的思想再传播一段时间，最后把消费者搞糊涂了，产品推广也就半途而废。

小酒从大的品类来说都是奔着休闲这一主张去的，因此华泽集团在湖南市场推广邵阳老酒时喊出了“轻松一口，邵阳老酒”的口号，赢得了广大消费者的认可。炸弹二锅头的“欢乐时刻，炸一个”宣传的是一种喝酒的氛围和感觉，消费者也记住了。郎酒的“小郎酒，大品牌”从品牌的角度进行背书，拔高了小酒的档次。自称小酒潮品牌的江小白一句“我是江小白，生活很简单”喊出了都市人的生活主张，嫁接的其实也是休闲文化。

产品的定位一旦形成就不要轻易更改，你只能围绕这个定位去进行丰满而不是篡改。劲酒的“劲酒虽好，可不要贪杯哦”喊了几十年，已经深深地烙印在消费者脑海里；保健品行业的脑白金“今年过节不收礼，收礼还收脑白金”尽管惹人反感，但这个广告也是数十年如一日地在呐喊。当然，有些小酒的推出纯粹是借助大瓶酒的影响分食一些小酒市场，这些产品当不在本文讨论之列。

（五）产品的推广

小瓶酒推广最核心的策略就是“终端 + 氛围 + 服务 + 品鉴”，非常依赖对 B、C 类酒店的掌控。以一个县级市场的县城为例，如果没有 90% 以上的酒店终端见货率，这款小瓶酒很难在消费者那留下印象。而在这些酒店终端里，至少要找出 30% 的酒店进行重点打造，使其成为自己小瓶酒的核心推广平台，在这些核心酒店里形成店内“氛围第一、主推第一、陈列第一、同类产品销售第一、客情第一”的情形。

小酒的运作有些类似快销品的打法，在酒店终端的铺市率达成后，对整个市场的造势和氛围营造就要迅速跟上步伐，不能够拖沓。很简单一个道理，如果货铺在酒店里面迟迟不能形成动销，酒店终端的温度就会降下来。市场一旦降温再启动就像夹生饭再煮一次，怎么都回不到原来那个味。怎么做到酒店的动销？除了让酒店形成主推，鼓励酒店的服务员协推外，最好的方式就是广告拉动，用超强的市场氛围撬开消费者的嘴巴。小瓶酒为什么可以做到用快消品的打法运作？就是因为其产品价值本身不高，消费者的尝试欲望容易被激发。不像大瓶酒，一瓶几百元，不是特别相信该品牌，消费者轻易不会尝试。

而服务的运用关键是形成网点的客情第一，例如网点瓶盖的回收，刮奖的及时兑现，产品的及时补货和良好的陈列，店内氛围的维护等都属于服务的范畴。而要做好这一条，就需要一个比较稳定的团队。服务对人的要求较高，而且服务质量的好坏需要时间的沉淀，不是说业务员今天去拜访一次酒店就会跟酒店老板和服务员形成良好的关系，需要多次拜访和沟通才有可能做到。因此，如果负责该辖区酒店的业务员总是更换还指望酒店老板和服务员对这个品牌形成好印象无异于痴人说梦。

当然，品牌已经做成功、产品也形成了旺销的势头，这个时候的业务员更换就算频繁一点也不影响市场大局，例如类似于劲酒、酒中酒霸这样的品牌在部分已经形成旺销的市场就没有这么严格的要求。对这些品牌来说，服务已经简化为一种拜访制度，市场上只要有人在做这个事情就行了，客情能否做到第一已经不影响产品本身的销售。新入市品牌或产品在攻打市场阶段对服务团队的稳定就一定要要求。

品鉴作为撬开市场的利器之一，已经在很多行业得到了验证。高德和百度的 GPS 免费事件在网络上炒得沸沸扬扬更是将“谁先提出免费”以占得市场先机这一营销手段演绎得淋漓尽致。引申到小瓶酒的推广上就是大规模的免费品鉴，通过这种方式直接将消费者的嘴巴撬开，并通过多次品鉴让消费者形成消费依赖。

广告拉动是通过广告演绎的方式将“大海里”的目标消费群吸引到产品跟前，勾起其尝试的欲望。免费品鉴是已知目标消费群的情况下，通过免费赠饮的方式让目标消费人群直接饮用，带有体验式营销的味道，效果更直接。

如果企业的实力可以，要想快速启动市场，广告配合大规模的免费品鉴是最好的撬开消费者嘴巴的方式，而且还可以形成联动。如果企业实力不济，没有更多的钱烧在广告上，那就循序渐进，通过大规模品鉴的方式逐渐影响消费者。但你在时间上要有耐心，要通过多轮次的品鉴去影响、渗透目标消费人群，到了一定的时间节点市场才会被引爆。

至于常规的市场促销活动方式配合市场推广这里就不再赘述，因为各个厂家都已经运用得非常娴熟。例如针对消费者的开盖中奖、再来一瓶、积盖兑奖，针对酒店的销售累积有奖、陈列有奖、单月进货奖励等很多方式方法，企业可以在这上面进行创新。

小瓶酒对流通渠道的启动一定不能操之过急，在酒店没有形成一定的动销氛围时不要强行进行渠道铺市，这样做只会适得其反。实在受不了诱惑的厂家可以尝试对流通渠道选点运作，不要求像酒店铺市那样有90%以上的覆盖率，目的就是让一部分网点先卖起来，尝到甜头后，其他的网点自然会跟进。

在当前严峻的行业下行形势下，抢占小瓶酒市场已经成了各大酒企的共识。随着竞争的进一步加剧，小瓶酒的市场推广肯定会出现更多的新模式、新手段，而白酒行业也很有可能会涌现出类似保健酒行业劲酒这样的全国性小酒品牌，我们不妨拭目以待。

五、经销商管理五原则

由于产品越来越多，社会分工越来越精细化，经销商群体也日益庞大，怎样让经销商服从管理并配合做好市场就成为摆在各大厂家案头上的重要事项。

厂家的产品最终是要靠经销商送往千家万户的，而市场上同类产品的大量涌现也给了经销商大把可选择的余地。像茅台那种挑选经销商、货物供不应求的厂家少之又少，绝大多数是要依靠经销商来发展自己的企业、售卖各自产品的。

我们每天跟经销商打交道，怎样才能让经销商的重心向我们倾斜？我们的产品如何才能成为经销商店内多如牛毛的产品中的主推？对经销商的管理有没有什么原则性的东西可供参考？

（一）利益原则

经销商的最根本原则就是利益最大化，因此保护利润，让经销商赚到钱是厂家的第一要则。

娃哈哈的经销商要承受很大的资金压力和任务压力，但还是有那么多人希望挤进娃哈哈的经销商队伍受“颐使之气”就是因为每年能够有固定的利润保证。

酒类行业中的经销商之所以对茅台趋之若鹜，概因利益保证太大了，就是挖金矿也不见得有茅台这么高的稳定收益，经销商怎么能不言听计从呢？

让经销商听从管理、做好市场推进工作，厂家一定要学会保护好经销商的利益，让他们扎扎实实赚到钱。尤其是当我们要求把我们的品牌置于其店内的主导地位时，更要让他们觉得经销我们的产品所带来的收益符合其公司利益最大化的要求，就是说两者应该是相匹配的。

我们都说“杠杆原理”，管理经销商，能够用好利益原则这个最基本的原则就成功了一半，所谓“没有永远的敌人，只有永远的利益”同样遵循了这一简单原则。

（二）发展原则

某些产品初期可能并不能带来什么利益，但经销商同样做得风生水起，津津有味。还有些经销商明知道做某些品牌不一定赚钱，但还是坚持做下去。是经销商不想赚钱还是他的选择出了问题？都不是。

2004 年，当王老吉进入湖南市场时，湖南市场还处于初期，许多经销商并不是很看好，所以当时的王老吉在某些地方找到的经销商还是一些从未做过产品的经销商，可以说是门外汉。但随着王老吉的全线蹿红，经销王老吉的这些不知名经销商纷纷赚了大钱，让那些曾经看走眼的大经销商一个个后悔不已。

经销商选择这样的产品做时，看中的是产品的发展潜力和其带来的未来收益，并不是眼前的蝇头小利。厂家要做好规划，不断培育一些成长性好的产品，以保持经销商的稳健、快速发展。

娃哈哈每年给经销商一款热产品就是遵循这个发展原则。娃哈哈要做大销售，经销商要有成长，势必催生厂家对新产品的投放和培育。我们一定要学习娃哈哈的战略眼光，不能把自己捆在一款产品上面睡大觉。

（三）沟通原则

与经销商的沟通非常重要。有些事情本来很简单，因为双方没有沟通，可能变得很复杂。这就要求我们的经理、公司高层要形成经常性拜访经销商的制度。了解市场最真实的状况、找出问题，拿出厂家的指导意见帮助经销商谋划好自己的市场。

笔者的一个朋友在某啤酒厂家供职。当他接手某市场时，市场存在一些遗留问题没有处理，经销商找到他要求解决。这位朋友可能存有新官不理旧账的思想，总是以出差忙、事情多为由躲着不见。结果下面的经销商搞了个“联名上书”告到他的上司老板那里，老板抓到他就是一顿臭骂。后来他坐下来与经销商沟通，发现所谓的遗留问题就是一些利益上的小问题，完全可以在自己的权限范围内予以解决，根本不需要惊动老板来挨这顿臭骂。事后跟我倾诉时朋友还是一副后悔不已的样子。

经销商有时希望厂家的高层能够去拜访他并不是真的指望公司领导能够给他带去多么好的政策或者直接利益，更多的是一种信心和面子。如果公司高层或者驻地经理连这点沟通时间都不愿意给予经销商，还说经销商不配合，就有点冤枉人了。

当然，帮助经销商解决问题本来就是我们厂家应该尽到的责任，没有问题的解决就没有市场的推进，做业务的人都懂得这个基本道理。

（四）公平原则

一个厂家面对很多的经销商，同样的政策给了甲却不给乙，一旦被乙知道，对其信心的打击是可想而知的。我们总以为跟甲沟通好了，不要让既得利益者告知别人就行。其实，这是一些掩耳盗铃的做法，经销商的私下交流岂是我们能够阻止得了的？

我们的原则就是给予经销商的政策应该等同化，但给各个不同经销商的市场支持是不同的。政策等同体现公平，同时也能有效管控好市场价格体系，防止个别经销商砸价，形成货物外流导致大部分经销商赚不到钱。而对经销商的支持不同则是因为经销商自身的网络、实力及厂家对该市场的战略规划是不同的，厂家完全可以根据实际情况拿出不一样的支持力度来协助经销商开拓市场，这种情况也是能够被其他经销商认可的。有多大的本事就赚多少的钱，乙经销商不可能要求甲经销商今年跟自己一样只卖三百万元。甲经销商的网络好、实力强，公司支持到位完全可以卖一千万元，赚取比乙经销商多几倍的利润。

公平的另一个体现就是，公司的驻地经理和高层领导不要与自己关系好的经销商过从甚密，甚至扶持有加，特别是不能做一些损害其他经销商利益来支持自己要好经销商发展的事情。人都是有私心的，你的这种私心搞得跟司马昭之心一样，要让其他人对你没有意见那是一句空话。

（五）惜货原则

到底放多少货给经销商是适宜的？这个度的把握应该由厂家的驻地区

域经理来把控，厂家高层只是一种估计和总体平衡。都说对经销商的任务考核是各个厂家最看重的，更有许多厂家代表说出一些不给压力就没有动力去完成任务的“鬼话”。于是，我们看到每年的年初，许多厂家代表在与经销商谈合作同时总是开出大量的空头支票，以诱惑经销商将合同签下，一旦签好就万事大吉，拿着合同回家睡大觉去了，好像合同一签这任务就完成了。

实际上要想让经销商听从指挥就不能让他吃饱，这跟人要想身体好，每餐只能七分饱一个道理。我经常给经销商讲的一句话就是：“我的品牌在您那个市场卖不动、滞销的话，您尽可以来找我，我们一起想办法找到解决之道，甚至多给您一些支持都没问题。因为旺销没有货卖希望我多给您批一些货物计划，这个时候您千万别来找我，找我也解决不了问题，也不会多给计划。”

当经销商能够卖一千万元，却只给他八百万元的货物时，他才会珍惜这货物，不会低价甩货，更不会破坏自己的价格体系，使卖八百万元的货物比卖掉一千万元的货物赚到的利润还要高。

对厂家来说也是如此。因为货物紧俏，给到的支持力度就会减少，甚至像茅台那样没有支持力度，厂家卖八百万元也比卖一千万元赚到的钱更多，是一个双赢的事情。市场的可持续发展更是可预见的，但许多厂家及职业经理人就是不明白这个道理，还要通过一些高压手段去压迫经销商，这能让经销商在骨子里服你吗？通过市场手段解决这个问题不但让经销商没有任何怨言，他还会感恩戴德，多批一点货物给他就是对他的恩赐，保障了他多赚钱！

对经销商的管理从细化的角度来看可以写上厚厚的一本书，实际上市面也有这样的书卖，但其大概的原则和精髓笔者认为也就是以上几点。把基本的原理弄懂了，牵住了牛的鼻子，经销商想不跟我们走也不可能了。因为从经销商的角度来说，谁也不愿意跟自己的利益过不去、跟自己的发展过不去，除此之外都是一些无关痛痒的皮毛问题而已。

六、牵住二批商的鼻子

成熟市场的二批商是让人既爱又恨的角色：爱的是他们手中白花花的银子及强大的分销能力。任何促销活动只要二批商积极响应，就不愁完不成预定任务，更不要担心各个角落的产品铺货率了。恨的是一旦二批商翻脸，会导致价格体系不保，不是外来的货物潮水般涌入，就是本地货物也不知不觉到了外地市场。自己辛辛苦苦做起来的市场一泻千里，重新掉入烂市的沼泽地。成熟市场管控二批商的方式方法有很多，不同的企业要根据自己企业的实际情况及市场影响力而采取不同的方法，不能一味照搬照抄。

（一）稳定产品价格体系

二批商逐利性比一批商更甚，哪种产品好销能赚钱，就主推哪款产品。在他们的心目中是没有品牌忠诚度这个概念的。根据这个特点，持续提供既能快速动销又能赚钱的品牌（产品）才能满足二批商的嗜好。对于成熟市场来说，快速动销是已经看得见的事情了，持续赚钱就需要让自己品牌（产品）的价格体系坚挺。因此，稳定成熟市场的价格体系是管控好二批商忠诚度的关键。

2001 年，浏阳河与开口笑的四星价格在 S 市都是 100 元/瓶左右，4 年过去后的 2005 年，浏阳河已经下跌到 25 元/瓶左右，而开口笑的价格仍然维持在 100 元/瓶左右。当时的两款成熟四星产品，浏阳河已经退出了 S 市，而开口笑到目前仍然是二批商手中走货最快的白酒之一。稳定的价格体系带给二批商的不仅仅是持续的赚钱产品，更是一个信心。做这样的产品不担心被厂家套住，持续的经销不会让握在手中的货物贬值！在这种情况下，二批商会对你忠诚。

（二）成立核心俱乐部

每个市场上都有一些大户二批商，他们的一举一动对其他中小客户影响明显。市场越是成熟，这种大户的影响力越甚，犹如大卖场对其他中小型超市的影响一样。但核心二批商的管理往往又是最具难度的，因为销量大、信息广，也只有他们才有实力经常与一批商及厂家叫板。如何笼络他们？

我们的做法是成立核心二批商俱乐部，承认他们与中小二批商的差距，给予更大的支持。但这种支持不是靠提高返点给他们制造放价的温床来实现的，更多的是一些不能变现的支持。例如提供一起免费旅游的机会，为一些直供酒店或大卖场提供进场费或买断费支持，多提供相应的促销品支持，提供专门的业务代理帮助他们进行产品分销支持，在销售达到一定数量后提供送货车支持，年底的模糊奖励支持，不定期的聚会、聚餐等。当然，作为其加入俱乐部的条件不但要有较大的销售额，还要缴纳一定的保证金。

有人觉得不可思议，现在的二批商谁还会听你鼓捣这些？你错了！既然是成熟市场，你的产品（品牌）应该是当地市场非常有影响力的，不是第一品牌也是第二、第三品牌，你都没有这个号召力，谁还会有这个号召力？需要做的就是把入会的好处给那些核心二批商说透、讲明白即可。

（三）定期推出新产品

越是成熟的市场、成熟的产品，其价格透明度就越高，能够带给二批商的利润就越低，快销品尤其如此。因此定期推出新产品，借助二批商的巨大推力打造新的成功产品（品牌）一方面可以给二批商带来新的利润增长点；二来也为成熟市场换血，使市场不至于走向衰落。

推出的新产品每年要确保有一两款是当地市场的年度绝对畅销品牌（产品）。成熟市场推新产品可以借力的方面很多，新品推广成功的概率也会大很多。在这种情况下更要注意新品推出的速度和数量，不要去做那种纯粹推新产品敛财的勾当。

白酒业的老大五粮液既是教训（前几年买断品牌泛滥成灾）也是榜样

（近两年推出的“1 +9 +8”工程给自己做了一个总结）。

（四）严格控制促销力度

成熟市场做促销一定要控制好力度，超过10%的促销力度绝对是大力度。成熟市场的二批商经销我们的产品都是靠快速周转来实现赚钱，快速周转的本质就是薄利多销。以为加大促销力度就能博取二批商的好感就大错特错了，只会让他们觉得这个品牌要陨落或者是准备退出市场了。这样你就是再厉害也管不住二批商放价的双手了。

通过控制促销力度来控制二批商是变“我要卖货”为“你要买货”的主客互易手段，通过控制促销力度来调动二批商积极性的最好方式是：不定期的产品涨价策略及控制发货策略。每年在成熟市场拿出一两款产品实行涨价促销或者有意控制发货数量、制造市场紧张气氛是最能调动二批商积极性并提高其忠诚度的。因为在如此紧张的市场环境下，你还替他着想，为他多争取了几箱紧俏货物，帮他多赚了钱。

（五）永不停滞品牌再造

二批商能够持续地买我们的账，跟着我们走，是因为消费者在持续地使用我们的品牌、指名消费我们的品牌。拉力的持续存在，使我们变得游刃有余，才能牵着二批商的鼻子一步步往前走。所以，多做针对消费者的促销活动、公益活动，不断充实品牌的内涵，比我们去做针对二批商献媚的纯粹让利促销活动要有用得多。

金六福问世八年从刚开始的火爆全国到中间的停滞不前甚至部分市场严重下滑，再到近期的再次崛起、突飞猛进就是紧紧抓住了品牌再造运动，找到了品牌与消费者的情感共振之门，从而反弹琵琶，再一次把二批商牢牢团结在自己的周围，延续了白酒业的金六福神话。

还有宗庆后带领的娃哈哈、国际巨头“两乐”等都堪称通过不断的品牌再造运动来管控二批商的高手。

成熟市场管控二批商不仅需要大的战略指导，更多的是对细节的把控，而关心二批商的利益点和关注点是指导我们成功的基本原则。

七、终端操盘的再思考

终端，一个令人憎恨的词语，一个令人热血沸腾的词语。就现状来说，谁也不能垄断终端，强大如国美、沃尔玛等超级终端也不能说这样的话；但谁也不能漠视终端，厉害如宝洁、可口可乐、海尔等国际品牌都不敢妄自尊大。

（一）物以稀为贵，终端资源的匮乏现状

如果按照现有的终端定义，我们的终端资源确实是很稀少的。一个 50 万人口的中等地级城市，如果有 100 家的批零渠道，10 个大型超市，100 个酒店，外加 2 个专业的快消品批发市场及 1 个专业家电批发城、1 个建材批发城，那么这个城市的功能应该是比较齐全的了。根据二八定律，这么多的终端有 20 家批零渠道、2 个大型超市、20 家酒店应该是这个城市生意比较好的终端，而涌入这个城市来竞争的同一行业、同一品类下的不同品牌、不同产品最少都有二三十个。可想而知，在市场容量没有扩大的情况下，依据二八原理，那些非畅销的产品（或品牌）要想在这些有限的终端里争得话语权、取得销量要付出怎样的代价。

有人也许会问，终端资源既然是稀缺的，为什么不增加终端的数量来缓解这种矛盾呢？当大量的终端诞生时，终端本身的竞争也是很残酷的，一个不动货的终端你会关注它、在意它吗？优质终端资源的稀缺才是这个问题的正确答案，也是导致终端难以掌控的罪魁祸首。家乐福、国美、三联、大中等超级终端为什么牛气？就是因为他们是全国性或地方上的优质终端资源，在目前还是比较稀缺的，所以才打破了现有的供需平衡。

随着越来越多的跨国终端进驻中国及国内地方上越来越多的强势终端不断壮大，优质终端资源在未来几年也将大幅度地增加。到那时天平的砝码或许又会回到供货方，打破的平衡又得以扭转过来。

（二）射人先射马，掌控“掌控终端的人”

不管多大的终端，超级卖场也好，大型酒楼也罢，都有一批人在负责经营、打理。如果跟这些终端的直接管理者搞好关系，多设身处地从他们的角度思考问题、帮助他们解决问题，甚至成为他们的参谋或者智囊团人员，掌控这个终端就变得自然而然了。你以一个对立的姿态去沟通，为工作而工作，对方自然也是满心戒备，毕竟各为其主。

品牌或企业与终端关系处理得好，都是指与这个终端的管理者沟通得好。终端本身是死的，而人是活的，通过人的变通去获取我们想要的终端资源这是一个聪明企业的惯用手法。

我们的一个省级商超部经理在总结他的商超工作心得时有一句很经典的话：“客情沟通无处不在！”并为这句话充实了10点内容，这里不妨与大家一起分享一下：

（1）业务员自身的工作态度、工作作风、办事风格是一种最基本的客情沟通。用自己优良的工作作风和自身的人格魅力去征服你的合作伙伴，因为他认同了你就认同了你的工作。

（2）谈费用投入的同时也是有效的客情沟通。永远让超市相关主管觉得，我们所进行的投入是对共同销售的支持，更是对他超市工作的支持，是互惠互利的。

（3）帮助完成销售任务是一种最有效的客情沟通，超市也有自己的制度和任务。

（4）为他们的工作出谋划策，他们也有在工作中茫然的时候。

（5）沟通时反复使用“都是打工仔，都是朋友”的语言，设法越过心理防线，拉近彼此距离并产生共鸣。

（6）每逢节日应像朋友一样去问候他们。

（7）在他们私人有困难或生病的时候，像朋友一样发自内心地去帮助、关心他们。

（8）在他们提出某些私人要求时，无论事情大小、难度大小，尽量不要过快答应，以免造成负面作用。

容易得到的东西，不会珍惜、不会感激，会让其觉得是应得的而且变本加厉。万一达不到他的要求，他会有所顾虑，以后不会和你在这方面“深交”，并产生距离，甚至会怀恨在心。

（9）个人利益与销售支持相捆绑。

（10）幸运的天平永远倾向于那些勤奋的人。

记住一个原则：越是难沟通的人就越要越过心理障碍多加拜访。

（三）塞翁失马，没有费用支持并不一定最好

在跟终端打交道时，许多人都走入了一个误区，认为自己如果能够跟终端谈到不要一分钱的费用支持，就证明已经掌控了终端，取得了胜利。其实，天下没有免费的午餐！强大如雀巢奶粉、可口可乐等大品牌在与卖场打交道时也会有合理的支持费用。没有任何费用支持的品牌就算在超市的货架上占有一席之地也不被主推，或者深埋在货架的底层，更坏的可能还会变成超市用于打击对手的武器，从而破坏好不容易构建起来的价格体系。

投入最小的费用取得最大的效果是与终端打交道应该遵循的基本准则。当一个超市真的什么费用都不收，不去想办法扩大自身的利润时，在现在的竞争环境下，很难想象这个超市还能支撑、维持下去，与这样看不到明天的终端打交道你愿意吗？

（四）有的放矢，建立区域终端资料库

了解区域市场上的终端数量、质量，各个终端的月度销售额，促销与非促销时期的销售额对比，所处位置及客源分析，终端管理人员分析，所做客情的记录、时间及方式方法，竞争品牌的数据分析，竞争品牌曾经采取的促销手段及其效果分析、对我方的影响，等等。区域终端的资料越详细，我们在与终端谈判沟通时越能取得主动权，用辩无可辩的事实和铁的数字去回击终端采购人员的漫天要价，让他们把那些不合理的费用更多地分摊到竞品头上，而不是一开始总想放到我们身上。

资料库的构建需要专业的人员负责并进行电脑存档。为了防止泄密，不是专业与终端打交道的营销人员不能随便取得资料，单个区域终端的谈判需要资料时只能抽取与所需终端相符的资料。资料的随时更新也很重

要。各大终端为了杜绝腐败，采购人员的交流比较频繁。如果我们的更新速度不能跟上就会导致资料失效，谈判成功的概率就会大打折扣。

（五）终极目标，谁是谁的终端

“做终端找死，不做终端等死”道出了终端运作的无奈。但就是在这样的无奈环境下，还是有许多的品牌硬着头皮往终端挤，为什么？大概是因为终端的销量及其对其他相关渠道的带动作用。白酒行业的口子窖曾经在终端运作中掘到了金矿，但近两年却没再听说用同一手法开发新的区域市场。不是说这个手法不行了，而是遇到的狙击太大，市场的启动没有前几年那么快，市场的财力支持后继乏力罢了。

同时，营销手法的创新也分抢了不少依靠终端出货产品的市场份额。如白酒行业针对核心权力消费阶层推出的“后盘中盘”手法；以安利、雅芳等日化品为代表的家庭直销模式；以格力为代表的股份制联销体模式；以娃哈哈为代表的产品群分销体模式；以波导为代表的自建终端网络模式，等等。

只要是根据自己的财力和企业实际情况制订出的运营模式就是最好的模式，完全没有必要生搬硬套。任何成功的经验都需要借鉴使用，任何成功的模式都需要选择性使用，唯如此，终端运作才能拨云驱雾，终见彩虹！

作为厂家来说，凡是直接面对消费者出售产品的“销售平台”都可称为自己的终端。能够掌控好、协调好他们的关系，自然就不愁产品不动销。

各个厂家的力度都在往这些终端上倾斜：卖家电的眼睛只盯住国美、苏宁、大中等能快速带来销量的大型终端；卖快消品的每天就缠住以家乐福、新一佳等为代表的超级快消品卖场；卖白酒的则只盯住各个地方生意火爆的大型酒楼。把这些终端宠得尾巴都翘上天了，一天一副嘴脸对待大家，并且花在终端上的费用也是日见疯长。此消彼长之际，往往是肥了终端、损害了企业本就微薄的利润。

这些所谓的终端也有自己的“终端”，就是天天光顾的消费者、单位采购等直接购买者。为了讨好他们自己的“终端”，这些厂家的超级终端们也是使出了浑身解数、万般招法去换取他们自身的“终端”欢心。什么一元钱的彩电，空调论斤卖，超级大特价，免费大赠送等，无所不用其极。只不过这些终端比我们聪明的地方在于是在拿我们的钱换取他们的“终端”对自己的好感。我们给他们买了单还要看他们的脸色，想想都不舒服。

那么，我们能不能够直接跨越我们的终端去讨好终端的“终端”？这里涉及两个问题：一是直接跨越的成本。在没有销售平台的基础上，终端的“终端”怎么样才能够找到我们并相信我们？而构建这样一个平台需要花费的代价是否是我们能够承受得了的？二是品牌的知名度问题。直接跨越终端，消费者是否会接受我们的产品？凭什么接受我们的产品？解决好了这两个问题，我们的跨越才是良性的、有意义的。

想当初 TCL 的自建终端和海尔的家电专卖都曾是直接掌控终端的成功典范，而宝洁、“两乐”及国内的娃哈哈等是品牌制胜终端的成功典范。因为自建终端成功及品牌力强大，他们在这些超级终端的话语权才没被剥夺，使直接跨越终端成为可能。诚如格力与国美“翻脸”时所宣称的那样，当格力在国美的销售额不及其整个销售额的5%时，任何“威胁”的话语或压迫手段都改变不了整个市场的大局！

弄清了谁是谁的终端，才能明白以后道路的方向。当终端的“终端”——消费者都被我们掌控时，掌控终端才变得实实在在。有句话说得好：如果一个人的心智都被你蒙蔽了，他还有什么不能被你掌控呢？

反思目前的终端操盘，许多品牌都在挤独木桥，很少有品牌能够把目光放长远一点。或许这就是中国国际品牌很少的原因吧。

借用国内著名营销大师路长全先生的一句话作为本节的结尾：“没有一个对手强大到不能被挑战，也没有一个企业弱小到不能去竞争，哪怕你拿到手里的牌再糟糕，都可以在现实条件的基础上寻找一个解决的方案。”对待终端也是这样，没有哪个终端强大到可以为所欲为！只要我们以平常心对待，在现实的基础上寻找合适的方式应对，就会奏响胜利的凯歌。

八、终端变革的新营销

稍加留意的行业人士都会发现一个有趣的现象，曾经热炒的酒店终端平台已经逐渐淡出行业的视线，动辄几万元、几十万元购买酒店终端作为品牌启动市场平台的厂家已经越来越少。随着温州中级人民法院对“给酒店终端缴纳进场费视为商业贿赂”的终审判决定性，白酒围绕酒店转的操盘模式越发失灵。

是酒店不再产生销售还是商业贿赂的震慑力使各品牌收敛？我想两者兼而有之。以口子窖为代表的皖酒军团在终端大战中声音渐微，在各地拓市受到的狙击也使得他们不得不改变策略，将“独木桥”改为“立交桥”，在产品、渠道、广告策略方面进行了调整。

酒店是分类的，A类店基本上是名酒及地方高端酒的天下，一个新品牌花巨资购买进场权或者专场权，除了有个形象展示作用外，实际销售是非常可怜的。不说去A类店消费的顾客自主意识非常强，单是应酬的面子观念也会促使他选择名酒而不是你的新酒，所以就算是专场你也专不了名酒的场，还没有哪个酒店在跟自己的客源过不去，更何况是高端客源。B、C类店的中、低档消费要好些，但也是竞争最为激烈的，还没有哪个白酒品牌在目前的竞争环境下敢一口气买断一个城市所有的B类店专场权。既然做不到这点，影响力又如何体现出来？因此我们可以看到，各白酒品牌的终端大战陷入了混战的僵局，最后就是比拼企业的实力、财力和耐力，你有笑到这最后的“三力”吗？

笔者做白酒的经验和实践检验也可证明。曾经在终端寸土必争的几大品牌都趋于偃旗息鼓，大家和平共处、共生共荣，当然也有就此退出市场的。因为每个品牌都感觉到了，大家恶性竞争的最直接后果就是酒店得利，而我们最终想要争夺的消费者反而利益受损。

也出现了一些新现象，最为行业所关注的就是团购销售及品牌专卖店、名烟名酒连锁店的大量流行。这些渠道的兴起，分流了酒店很大一部分白酒销售，尤其是高档白酒的销售和婚宴、会议餐等大宗酒类的销售，甚至出现了专门伴着大酒店或生意火爆酒店开名烟名酒店的投资者。

自控终端尝到甜头的当属五粮液的专卖店。在茅台近两年疯狂卖断货后，茅台的专卖店也声名鹊起，富裕了很大一部分群体。而金六福在推出了自己的直供终端“华致酒行”后，也是淘到了白酒的新金矿，创出了一条金六福特色的终端自控之路。那么，终端变革下的白酒营销究竟该怎么做？白酒营销究竟该如何创新？白酒的第三方渠道会出现吗？

（一）紧抓消费者

回顾白酒的营销历程我们就可以发现，任何阶段的营销都是在围绕着消费者做文章，那些总是能够满足消费者需要的品牌才扎实生存并很滋润地活下来了。当广告营销横行的时候，消费者是跟着广告走的，谁的广告打得凶猛，谁的酒水就卖得好。那个时候的山东酒就是典型的例证，不要说他们胆子大，胆子只是一方面，最重要的是他们满足了消费者对广告的需求，赢得了消费者，红极一时；当“盘中盘”横扫酒类市场、屹立于行业潮头时，他们同样是抓住了消费者，只不过这种抓住是消费者由主动变被动，是一种强迫性接受、诱导性接受；眼下的团购营销、自建终端渠道同样还是为了消费者在做工作，满足了消费者对真酒的需求、对良好服务的需求，顺应了这个时代新的消费需求，是大环境下的需求。

消费者是在不断改变的，营销的根本目的就是不断满足消费者的潜在需求。消费者改变了，还躺在曾经的成功模式上故步自封当然会被抛弃。从这个意义上说，以前的酒类营销模式并不是过时了，而是消费需求发生了改变，因而营销模式理应随消费需求而改变。明年的消费者是一个什么样的消费者？我们所攻打的区域市场其消费群体有些什么消费特性和消费需求？弄懂了这些问题再采取相应的营销模式才能够赢得营销战争的胜利。

有一个趋势是大家已经看到了的，那就是消费需求的多样化。没有哪个品牌能够把市场一网打尽、把消费者一网打尽。卖断货的茅台也占不到中国白酒市场份额的5%，谁又能说自己可以统领天下呢？既然这样，我们就很有必要针对不同的消费人群量身打造营销模式，最大限度在细分人群上面做足功夫，满足目标消费群体的需求，赢取我们期望的市场蛋糕。

（二）开创新模式

消费者的需求发生改变了，我们的营销模式却不变，能够赢得消费者的青睐吗？答案是否定的。创新卖酒模式在目前的市场景况下，得到了越来越多品牌的认同，各品牌也在积极开创符合自身发展的卖酒模式。从白酒的发展趋势来看，家电行业曾经上演的自建终端得到了不少厂家和品牌的青睐，尤其是白酒高档品牌，越来越倾向于自建终端。

我们曾经做了一个最简单的测算，五粮液号称拥有近 1000 家的专卖店，每个专卖店每年销售额就算只有 300 万元，一年下来就是 30 亿元。这 30 亿元的销售可是完全控制在五粮液自己手上，你一两个酒店或大卖场去与五粮液叫板说要拒卖能起到什么作用呢？五粮液根本就不会放在心上！何况直供的利润更是各种经销所不能比拟的。

与专卖店模式类似的就是高档白酒的团购营销、“后备厢营销”，通过直接的消费者上门服务，找出一个城市里具消费导向的核心人群来启动市场，赢得稳定的消费。团购营销在中国酒类市场目前尚不是很规范，有许多“贿赂营销”、“腐败营销”、“色情营销”的阴影，但这些终究会被淘汰掉。从目前的专业运作来看，对手的一些不健康营销手段正逐渐失去效果。

卖场卖酒正得到越来越多白酒品牌的关注和参与，对那些主打价格在 20～30 元/瓶的中价位白酒而言，这种趋势越发明显。卖场的高档白酒基本上是茅、五、剑一统柜台，但中、低价位白酒如果运作得好，产生的销售甚至要高出一个生意火爆的酒店好几倍。但卖场卖酒也不是随便什么品牌都能够玩得起的，中、小品牌不要盲目参与，因为货物沉淀和资金沉淀是卖场卖酒着重需要考虑的问题。

（三）坚持新促销

做白酒不促销是不可想象的事，现在哪个行业不做促销呢？促销也是为了满足消费者的需要，脱离这种主题的促销当然是没有效果的促销。

白酒促销最根本的就是消费者促销，要持续、恒久。用一波促销就撬开市场已经是好多年前的事情了。消费者需要培育，培育需要过程，过程又需要金钱来维持，白酒促销就是检验企业财力的试金石。烧水不烧开终究不能叫沸水，做消费者的促销也是这样，要促到消费者产生依赖为止。

在不同渠道促销都是建立在对消费者有效的基础之上，单纯的渠道促销只能逞一时之勇，是体会不到销量整体爆发的快感的。

促销还有一个最重要的环节就是执行。执行到位的促销才算是一次完整的促销活动，我们很多促销活动见不到成效就坏在执行上。因此为了让执行到位，我们宁可减少一两波活动也要把现有的促销执行好了。

（四）发展新品牌

农民卖苹果、柑子都知道要树品牌，卖酒不知道树立品牌的重要性又怎么去做市场？品牌制胜，名酒复苏喊了几年，是那些名酒扎扎实实收获果实的年头了。消费者的热捧、名酒自身的营销觉醒、消费能力的上移等无不显示品牌在白酒营销中的重要性。

品牌又是怎么打造出来的？这个问题恐怕再写一本书也不见得能够完全解答清楚。我这里说三点：

一是做品牌的“决心”。一开始就把产品当品牌做的白酒其最终结局要远远好过那些只把产品当产品做的白酒。下了这个“决心”，做任何决策和营销工作时才会自觉不自觉地把自己所做的事情与品牌看齐，这就直接决定了你看问题和事物的高度；

二是对品牌的“规划”。品牌不是像瞎猫逮死老鼠那样逮得住的，是需要规划的，规划还要符合可行性。金六福的品牌打造就很有规划性，不是那种左右摇摆的品牌。品牌定位、品牌运作、品牌需要表述的东西让人一眼就能够明白这是精心打造出来的，能够得到消费者的最终认可。规划做好了才能够清晰地感觉到品牌的升值；

三是明晰品牌的“定位”。很多品牌的定位不断摇摆，今天给消费者展示的是伟人酒，明天又变成了冠军酒，后天又成了祝福酒、喜庆酒，让人一头雾水。这也怪不得企业，每年合作的策划公司不同，而策划公司又是最自我的群体，总觉得自己的创意是最棒的，一概否定别人的。但消费者能够记住的东西太有限了，他没有单独去记住你一个品牌不同定位的义务和耐心。

上述三点只是笔者认为品牌塑造过程中比较重要的三点。品牌方面的工作做好了，渠道问题、进场费问题、消费者购买问题等就可以迎刃而解。

（五）构建新高度

一说到竞争大家就想到你死我活，这是极不健康的思想。我们说要构建和谐社会，把营销当作战争看待那是20世纪的事情了。我们做市场、做品牌虽然有输赢，但也并非就一定要置对手于死地才算安心。

没有对手和竞争的营销该是多么乏味啊！

构建竞争的高度就是让我们明白要站在行业的高度、品牌的高度、消费者的高度去看待与我们同城竞技的竞争品牌。那些不符合市场需求的白酒品牌不需要我们去淘汰它，消费者和市场本身就会淘汰它；那些有市场潜力的品牌我们可以合作、可以竞争、可以共赢去为消费者、为市场提供丰富多彩的多样化选择。

居高自远。茅台在与五粮液的竞争中并没有因为自己一时的下风而自甘沉沦，而是锐意进取，向五粮液学习、向市场学习，终于再一次站在行业的塔尖，树立了自己的国酒形象；五粮液的学习能力也很强，陈年五粮液的推出迅速带动了五粮液普瓶产品的销售，重新拉升了五粮液的形象，彰显了自己“带头大哥”的威严；水井坊和国窖1573一开始就把自己置于行业的品牌之巅，构建了大竞争概念，才在后来的竞争中占据先发优势，挤身高档白酒第一阵营。

是否有竞争的高度能够看出一个品牌到底能够走多远，而品牌的胸襟又决定于品牌拥有者自身的胸襟。我们希望有更多的白酒品牌能够建立自己的竞争高度，多一些学习、少一些自杀性低劣营销术。

（六）善待经销商

圈经销商的钱，恶意招商，逼迫经销商压货，我们听到、看到身边太多类似的故事。经销商在向谁靠拢？经销商谁都不靠拢，他们只向“诚信”靠拢！

真正帮助经销商卖酒、做市场的品牌会受到越来越多经销商的追捧，有这么多经销商追捧自己还要担心招商、回款的事吗？笔者泡在白酒市场这么多年，从来都是劝经销商少打款、少发货、多周转。我跟经销商讲得最多的一句话就是：“你的货卖不动可以找我，我可以退换，如果因为你备货不及时卖断了货、没有货卖，你找我就没有用了，因为我不能保证每一个经销商都有足够的货物供应。”但事实是经销商常常找我要求多发一些货给他，而不是因为酒卖不动找我。

对白酒行业来说，再怎么变革、怎么创新都离不开与经销商的合作。社会的分工合作日趋精细，不可能走回过去，什么事情全部由厂家自己搞定。那些相互理解、相互配合的厂商定会结出硕果。

终端营销一年三变，也催生出了许许多多的营销模式。面对白酒行业的变革和阵痛，我们急需改变和不变的是什么呢？

九、名烟名酒店运作目标

名烟名酒店的崛起就好像TCL、海尔等家电品牌当初的自建终端一样，只不过家电行业的自建终端在当时并不是迫于无奈，更多的是一种创新，同时他们也都获得了预期中的成功。反观白酒行业的名烟名酒店风潮，更多的是被酒店所逼迫，不得已而为之。酒店进场费、专场费的虚高使不少白酒品牌深陷泥潭不能自拔，在这种痛苦的博弈中不得不选择新的思路和渠道以求得生存。

名烟名酒店的运作和普通的批发商到底有什么不同？他们的差异点在哪里？有没有共性？

批发商群体现在都走了两条路：一是成长起来的群体，目前都或多或少成了某些品牌的代理商，属于真正意义上的批发商了；二是以配送商的形式出现，成了所在市场上众多畅销品牌的二级批发商，讲究的是货物的齐全，满足零售点一次性进货的需要或者消费者大宗购物时质优价廉的需要。

名烟名酒店最主要的功能是两个：一是伴随酒店生存的名烟名酒店生意火爆或者星级酒店的旁边往往能存活不少名烟名酒店。他们为顾客提供了酒店所没有的白酒品牌，或者虽然酒店有，但价格悬殊的白酒品牌；二是伴随单位生存的名烟名酒店。开这种店的老板一般都有一定的社会关系，有固定的供货渠道，只要抓住那么一两个单位，生存问题就基本解决了。

对厂家来说，名烟名酒店相对于酒店而言所花费的代价当然低多了，那名烟名酒店怎样做才算好呢？一个城市的名烟名酒店有很多，初期的市场启动阶段如果全部一涌而上，会适得其反，尤其是新品上市期间。

新品上市抓核心是为了配合酒店的动销，缓解市场费用压力。全部做酒店的费用压力特别大，尤其是当竞争品牌也是血战酒店终端时。因为有酒店的销售在前面，货物的基本动销就能够带动名烟名酒店的进货意愿，消除沟通阻力。而核心名烟名酒店工程就是让那些率先销售本品牌的名烟名酒店老板尝到卖货的甜头，激发他们主推本品牌的欲望。同时，市场启动初期，真正消费本品牌的顾客也是非常有限的，指望每个店老板都主推也不现实。一个 50 万人口的地级城市能够找出 20～30 个核心名烟名酒店，就算大功告成了。

（一）店面形象整齐统一

说到这里，有人就不理解了。因为众口难调，名烟名酒店不是你想怎么包装就可以怎么包装的。就像现在的酒店一样，以前你的宣传画在店里都可以随便贴，而现在你就是想免费为它提供桌布也得不到响应了，只有出钱竞买才能够打动酒店的心。

做统一店面形象不是强求，一定要事先沟通好才能够得到店主的响应和维护，而一旦定下来，就要想办法把形象店包装成标杆。这样的店在一个 50 万人口的城市里只要有那么 5～10 家就一定会引起轰动，让目标消费群形成深深的记忆。

统一的店面形象说到底也是一种广宣，只不过这种广宣所起到的作用更像足球场上的临门一脚，对即时消费购买的拉动作用比较明显。

（二）产品品牌高档显眼

做名烟名酒店是高档产品或高档品牌更需要重点关注的。前面我们在分析名烟名酒店的作用时就很明显看出来，做单位、做酒店是价位较高产品（品牌）经常做的事，既然是名烟名酒店，当然也是体现档次的。也只有上了档次的品牌体现的价差较大，更能够打动消费者的购买。

一个最简单的事实是，不是做酒席的话，很少看到有人带啤酒上酒店吃饭，不管这个啤酒多么畅销、多么有名气和能体现身份，但带茅台、五粮液等高档酒的客人比比皆是。因此，当你主推的是高价位的产品时，不妨多考虑考虑名烟名酒店。

（三）价格定位同步酒店

就是要求供货给名烟名酒店的产品与供给酒店的价格保持同步。除了防止酒店产生意见外，也是为了稳住价格体系，不过早穿底，延长品牌的生命周期。扁平化的价格体系可以帮助我们加强对名烟名酒店的管控。始终记住一点，不管你给对方的价格多么优惠，他所要求的利润始终是有标准的。这也是为什么对产品的促销力度越大，价格体系下滑就越明显的原因。

与酒店同步的价格不代表给名烟名酒店的奖励就没有了，在价格持平的前提下，对那些工作配合好，不主动挑起价格战的店提供及时的模糊奖励，让奖励成为其真正的利润，以提高其卖货积极性。

（四）开发单位、酒店供货

有些名烟名酒店与酒店和单位的关系本来就很密切，只是受大气候影响，眼睁睁地看着原本自己供货的酒店和单位成了别人的地盘，虽然也能够送一些货物进去，但大头利润却被别人捞走了。如果我们一开始就借用这种关系，以我们的名义把费用谈下来，然后把这个酒店让给核心名烟名酒店去供货，但所有维护工作仍然由我们协助完成，那样不但可以赢得该店的铁杆忠心，实际上也减少了我们的费用压力和跑单风险。毕竟他们守在酒店旁边，对酒店的一举一动了如指掌。

对单位的供货也是一个道理。这里需要强调的就是对酒店和单位的客情维护一定要牢牢抓在自己手里，马虎不得：一是监控货物的流向情况，防止倒货和虚报销量的事情发生；二是防止竞品的破坏。名烟名酒店是没有义务帮我们打击竞品的，说不定看到卖竞品也赚钱，还会偷偷地借用我们的费用卖他赚钱的竞品呢。

（五）提供平台不定期聚会

关系都是不断在沟通中稳固和培养出来的。对名烟名酒店的这种平台打造就是让他们产生依赖感，感觉到做我们的产品能够得到不少其他附加利益。

例如各个店内滞销产品的调节，盘活他们的资金、拓宽他们的生意渠道等，做这些工作的目的就是让他们从内心里认可厂家、认可品牌。

名烟名酒店的发展已经成了一个趋势，只要酒店还在不断收取进场费，这种店存活的概率就不会变低。目前许多白酒品牌都已经注意到这一趋势并开始进行尝试性运作，像华泽集团旗下的华致酒行，茅台、五粮液旗下的专卖店，以及许多地方上以家族生意方式发展的连锁名烟名酒店等都是对这种模式的一种诠释。

白酒行业会不会出现像家电行业的国美、苏宁一样的巨无霸风格超级终端？我想不需要太多的时间就可以加以验证了。有吉马和朝批做榜样，超级连锁名烟名酒店的到来只是时间早晚的事情。

十、名烟名酒店动作方法

名烟名酒店的崛起速度特别快。随着酒店终端的门槛越抬越高，运作的成本越来越大，“做酒店找死，不做酒店等死”的怪圈再次在白酒行业循环上演。迫于压力，部分白酒品牌希望绕过酒店这道高门槛，转而从名烟名酒店着手撬开市场缺口，带动市场的整体畅销。

从实际运作效果来看，确实有不少酒类品牌挖掘到了金矿，因为名烟名酒店的运作得法，拿到了与酒店谈判的筹码，迫使部分酒店降低进场门槛甚至取消进场费。

针对名烟名酒店的运作和促销与普通的渠道有很大的区别，这是它们之间不同的定位所决定的。名烟名酒店一般定位于中高档白酒的售卖，店内装修和布置更凸显了档次和规格；传统的渠道更多的是扮演一个批零兼营的杂货铺角色，以店内货物的齐全、价格低廉及送货上门等方便消费者购买。知晓了名烟名酒店的定位，才清楚它到底需要什么样的促销方式，具体归纳起来不外乎以下几种：

（一）找到核心网点

名烟名酒店虽然多，但真正能够持续销动货物的不多，尤其是新产品上市或导入阶段。寻找核心网点除了同行推介外还要考虑整体的区域甚至街道布局需要，不要在一条街道上重复选择过多。相对来说，一个城市的标杆酒店紧邻的名烟名酒店是重点选择对象。

当然，那些拥有团购单位的名烟名酒店也需要重点关注和争取。但这样的名烟名酒店不是说找就能够找得到的，可以通过一定力度的刺激做一轮全方位覆盖促销，通过两个月的动销率来锁定目标对象。

（二）签订销售协议

为了让名烟名酒店感觉到受重视，我们一定要以协议的形式确认双方的合作，为了保证合作的严肃性，最好是向名烟名酒店收取一定的保证金。有人也许会说，你一个并没有多少知名度的品牌，人家凭什么给你缴保证金？这里告诉大家一个非畅销产品收取保证金的技巧：由公司为其缴纳保证金！

例如我们想收取的保证金假设为1000元/户，可以先给该名烟名酒店提供1000~2000元的货物，然后告诉对方，这里面有1000元就是他的保证金，可以给他开具收据，盖上公司的公章，如果我们跟他的协议履行到期后，这1000元保证金可以如期返还。对老板来说，意味着这1000元保证金其实就是公司给他缴纳的，因为他第一批货物等于没有付钱，其所支付的货款又转化为缴纳给公司的保证金了，这个保证金合作到期后是可以返还的；而对公司来说，这个网络商若真正能够与自己合作一年，为公司创造的利润绝对不只这区区1000元钱，是公司为了市场的需要所投下的一个钓饵而已。但就是这1000元钱的保证金把双方捆绑成了一个利益整体，促使双方的合作更加紧密。

（三）买断陈列柜台

支付这个费用的目的就是要做出品牌的霸气，以压倒性优势占据名烟名酒店店内优势资源。前期可以只限定与我们有协议的核心名烟名酒店开展，让这些签了协议的名烟名酒店感觉到公司对他的支持，以调动其卖货的积极性。

市场发展到一定阶段时，只要我们认为有合作潜力的名烟名酒店都可以实行这种策略。通过这种整齐的排面陈列引导消费者的视觉认知，树立品牌在消费者心目中的霸气形象，获得认同和好感。

值得注意的是，在名烟名酒店买断陈列柜排面上一定要突出主打产品。主打产品应该占据整个买断柜一半的排面，而且这个核心主打产品只能是一款，传递的都是同一个信息，以快速强化消费者的记忆，形成购买习惯。

（四）关注重点标杆

对于已经进场的标杆酒店，我们对名烟名酒店的要求是保持价格体系的稳定，不要让酒店感觉支持差距过大；而对那些我们暂时没办法进场的标杆酒店，可以在它旁边的这些名烟名酒店放肆做活动，促使在这些酒店消费的客人主动跑到做活动的名烟名酒店里购买酒水，进而形成在标杆酒店的指名消费。

当然，针对这些名烟名酒店的促销主要是消费者促销，例如积分兑酒（消费者每次来该酒店购一瓶算 5 分，积满 20 分可以免费领取同类产品一瓶）、返盖有礼（消费者凭撕下的盒盖免费领取芙蓉王香烟一包或者王老吉 4 罐等礼品）等；也可以针对该酒店的服务员推出积盖兑奖的奖励措施，促使服务员也暗中为我们卖酒。

因为这样意味着我们省下了一笔巨额的进场费，凭着这些省下来的进场费可以围绕这个名烟名酒店做很多场消费者的促销拉动工作。

（五）协助客情维护

能够开名烟名酒店的老板都或多或少有一些社会关系，要想维持好这种关系，老板每年也要花费一笔不小的开支。如果我们来协助他做这个工作，不但可以减轻老板的客情费用压力，还可以巧妙地把名烟名酒店与社会关键人物的关系纳入我们统一的管控中，成为潜在的核心消费领袖。

当然，名烟名酒店一开始的警惕性是很高的，不会轻易告诉我们业务往来的单位名称及关键人物姓名。我们可以在跟名烟名酒店的不断交往和沟通中慢慢消除其戒备，赢得他的信任。最重要的是我们可以明确告诉他，每一次的上门拜访都可以邀约与他一起去，而且礼品酒的赠送都以他的名义送出。只要坚持做几个月的定期客情维护，一般的老板都会主动把这些工作移交给我们，因为所有的出货还是在他那里，利润归他所有，我们得到的只是稳定的销售额及对目标消费者的维护。

这种方式运用得当比单纯的让利促销活动还要管用，因为你触及了他出货渠道中最重要的一个环节，他已经形成了依赖。

（六）定期联谊、奖励

每年召开2～3次名烟名酒店老板联谊会或者培训会很有必要，开会时要租好场地，准备好讲课用的幻灯片。一般的老板参会或者品牌厂家召开定货会都是吃吃饭、开开货，最多还加上一个文艺表演助助兴。我们在这方面应该稍加调整，提高我们的会议档次，让这些参会的老板感受到不一样的礼遇。同时，参会者奖励的发放也很重要，每次都要及时兑现给这些老板的奖励，还要略微超过他的预期值，让他感觉到合作的超值所在。

做这些工作目的就是既要让与我们合作的名烟名酒店老板感觉到赚了钱，又要让他觉得这个钱赚起来并不是很困难，还不能够让他把这种赚钱的感觉转化为倒货、放价的冲动，以稳定我们的价格体系。因此我们召开联谊会和发放奖励起到这种市场调控作用，像自来水的阀门一样。

名烟名酒店的促销虽然也离不开传统方式，但对传统促销方式完全照搬应用显然是不适用的。我们能够运用以上方式做好名烟名酒店的工作就是最好的促销。就好像行业人士评价五粮液和茅台的营销手段和促销方式一样，五粮液和茅台这么多年来用得最多、最频繁的营销手段和促销方式就是涨价和控货，别无其他！虽然有点武断，但也说明了很大一部分事实。所以，笔者以为只要做好了上述针对名烟名酒店的工作就是最好的促销，让名烟名酒店愿意与我们合作、愿意给我们卖货，我们的促销目的就算真正达成了。

第四章

合理运作目标市场

一、地方名酒的区域前景

计划经济时期，办酒厂是地方政府的一件大事，办得好不但日子过得比较滋润，也是体现政绩的大事，所以，全国一下子冒出近四万家白酒生产企业。改革开放的春风让地方政府有了更多的选择机会，蜂拥而入的投资项目让政府的目光更多地投向那些更有发展前景的行业，白酒被搁置起来，最明显的就数广东、福建、江浙一带。于是我们看到两种现象，经济越发达的地方，酒厂越不辉煌，近几年的全国酒水奔广东就很能够说明问题；经济越是欠发达的地方，酒水行业越是兴旺，例如贵州、四川、安徽等。酒水经济对当地的经济拉动是显而易见的，甚至完全靠酒水撑起地方经济的发展，例如五粮液之于宜宾、泸州老窖之于泸州市等。

酒水对区域经济的影响究竟有多大？政府对酒水企业在当地经济发展中的作用会持一种什么样的态度？

（一）政策：强者更强，弱者自生自灭

在市场经济大潮中能够继续破风斩浪的白酒企业，地方政府应该会重点扶持。能够经受得住市场经济的洗礼和竞争，说明该企业不是纯粹靠保护才找到立足之地的，而是他们的产品得到了消费者发自内心的认可，他们的市场推广手段得到了广大网络商、经销商的拥护。五粮液、茅台受到当地政府的支持，洋河、枝江、稻花香、四特、口子窖等地方名酒对当地经济的拉动作用更是显而易见的。

政府“扶强不扶弱”是在企业经营环境方面多创造条件，而不是在市场经营上搞地方保护和地方垄断。啤酒行业向国外看齐，越来越趋向于国内几家大企业在经营，强者恒强已经成为看得到的趋势。白酒行业也在朝这方面发展，但脚步没有那么快，政府要创造条件让这种整合和发展来得更快一些。

保护弱势群体，体现的是一种人文关怀。对做酒而言，保护没有发展、没有进取的小酒厂却是在保护落后、保护倒退。如果政府对当地民生负责的话就应该让这些不值得保护的小酒厂自生自灭或并入大企业的怀抱以谋求真正的发展。

好死不如赖活对做企业而言是不明智的。

酒水的区域效应归根到底还是一个动态的发展平衡问题。能够继续发展的企业理应受到地方政府的扶持和帮助，而本就没有什么发展，自身硬功不过关的也就不要存太多的奢望，更不要指责地方政府的不作为。

（二）目标：成为地方名片

我们国家有五金之乡、有鞋都、有服装城，当然也有酒都、酒乡，这种名称的出现与政府的有意识引导和扶持是分不开的。

白酒行业目前出现名酒复苏，全国性名酒得到了很好的发展机会，也给了一些地方名酒更大的发展机会。如何在这轮名酒复苏潮中有所作为，建立起自己的帝国，成为地方经济发展的引擎，政府“该出手时就出手”就很有必要。

相对来说，湖北、江西、安徽的白酒企业，当地政府的作用更明显一些。当其他行业的影响不足以与酒水行业相比较时，政府的决策就很大程度上能够左右酒水行业在未来的进一步发展了。以前是地方经济落后才迫不得已办酒厂，今天是因为酒厂的发展带动了当地经济的发展才应该得到政府的进一步扶持，不是纯粹意义上的保护，否则就会适得其反，越保护、越落后。

海尔是青岛的名片，五粮液是宜宾的名片，茅台甚至成了中国的名片。酒水对区域市场的影响究竟大到什么程度？评判的标准是什么？

地方酒厂成为对外推广的名片在很多区域已经得到体现。例如洋河、泸州老窖、枝江、稻花香、四特、开口笑等，或多或少都已经融入当地的城市，成为当地城市对外推广不可分割的一部分了。对外地居民或游客来说，提及开口笑可能并不知道它的产地在湖南邵阳，但提及邵阳却必须要告诉游客或外地居民，开口笑就是产自我们这个地方，很自豪。

能够融入地方文化当中，成为地方民俗的必定会成为抹不掉的记忆，哪怕有暂时的挫折，终究会有东山再起的时候。

（三）实践：增强区域影响，带动关联产业

地方酒企的发展一定要先夯实地方市场。这个行业不像其他，可以墙外开花墙外香。为什么这么说？白酒是华夏五千年文明的结晶之一，中国是礼仪之邦，交际场合不喝酒很难令人想象，这就注定白酒在中国的每一个角落都有市场，都有潜在消费者。

地方白酒在当地可以整合的资源有很多，运作起来更加得心应手，自我的掌控力较强，不像跑到外地后，经销商的强势与否直接决定该酒水品牌在当地能够走多远。人生地不熟，品牌在当地又没有知名度，谁听我们的？

所以，做强当地市场是获得进一步向外发展的基本条件，最重要的是做强当地市场后，向外拓展时才有说话的底气。如果坐井观天式地夜郎自大，做强区域市场后盲目开打全国市场，认为自己到哪里都能够天下第一，就太可笑了。

在做强区域市场方面，政府发挥的作用尤其大。这里的“大”不是让政府去减免税收，更不是打着各种合法的旗号清理外来酒水品牌，搞地方垄断、地方保护，而是让政府在当地的招待用酒方面率先垂范，倡导以饮用地方酒水品牌为荣的风气。做到这一点，还不能借势而上，还被外来品牌攻城略地，就只有被淘汰的命了。

一个酒厂的兴旺发达如果不能带动当地经济的发展、带动关联产业的共同发展，就不能说自己很成功了，更不能说为地方经济做了很大的贡献。因为单纯从就业、税收两个环节来判断该企业成功与否，政府该重点扶持的企业就太多了，也就不称其为重点了。

纳税和增加就业是一个企业本来就应该做的，地方上的每一个企业都能够做到，但带动关联企业的共同发展就不是每一个企业都能够做到的了。

酒厂要想成为地方经济的龙头，能够对地方经济做出很大贡献的话就一定要在这方面多想办法、动脑筋。例如包装产业、玻瓶产业、物流业、仓储业、餐饮业、旅游业等，只有当这些关联产业的发展受到酒厂这个龙头企业的影响时，这个酒厂才算真正意义上的龙头企业，才应该得到政府的重点扶持。

这也是目前地方名酒下一步继续发展的方向和应该达到的战略高度！

对地方政府来说，发展才是硬道理！

二、区域市场需要合格经理

区域经理是架在企业和经销商之间的一座重要桥梁，也是企业安排在外面的一方诸侯。一个区域市场从某种意义上来说就是一个独立的经营个体，企业总部对区域市场的掌控更多的是对区域经理这个人的掌控。

区域经理的角色这么重要，怎么样才是一个合格的区域经理呢?

（一）要有生意人的头脑

如果没有生意人的头脑就会被客户牵着鼻子走，会为客户提出的一些不合理要求而去公司争取，而不是站在公司的角度在自己这个环节挡回去。区域经理有生意人的头脑就会帮助公司和客户都算好经济账，让双方都满意。

区域经理有生意人头脑还意味着对区域市场的机会有把握能力。公司不可能对区域市场的机会了如指掌，但区域经理每天在市场一线，发现机会的时间肯定不少，有生意人头脑就会给公司提供更多的赚钱机会，更多的市场机会。

区域经理有生意头脑就会规划好自己的区域市场发展，平衡公司与经销商之间的利益，保持企业在区域市场的可持续发展。

（二）要有解决问题的能力

我们见到最多的客户经理就是发现问题的能力特别强，到一个市场跑一圈会发现一大堆问题，有经销商方面的、员工方面的、市场方面的、费用方面的等。尤其是新、老经理或各个区域市场客户经理互动时，对于前任的遗留问题会发现更多，但郁闷的是真正有解决问题能力的还在少数。对于客户和公司来说，解决问题比发现问题更重要，没有哪个公司会容忍问题一直摆在那里成为绊脚石，也没有哪个客户会因为问题的存在让自己蒙受损失。

一次笔者刚接手某项目的操作市场时，存在的问题实在太多，许多问题还是2006年、2007年拖延下来的。为了推动市场正常发展，树立经销商和全体员工的信心，我们借助总部的力量对发现和存在的问题逐一拿出了解决方案并以最快的速度予以解决，最终赢得了客户的再度信任，扫清了市场障碍。

（三）切忌信口承诺

客户经理要非常清楚自己的“权限”，不能开空头支票，要注意维护自身及企业的信誉。你在客户面前出现时更多的是代表公司在跟客户打交道，尤其是那些大品牌、大企业的客户经理。经销商之所以认你，是因为你手中的品牌，而不是你这个人本身。如果我们承诺给客户的一些利益不能够兑现，客户记恨的是你背后的公司和品牌，好好的合作可能就会因为这些事情流产。

案例：切忌轻易承诺

2007年下半年，因为区域调动，笔者与自己的一个同事就某品牌进行交接。刚接手该品牌的同事对原经销商承诺解决一个业务员工资及后续铺市费用核销的问题。当我当着这个经销商的面问这位同事他是否可以解决时，他拍着胸脯说没有任何问题，于是我也就把这两件事情移交给了他。

谁知过了三个月，经销商打电话给我说承诺的事情兑现不了了，仍然需要我来解决和核报，他也不知道为什么同在一家企业，一个这么简单的事情会如此反复。虽然这件事情在总部的协调和领导的支持下最后顺利解决，但存留在客户心中的困惑恐怕不是一时半会能够散去的，而这个客户经理在经销商心目中的印象也会大打折扣。

一些客户经理的口头承诺给企业造成的损失除了经济利益，更有信誉上的损失，而信誉的构建是一家企业需要多年累积才能形成的，这种损失才真的惨重。

（四）及时核报市场费用

一般的企业都有规定，费用必须先申报后使用，批复可以使用并且已经使用的费用要及时给经销商予以核报。及时核报费用一是加快经销商的资金周转，让其能够把费用及时转化为市场投入或者产品销售；二是通过费用及时核报可以让自己区域的损益一目了然，不至于亏了本还不知道亏在哪里。

有些客户经理以为拖延经销商的费用就可以节约投入资源，让经销商忘记这笔费用；更有客户经理把给经销商核报费用看作自己一种权威的象征，认为经销商不听自己的话就不给核报费用，这些想法都是极端错误的。一个企业的发展绝对不是靠压榨经销商的费用发展起来的，不是做了今天就不管明天的结果。我们只要还在这个市场上生存，还要与经销商继续合作下去，即使不再合作了，该给经销商的费用也是一分钱不能少的。

（五）正确指导市场操作

客户经理虽然不需要具备本山大叔的“忽悠”水平，但实实在在的市场指导水平还是必须具备的。客户经理自己都不知道自己的产品该如何操作，会让经销商不感冒甚至是看不起你。在经销商面前你就是行业专家，最少也是自己产品或品牌的专家，让经销商按照你的思路走并取得好的结果。

同时，你的带团队水平、市场策划能力等都是让经销商对你刮目相看的理由。有些客户经理只会一味帮助经销商向公司要政策，以为这样才会得到重视。聪明的客户经理把投入扎扎实实用到市场，市场当然会有回报。有了回报，经销商当然就更听指挥；到公司要到费用却不知道怎么使用的客户经理，往往被经销商贪污了费用还得不到经销商的感谢。虽然经销商赚的钱并没少，但因为市场表现不佳，毕竟不能长久，所以经销商自然不会心存感激，反而把这样的客户经理看作傻瓜。

有能力的客户经理在经销商面前坚持了原则反而更会得到经销商的赏识，因为你带给经销商的是持久、稳定的利润来源，而不是赚了今年不知道明年怎么样。

（六）为经销商做好服务

客户经理说到底是经销商和厂家之间的一座桥梁。因为经销商对厂家不熟悉，许多涉及与厂家打交道的事情都需要客户经理协助其完成，如果客户经理认为这很麻烦那就真的麻烦了。因为经销商如果比你还熟悉厂家的情况，你这个客户经理的好日子也就到头了。

为经销商做好服务是全方位的，最重要的是你要具备这种服务意识。

（七）帮经销商管理下线客户

经销商的下线客户都会有一种与厂家直接打交道的欲望。有时同样的一件事情由经销商出面解决就是解决不了，但听说是厂家派人来解决，用同样的办法，下线客户反而就接受了，这是心理作用使然。我们召开的客户联谊会一定是经销商联合厂家举办，单独的经销商召开联谊会，下线客户参与的积极性会打折扣，哪怕这个费用全部是经销商出。

帮助经销商管理好下线客户就是多陪着经销商到一些下线客户那里进行拜访，以厂家的名义适当给下线客户一些利益，尤其是核心客户，要协助经销商牢牢抓在手里。

（八）当好经销商参谋

经销商单独经销我们一个品牌，你这个参谋实际上还兼任了指导员的身份；如果经销商还经销了一些别的品牌，参谋得当获得经销商好感和信任的机会就更大了。当经销商愿意把自己生意发展中所碰到的一些问题向你倾诉时，意味着你这个参谋的职位就坐稳了，你的地位自然就牢靠了。

有人说区域经理需要八面玲珑，也有人认为区域经理需要任劳任怨，其实真正合格的区域经理既能得到经销商的赏识也能得到公司的认可。

三、区域市场的第一品牌

一个品牌在一个区域市场上的市场占有率达到71%以上，基本上就可称为垄断性第一品牌，其他的品牌很难有颠覆的机会；如果一个品牌的市场占有率在区域市场上达到30%以上时，可称为相对第一品牌，随时有可能被追上并超越。五粮液全国市场的占有率不足25%，随时都有可能被其他的品牌取而代之。目前许多区域市场被地方强势品牌超越的事屡有发生，证明五粮液的霸主地位并非不可动摇，尤其是茅台的突飞猛进。

打造区域市场绝对第一品牌的重要性就更加不言而喻。对地方品牌来说，生存的空间非常有限，能实现的销售也非常有限，因为整体的市场容量就那么大，如果被对手挖走金矿，就只有喝西北风了。所以，能够生存下来并活得比较滋润的地方品牌都是深谙此道的。

既然打造区域市场第一品牌这么重要，这么迫在眉睫，究竟怎么样去打造这个第一品牌呢？有没有什么行业通行准则？

（一）调查

学会进行SWOT分析（SWOT分析方法是一种企业内部分析方法，即根据企业自身的既定内在条件进行分析，找出企业的优势、劣势及核心竞争力之所在）。现有区域市场上的第一品牌是什么品牌？其黄金价位是多少？它是怎样成为这个市场上第一品牌的？我们的品牌要想超越它存在哪些优劣势？机会点在哪里？把这些问题回答清楚了，我们才能制订出具有攻击性的策略，有的放矢。

茅台在2004年大举进军湖南市场时就抓住了五粮液的三个软肋：一是五粮液的打假成果2004年在湖南大报小报被曝光。许多高层消费者都把五粮液看成假酒的代名词，不敢选用；二是2004年茅台在湖南市场启动了高层公关策略。许多党政一把手都指名带头消费茅台；三是茅台花大代价寻找有实力的经销商经销茅台，并给出了比五粮液利差空间高得多的经销政策，有效调动了经销商的积极性。目前的茅台已经成为湖南不少区域市场高档酒阵营的第一品牌，成为湖南白酒市场的又一经典案例。

（二）聚焦

即把优势无限放大去对应对手的劣势。市场上的机会很多，但并不是每一个机会都适合我们，很多都是一些机会陷阱。找到适合自己的那一个机会后就要抓牢它，强化定位，把这一点做深做透。

如金六福的福文化定位，不管其他的白酒怎么打这张福牌，真正让消费者对上号的还是金六福！水井坊的中国白酒第一坊定位不是后来的“国窖1573”430年历史就可以颠覆的，因为它率先抢占了消费者的心智，认为它才是中国白酒中历史最悠久的。水井坊所做的一些推广活动都是对这一定位的强化，没有偏离方向。

聚焦原则在区域市场的广告投放中一样管用。如果分散投放，广告的效果就检测不出来，也浪费了钱。

（三）关注

员工需要关注，竞争对手需要关注，消费者更需要关注！如果没有对消费者持之以恒的关注，金六福公司就不能发现隐藏在消费者心智中的潜在需求，也不能打开消费者的情感共振之门。其春节期间推出的“春节回家，金六福酒”就不可能有如此震撼的效果。

白酒营销走到现在，关注消费者，构建顾客档案、顾客数据库是品牌应该做的基本工作。随着价格带一步步上移，消费者也越来越理性。如果不及时抓住消费者的这一转向在那里闭门造车，第一品牌的梦想怕真的只有梦想了。

（四）放权

一个不敢梦想做区域市场第一品牌的人是不可能成就区域市场第一品牌梦想的。或者就算成功了，这种成功也是随市场大势而起，经不起时间的检验，是瞬间疯狂。区域市场的领军人物就是这个区域市场的灵魂人物，他的思想决定了他的高度，也决定了这个市场一段时间未来的走向。

以区域市场为生，就要集中最优秀的人才来做这个市场，让他把整个市场的框架及未来构想搭建起来，并提出系统的操盘设想。在公司讨论通过后形成文字报告备案，然后要充分地放权给这个区域领军人，而公司只要加强对市场的监督和考核即可。

（五）突破

每个公司每年有自己的重点区域性市场需要重点突破，最终目的就是要成为该区域市场的第一品牌，否则，这种突破就没有实质性意义。

按照现有的市场竞争格局，在一个区域市场要想运作成为第一品牌，没有前期亏200万元、300万元的心理准备和在市场拼命的霸气，不是毫无起色，就是被做成夹生饭，吃起来不是滋味。当然，重点突破也不是盲目突破，所选中的重点市场要符合公司既定的战略目标，更要符合现有的财力、人力支撑，不是每一个区域市场都是我们想做就都能做成第一品牌的。

（六）坚持

指望三招两式成就第一品牌的梦想已经不现实了，中低价位的品牌也许能够赢得一时的辉煌，但高档品牌的成功绝对不是一蹴而就的，需要时间的沉淀。我们做区域市场也是这样，把自己的品牌特性分析透彻后，就要有耐性熬老汤，慢慢地、一步一个脚印地实现自己第一品牌的梦想。大家只要记住：水烧到99度的时候永远都不能叫开水！

区域市场同样需要3年、5年规划，要在这3~5年的时间里持续地做成某一件事就需要耐心和恒心了。规划要一步一个脚印，不要好高骛远，目标过早实现可能是透支市场资源的行为，起得快倒下去也快。目标迟迟实现不了会打击团队的信心，也有可能被竞争对手抢去先机。

四、区域名酒的凤凰涅槃

普通茅台的终端价格再次上涨。相比茅台的快速发展，五粮液的价格有点尴尬，曾经的白酒市场价格风向标，屡次提价的先行者，终因终端乏力，价格未能随之持续上升，至少与预期相差太远，导致了众多经销商选茅台而弃五粮液远去。对经销商来说，谁的产品好销、谁的产品价差大、赚钱多，主推的目标自然就奔向谁。卖一瓶五粮液赚几十元相比茅台每瓶几百元的利差空间，在同样畅销的情况下，经销商的天平能够倾向谁呢？

茅台高歌猛进，区域强势名酒也没闲着。以洋河为代表的区域强势品牌伴随着行业的快速发展迅速崛起，成为地方白酒势力新代表。有一个现象比较明显，区域强势名酒的崛起一般是其地方中高档产品打造成功并真正沉淀下来的，例如口子窖、古井贡、四特、白云边等，而且这种趋势越来越明显。回头看看，如果不是茅台等全国一线名酒这几年的不断提价，区域强势名酒的崛起还真没有这么快。正因为不断提价，给区域强势名酒留下足够发展空间的同时，也同步带动了白酒消费水平的整体上移，让行业的产品结构调整得到了顺利实施，也与国家经济的快速发展相接轨。

从茅台现有的策略来看，因其资源稀缺性，未来的发展应该会走向奢侈品之路。茅台的价格过千元也不为过，因为这与其品牌和资源的稀缺性是相匹配的。短短几年时间，市场的发展就让预测成为现实。既然是奢侈品，要满足需求就成为奢侈。尽管经济的高速发展让奢侈品消费也走入寻常百姓家，但对比庞大的商务应酬消费，平民消费自然就有了差距。

茅台一旦成了白酒行业的奢侈品，就成了真正的“神”，其一骑绝尘将无人能够追得上。跨入奢侈品行列也让茅台成为白酒行业的“跨界”代表，大大拓宽了茅台的发展道路，到那个时候，就是不喝酒的人也会以家里摆上一瓶茅台为荣，这体现的是家里装修的档次和主人的品位。对行业来说又意味着什么呢？茅台曾经在白酒行业占据的一大块市场份额空了出来，区域强势名酒有了再次上涨和快速发展的空间。

洋河的成功有其产品定位、包装颠覆、团购营销、执行到位的自身努力内因，也有茅台、五粮液前几年持续提价留下的市场空当这个发展机遇的外因。试想一下，如果茅台、五粮液这些国家顶级白酒的代表还在卖两三百元每瓶，同样的价格洋河凭什么能让这么多人选择自己而不选茅台、五粮液呢？可以说，当白酒行业在世纪初从高峰期的800万吨跌落到300多万吨时，茅台、五粮液的相继持续提价为白酒行业赢得了发展空间，让白酒行业站稳脚跟、获得了发展的利润后借机赢得了近几年的复兴。

茅台新一轮的价格上调已经开始，区域名酒的发展是否能够乘上茅台的东风进一步夯实自己的基础，获得新一轮的快速发展就成了各地方强势名酒接下来要重点思考的问题。地方强势名酒究竟该怎样抓住这眼前的机会呢？

（一）300～500元是关键

一线高档白酒品牌虽然不能像茅台那样把价格拉到过千元，但价格继续上涨已经不可避免。在目前的行业环境下，还没有哪个一线高档白酒品牌想故意拉开与茅台的档次差距，自甘茅台之后。

以五粮液、水井坊、国窖为代表的白酒行业超高档品牌一定会把主要价格档次拉高到600～800元的区间，不这样很可能就会像当时的酒鬼酒一样从一线品牌沦为二线品牌。一旦掉出梯队要想重返就不是那么容易的事情了，酒鬼酒出局后折腾了这么多年都未能恢复元气，还有如董酒、汾酒、西凤等曾经的全国老八大、老四大名酒，都已经退缩为区域强势品牌，远离一线阵营好多年。

区域强势名酒在进一步巩固现有的100～300元价格区间优势的同时，应该加快布局300～500元区间的高档白酒品牌，推出自己在该价格段的产品，经过2～3年的培育或许在未来占据这一价格段。当消费档次进一步提升后，区域强势品牌就会成为300～500元价格区间的新流行，在调整产品结构的同时，合理提升企业的经营利润。

高档产品的运作最忌讳的就是跟风，为了推高档产品而推高档产品。没有时间的沉淀，高档产品要想起来简直是痴人说梦。从这个意义上来说，现在开始布局300~500元的高档产品对目前的区域强势白酒企业来说显得更为重要，不能等到这个趋势非常明显时再推自己的高档产品，那样就要落伍三五年了。

（二）根据地市场的夯实

从品牌的定位来看，区域强势品牌的地方特色相对较浓，地理优势也很明显。一旦走出这个地方，品牌不占“天时、地利、人和”的优势时，推广起来十分吃力。

洋河的崛起，其江苏市场贡献了近80%的销售，利润方面更是贡献了90%以上。就算这样，在江苏本土市场，今世缘的销售也超过了20亿元，还有高沟等一大批销售过亿元的企业。尽管洋河收购双沟后，销售额有了倍增，但并未完全占领江苏市场，也就是说洋河的大本营市场，其市场空间还有进一步提升的可能。不管是占领还是收购，洋河可做的文章还是有很多。

汾酒的情况就不一样。就山西市场而言，汾酒的市场占有率应该高达80%以上，这是否意味着汾酒就无所作为了呢？绝对不是，汾酒要做的就是拉高消费档次，持续培育消费者喝好酒的习惯，引导消费者消费更高价位的汾酒产品，而不是单纯地多开发产品去搅乱市场，靠打乱仗挤占市场份额。没有有意识地调整和引导就会成为入侵者的福音，入侵者一旦培育成功，根据地市场很难保得住。

就怕区域强势品牌壮大后的盲目外拓，一旦手上有了点银子，蠢蠢欲动的心就骚动起来。不是说不能外拓，是要有选择、有目的、有策略地外拓。有了点成绩就以为自己无所不能的企业最终都吃了大亏，不是被打回老家就是元气大伤。要成就一个全国性白酒品牌机会微乎其微，但成就一个区域强势品牌或者白酒行业黑马的机会还是很多的。

（三）品牌推广的霸气

茅台采取三年培育一个省级市场的渗透策略，默默坚持终成大器，而区域强势白酒品牌在运作时则可以采用“用三亿元的资源做两亿元的市场”的策略来构建品牌推广的霸气。都是集中资源打下一个市场，茅台的品牌够大气就集中资源打省级市场，而区域强势品牌则是集中资源打下一个地级市场。为什么说是“用三亿元的资源做两亿元的市场”呢？

比如，在长沙市场实现两亿元的销售要花掉5000万元的市场投入费用。为了确保两亿元的战略销售目标实现，在实际操作和推广过程中我们可能要投入8000万元到一亿元的费用（这种投入是针对三个亿的市场规模来制订的）。没有这种霸气，区域白酒品牌很难形成真正的强势，也不会给消费者震撼性的效果。

大凡成功的区域强势白酒品牌基本上遵循了这一推广法则，在品牌的霸气氛围营造方面给消费者和外界的第一印象是很强烈的。

（四）多品牌策略的实施

茅台涨价的影响其实不仅仅表现在中高档品牌方面，对中低档白酒也是一个机会，因为消费趋势的上移不是一两个孤立的价格区间构成的，而是整个价格区间的同步上移。所以，应对及时的区域强势品牌都能够借助茅台的每次提价进一步夯实自己的市场基础，同时也在屡次提价过程中分享到茅台带来的“红利”。

主销产品随着茅台的提价稳步提升自己的价格是最基本的应对策略，除了获得提价后的额外利润，更多的是填补消费趋势上移的空档，防止消费者移情别恋。

茅台的品牌溢价是如此之高，但在推出以茅台命名的啤酒、红酒甚至同属白酒的茅台王子酒时为什么陷入尴尬境地？茅台推出的年份酒系列却一炮而红，越卖越好？最根本的原因就是茅台给消费者的印象就是高端的代名词。尽管茅台自己有意识拉低身份向平民靠拢，但消费者却并不买账，这是多年来的品牌积累沉淀下来的，一时半会改变不了。需要提醒的是，如果看不到这种趋势，执意拉低品牌形象，当消费者一旦形成茅台也不过如此的印象时，茅台的发展就岌岌可危了。所以，茅台的出路就是要往奢侈品的道路上走，用有限的资源获取最大的回报。

地方强势品牌的发展则要反过来，因为区域有限，对应的消费群体也有限，你需要的就是对目标消费群体的无缝隙覆盖。目标是有了，但手法却同样不能“一招鲜，吃遍天”，因为区域消费群体同样有低、中、高之分。用一个品牌覆盖住所有的群体基本上很难做到，这是由消费者对品牌的先入为主印象决定的。

湖北的几个主流白酒品牌，如白云边的销售主要由中高价位构成，枝江的销售则由中低价位构成，稻花香就是一个平民品牌，不是这些品牌没有推出过与自己品牌定位不吻合的产品，而是这些产品在品牌的销售业绩构成中占据的份额太小。

地方强势白酒品牌在无缝隙覆盖市场时一定要学会多品牌策略应对消费者的需求，这样每个品牌都可以做到极致，形成对区域市场消费群体的合围，最大限度放大自己在区域市场的销售。同时单个品牌的失利也不会对企业形成致命的伤害，保护企业的持续、健康发展。

（五）控货稳价的学习

茅台的价格之所以每次都能够顺利上移，与货物投放严格有很大的关系，当然也与近几年有人把收藏茅台作为投资、保值的手段有关（直接导致被消费的茅台减少）。

区域强势品牌在这一点上学得好的还真少。绝大多数是产品好销时一个活动下来恨不得将下面分销商、零售网点的仓库挤满才好，暂时的销售业绩上去了，回头立马就吞下自己的苦果：价格混乱，分销商、零售网点价格倒挂，微利卖货，导致怨声载道。不出多久，价格穿底致使网络拒售，新的品牌乘虚而入，城头变幻大王旗。区域市场最容易形成两三年喝倒一个品牌的现象，基本上是这么一个模式形成的。

靠区域市场为生，就更应该珍惜自己的市场。新品牌的成功已经越来越艰难，但一个品牌的消失却非常容易。既然能够称得上区域强势品牌，说明市场基础是良好的，在这种良好的市场环境下，需要的就是严格控制市场推进节奏，不要盲目求快、求发展速度，要深度了解自己的市场。就像一个健康的人要想长期保持健康的体魄就要学会吃饭只能吃七分饱一样，做市场也要学会适度的饥渴疗法，合理配置货物投放，这样，我们的市场才能长久，我们的价格才能稳定，才能够保证经销商的利润。

茅台的发展最关键的把握了三点：一是资源的稀缺性，茅台加以运用并放大了它；二是持续的高层公关，这是高端白酒赖以成功的关键节点；

三是多年来坚持的控货、稳价，让经销茅台的经销商真正赚了大钱，稳定了一大批铁杆经销“粉丝”。

这三点让茅台的一次次提价有了根基和保障，而一次次提价给了我们一次次的学习机会，也给了行业持续发展的空间，这是行业的幸事，也是行业标杆企业的标杆所在。区域强势白酒品牌如果不抓住这一次次的机会发展壮大自己，当茅台又一次提价时，你落伍的就不仅仅是价格，更可能被其他品牌取而代之。

五、区域市场的颠覆之道

行情好时，大大小小的企业的都有口饭吃；行情不好时，那些平时不怎么练基本功的企业就要大受影响了。业务的萎缩倒在其次，能否生存下去才是最重要的。对白酒行业来说有两类企业在目前的环境下日子仍然比较好过：一是有自己根据地的市场。能够被称为根据地的市场，企业的基本功是很扎实的，一般的风吹草动不能对企业构成根本性的威胁；二是品牌影响力巨大的企业，消费的集中程度在不景气时会更多地向优势品牌倾斜。

有人也许会说，消费不景气只会使消费者把选择更多地抛向那些价格低廉而牌子不怎么响的企业，难道消费者不要省钱？正因为钱少，消费的次数减少，才会让消费者在选择时更慎重，谁会在这个时候让消费者记住并选择？当然是大品牌、知名品牌了！更何况现在的消费者已经不是以前没有启蒙过的消费者了，网络的普及、消费者的受教育程度提高使其自我辨别意识越来越高。

一个大品牌、知名品牌不是一朝一夕就能够打造好的。我们着重谈谈企业如何成功运作好自己的根据地市场，如何实现区域市场的颠覆性发展以帮助企业站稳脚跟。

（一）全力以赴，打造好中、高档产品

洋河在江苏的再度崛起得益于其蓝色经典系列的成功锻造。因为这款产品的成功，洋河不但在江苏实现了咸鱼翻身，更拉开了全国进军的步伐。当然，是否能够真正成为又一个席卷全国的中、高档白酒品牌，我们拭目以待，但至少其凭借中、高档产品的成功再度夯实了自己的根据地市场。

陕西西凤的翻身也是得益于其中、高档产品西凤15年的成功上市。这

款产品不但帮助西凤摆脱了亏损的困境，更是帮助西凤巩固了自己的根据地市场，一跃成为西北老大。

中、高档产品推广的成功会让企业在消费者面前真正树立起能出好酒的形象。低档产品就算能够卖遍全国也难逃消费者最终的嗤之以鼻，至少这个企业没有真正把握住有话语权的那一部分人。

沱牌的发展止步不前就是一个范例，古井贡的多年徘徊也是吃了这个亏。而古井贡通过这两年的大力调整，在自己的中、高档产品推广初见成效后终于重回发展的快车道。

消费者买企业的产品更多的是买一个好印象，中、高档产品就给了企业这么一个好印象。不仅是白酒行业，其他行业也是这样。宝洁公司给消费者的印象就是高端日化产品的制造者，但宝洁推出9.9元/瓶的洗发水袭击乡镇市场时，照样受欢迎，消费者看中的是宝洁出品，至于是不是电视上主推的高端产品已经不重要了。

（二）一网打尽，抓紧优质经销商

能够把这种方式用到极致的当数山西的汾酒。汾酒一年二十几亿元的销售90%是在其根据地市场实现的。山西大大小小有资格成为一级经销商的商家基本上被汾酒厂笼络为自己的代理商，汾酒为此也付出了产品开发滥竽充数的代价。

市场上的优质经销商就那么多，市场的份额也就只有那么大，如果优秀经销商不能为我所用，势必就会成为我们的对手，就算我们能够把他打下去，付出的代价也是极其大的。那么，如何让优秀的经销商为我所用呢？

（1）企业自身的市场影响力。也就是说，在根据地市场要能够做好一两款产品，给这些优秀经销商信心，觉得跟企业走是对的。

（2）边打边谈。朝鲜战争最终能够达成协议，就是志愿军用鲜血换来的，没有一开始对方就愿意和解的，如果这样，战争就不会爆发。企业要根据该经销商经销的竞争对手产品有针对性地推出并大力度运作政策，蚕食该经销商的产品市场。最好是打得它主动放弃竞品的经销权，等这个时候再谈，主动权就在我们这里了。有人可能会纳闷了，难道这么容易让对手放弃？肯定可以做到！根据地市场的战争就是要讲究歼灭原则，一旦瞄准的事情就要不惜代价拿下，决不手软。

（3）为优秀经销商量身定做产品。优秀经销商有自己的队伍和网络，对利润的要求比较高，如果没有自己的专销产品就无法支撑其庞大的运作，积极性也不会很高。因此，量身定做产品就很有必要。同时，不同的经销商产品定位不同也为企业节约了资源，防止了所有的优秀经销商都去哄抢一个价格段位的产品经营权，给竞品以可乘之机。企业也可以借此最大限度挤占市场，进行市场无缝隙覆盖。

（4）树立标杆。只要有一个大家公认的经销商在与企业合作中尝到甜头，就会形成榜样。泸州老窖的某个产品一旦在某个市场形成旺销，其他产品就会蜂拥而入，这个时候市场上的大大小小经销商都会经销一两款带泸州字号的产品去哄抢市场蛋糕。泸州老窖的这种做法可以借鉴，但不能完全效法。尤其是根据地市场，我们要规划好市场，做成铁板市场就要控制产品数量，有定位冲突的产品不能一哄而上，这样不但伤害了市场，也伤害了优秀经销商的利益，弱化其忠诚度。标杆一旦形成，对其他经销商的招安只是时间问题。

没有大批的优秀经销商做后盾，根据地市场的牢靠程度是值得怀疑的，因为战争的威胁每年都会时刻爆发。有了这么一批优秀经销商为我们所用，个别经销商要是想开打，其他的经销商自己就会出力把战争压制下去。

（三）未雨绸缪，运用好多品牌策略

根据地市场使用一种品牌挤占所有的市场份额很不现实，因为消费者档次是不一样的，全民共饮一个白酒品牌在中国是20世纪的事情了。根据地市场使用多品牌策略可以瓦解消费者的选择，满足不同消费人群的潜意识需要。

湖南益阳有一个小型白酒厂家，生产一种叫南洲大曲的白酒，初期定位是中、低档产品，最高峰时在益阳实现过近5000万元的销售，也算是当地第一品牌。当外来品牌攻击其中、高档市场时，为了应对，其用南洲品

牌名推出自己的中、高档产品。因为消费者已经固化了其中、低档品牌的印象，推广得非常吃力，最后市场拱手让给这个外来品牌。这个品牌就是枝江大曲，枝江大曲在益阳估计有6000万元的销售，如果没有更好的升级品牌出现，估计已经到了高峰，难有更大的发展。稻花香在其根据地市场湖北宜昌推出了4~5个品牌哄抢市场，消费者在这些不同品牌的身上已经找到了自己的需要，外来品牌再进来时就很难找到空隙了。

多品牌策略的运用很考验企业的实力和品牌运营管理能力，而且定位不能雷同，一旦雷同就失去了开发的必要。值得担心的是有些企业一旦看到这个品牌运作成功往往就忍不住开发一些与该品牌定位有偏差的产品投放市场，表面看是为了挤占市场，最终还会被市场抛弃。定位一旦发生偏移，消费者是感受得到的，就会逐步抛弃它，好不容易构建的品牌就会成为市场弃儿。

根据地市场多品牌策略的运用也不能太滥，一般不超过4个为宜，最好保持在2~3个，在这个前提下我们需要做好的就是产品的升级换代。

（四）舍我其谁，放大品牌声音

做市场需要有霸气，根据地市场尤其如此。我们的市场推广手段一定是一气呵成的，我们的广告投放一定是让竞争对手胆寒的，我们的营销策略一定是环环相扣的，我们企业的社会价值一定是体现得淋漓尽致的！

没有这些因素在市场上体现，不但竞争对手会经常过来骚扰，消费者也不会感觉到长期消费的理由，更不用说渠道商、网点商的信心了。

安徽宣酒在小小一个宣城就能够实现年销售两亿多元，靠的就是这种对根据地市场不断热炒的霸气。在那里感受到的都是宣酒的气息，竞争品牌的声音不是没有就是微乎其微，两相比较，消费者已经听不到其他白酒品牌的声音了。

（五）政企交融，明确鱼水关系

根据地市场，没有政府的支持就算能够做到第一品牌也是不牢靠的，市场占有率也是相对的。枝江大曲在湖南益阳做到了年销售近6000万元也只能算是相对的第一品牌，因为紧随其后的泸州老窖有两三千万元的销售，湘窖酒业的系列产品也有近三千万元的销售，还有许多其他杂牌的销售也占据了不少市场份额。而且，枝江大曲再往上走就越来越困难了，有单一品牌的因素，更多的是政府的影响。因为没有政府支持，高档产品的推广难度是非常大的，就算枝江在益阳再推出自己的高档品牌去哄抢市场也不是一时能够奏效的。

因此，与政府构建立良好的关系才是企业赖以长期发展并成功推广中、高档产品的根本所在。离开政府的支持就算企业有这个市场运作能力，但所花费的代价也太大了。借势政府做市场不是说去贿赂政府，更不是依靠政府的行政手段干预，而是借助政府的消费带动作用树立消费标杆；借助政府的法律机器净化市场，打击不良企业的假冒伪劣产品，为企业保驾护航，为消费者扫清市场垃圾，喝上放心酒。

区域市场的颠覆之道已经成为白酒企业持续发展并赖以生存的关键节点，大多数白酒企业需要重新审视各自的根据地市场，通过根据地市场的业绩提升来保持企业的稳步健康发展。而企业的市场外拓之路在审慎的经济环境下暂时会收起，毕竟现金的支出需要换回更多的现金，没有这个作保证，任何外拓都是把企业拖向更危险的泥潭！

六、区域市场的运作解剖

姚经理是A品牌的重点样板市场区域经理，深得营销总监张总的赏识，但市场运作中仍然觉得困难重重并在年度考核中没有过关，所负责的样板市场也被竞品频频追击。

出现这种情况当然有很多方面的原因，姚经理认为是公司的支持出了问题，因为他曾经是A品牌的营销王牌。那么究竟是谁的问题？深层次的原因是什么？如果要承担责任的话，姚经理难辞其咎，起码也有80%的责任。浙江市场作为A品牌的年度样板市场，又是张总监力挺和大力支持的王牌市场，从企业的内部环境和外部环境来看都是非常好的，也具有了成功的基本要素，之所以出现滑铁卢般的结局有一些深层次的原因未被总结出来。

现实市场上案例中所说到的事例处处可见，尤其是区域市场和总部之间的不协调，常常成为相互指责的导火线，也是双方没能达成目标的最重要借口。一个成功的区域经理绝对不会受总部和外部环境的牵掣。尤其是需要树标杆市场或者需要重点打造的区域市场的区域经理，在市场运作上更应该得心应手、所向披靡。那么怎样平衡总部和区域市场的不同，成功打造好公司的样板市场？把握好一个最基本的原则即可：我的地盘我做主！

姚经理倒出来的那么多苦水没有一个是站得住脚的！

先说说费用垫付的事情。姚经理说总部要他垫付两个月的市场投入费用，影响了其市场整体推进进度。很多品牌垫付的费用可能两个月还拿不回来！既然是市场上不可避免的事，姚经理最先要做的就是与自己的经销商沟通好相关事宜，碰到一些数额比较大的垫付费用影响了经销商资金周转时就要及时到总部给经销商核销。只要是诚信守诺、正规的公司和企业，在费用报账和核销上是不会拖沓的，更何况姚经理还有样板市场的“军令”和张总监的“尚方宝剑”，完全可以做到一路绿灯。

费用事先规划好的投入项目，在姚经理的年度规划和总部预算中是早已获得通过的，是计划内的费用。这些费用的使用姚经理有充分的自主权，只有那些计划外的费用在使用时才需要向总部进行重新申请。所以，垫付费用不是关键，费用规划的好与否才是掣肘市场推进的绊脚石。

其次，是总部物料拖沓不能到位。姚经理能够调任去做样板市场，说明其在公司的其他区域市场干得不错，深得公司上下的好评。那么像总部物料拖沓的事不应该在他调到样板市场时才发现，在原先的区域市场就应该碰到过。既然如此，物料的投放就要事先计划好本土制作和采购，避免因此造成不必要的损失。虽然总部采购因为量大的缘故价格方面会优惠，但这些优惠不应该成为样板市场推进的阻碍，为了市场的快速反应，哪怕多花一些代价也是值得的。作为总部和张总来说，为了做好样板市场，本来就准备多投一些“弹药”，还会在乎这些价差的蝇头小利?

最后说说样板市场的规划问题。总部的政策过来时，竞争对手已经开始行动了，每次都是仓促迎战。真正能够快速执行的规划，事前就应该考虑好市场上将会预演的一些事情，当然也包括总部批复的拖沓和其他相关影响计划进展的杂事。知道总部办事拖沓，在计划上报时就要把这种时间预估出来，而不是计划一上缴就觉得自己的任务完成了，这完全不是一个优秀的区域经理表现出来的作风。总部的方案总是根据下面区域市场的计划整理而成。所以，姚经理被竞争对手压着打却把责任归咎于总部的拖沓，反省不够，也不是事情的真相。

总部直销公司低价放货影响市场积极性一事倒是要引起张总监的高度关注。这种事情就不是一个区域经理能够管辖和应付得了的：一是事情发生在自己的区域之外；二是总部直辖的市场，其他市场的区域经理根本就了解不到，无法做出事前的应对，而一旦雪崩，对下面市场的冲击往往又是致命的。在市场运作前期，价格体系的好坏直接关系到各个环节的利益。连利益都没有了，谁还来做这种产品呢?

张总监解决这个问题个人以为可从这两方面着手：一是单独开发不同于总部直销公司的市场主销产品，用产品加以区分；二是拉高直销公司产品的操作价格，比下面市场的操作略高即可。

从以上分析可以看出，决策的主动权应该掌握在区域经理手上。总部只是一个服务机构，总部所有的工作就是帮助区域经理实现目标计划，协助区域市场作好区域规划。区域市场的目标实现了，总部的目标也就基本实现了。虽然从行政的角度而言，总部是领导，但这种行政上的领导不能带到区域市场运作上，不能大包大揽。就好像政府和企业的关系，如果政府包揽企业所有的经营事务，企业的发展就会陷入无竞争状态。

“我的地盘我做主”还有一个意思就是，市场我最了解，我们拿出的方案和政策都适应不了区域市场的需要，总部的方案就更加适应不了区域市场的需要了。怎样达成自己的样板市场目标呢？

（一）充分沟通，规划先行

要拿出自己的年度投放方案，与总部充分沟通好实施的具体细节。重点市场的投放有了事先规划，接下来的运作就会避免很多不必要的麻烦。一切按照计划推进，就算出了什么问题，总部也不会把责任一股脑全部推给姚经理。

（二）一言九鼎，说到做到

做事有霸气的区域经理给经销商的信心就是不一样。姚经理有总部和张总监的支持，有些事情完全可以先斩后奏，先执行再申报。市场瞬息万变，能否把握住机会关键在于区域经理的应变能力，要想不被竞争对手压着打，就要随机应变、快速反应，而总部的支持往往是马后炮比较多。这个时候，区域经理的一言九鼎是取得经销商先行支持的关键。

（三）兵马未动，粮草先行

助销物料的储备与总部沟通好后有些应急的完全可以采取当地制作，不要一味等待，没有子弹打仗肯定打不赢。

（四）聚焦核心，集中突破

姚经理商超、餐饮、渠道全线出击，表面上是为了分摊费用，降低费用支出，实际上着力不均，浪费了费用投入。为什么对手的堆码比姚经理的有气势？为什么被对手压着打？做市场需要标杆，费用投入的倾斜上也需要标杆，姚经理不表现出比对手更霸气，市场的“势”是体现不出来的，而做市场就是做“势”！

（五）整体遵循，独立考核

既然姚经理的市场是样板市场，人员的薪酬激励跟别的市场肯定要体现出差别，但这种差别是在遵循总部统一薪酬体系的前提下出现的，最主要的是从模糊奖金发放上体现出来的。样板市场的员工就是要比一般员工奖金要高，这样既不违背总部的标准，也安抚了下属的心，起到了激励团队进取的作用。当然这些福利的争取就要靠姚经理和张总监的沟通了，要能够设置独立的奖金考核体系。不为下属谋取利益是得不到下属拥护的。

（六）以我为主，随机应变

以自己的思想为中心，所有的其他辅助性工具都是为了完成目标而定，是为“我”服务的。中心思想确认，奋斗的目标才能得到确认，其他一切羁绊市场进步的绊脚石才能被搬开，总部的支持也才会落到实处，而不是空头支票。

七、婚宴市场——爱你不容易

婚宴市场之于白酒无疑是重要的，这也是今世缘、贵州喜酒把企业名称和主要的市场推广手段都定位于此的原因。但依靠单一的婚宴定位把企业做到一定规模的，目前仍然屈指可数。

金六福是一个响彻全国的著名婚宴酒品牌，但一开始的定位并不是婚宴酒，而是一款让人在酒桌上先喝起来的品牌。随着喝的人多了，为了扩大市场份额，金六福后期的定位越来越趋向于婚宴市场，从其有一段时间连续推出好几个版本的婚庆电视广告即可看出。

浏阳河日渐式微，加上与中国奥委会停止合作，即饮市场严重萎缩。为了延续品牌的市场影响力，浏阳河把力挺多年的“冠军的酒”改为“浏阳河——中国的喜庆酒”加以推广，目的也是搭上婚宴市场的末班车，抢占一些份额。类似于全兴推520、山东兰陵酒厂推“喜临门”等，则完全是企业看中这块市场后上演的应景之作，是销售的一个有益补充而已，并不能成为企业销售的主角，所占份额也很小，据行业统计也就是20%。所以，全兴和兰陵酒厂做这种事情完全是对的，并没有把宝全部押在一个细分市场上，而是作为众多主销产品的一个补缺。

通常的理解是，白酒行业真正容量最大的市场是喜庆用酒市场，例如婚宴酒、生日宴酒、乔迁酒、会议用酒等，导致很多企业推出相应的细分产品来细分这个市场。但要得到消费者的认可却不是取一个类似的名字就可以的，例如有人推出生日酒，有人还推出会议专用酒等。真正选择这个酒用于生日、会议的人多不多呢？应该很少！你在那里卖力地吆喝，得到的却是消费者的不认同！真正的婚宴市场该如何运作？

（一）顺势而为，不局限自己的定位

对于酒类企业来说，根基最好不要构建在婚宴酒这种单一的定位上。

白酒从本质上来说是一款用来喝的酒，借喝酒完成应酬和某种享受，释放体内的一些情绪。

五粮液、茅台、剑南春这几个行业标杆白酒品牌，它们的定位绝对不是婚宴酒、喜庆酒、会议酒，为什么那么多的人又选择它们作为此类场合的用酒呢？因为品牌的影响力。人们在很多的场合，尤其是体现档次的商务往来中经常点用这些品牌，导致他们在做喜事时也不由自主地选择了它们。

因此，能够让大家喝起来才是白酒走向婚宴酒的最重要一步，也是第一步！

案例：非婚宴酒也能上婚宴

我们的一款蓝盒金牌卖价并不高，也就是40元/瓶左右，整个盒子都是蓝色的，如果往喜庆酒上面靠根本就站不住脚。一开始也从来没有想过这个酒会在婚宴市场上有多大的起色，我们的推广活动都是围绕餐饮消费开展的。当我们成为这个价位餐饮消费的第一品牌时，市场起了变化，大街小巷到处都是选择蓝盒金牌做酒席的消费者，市场的销量也一下子暴增。如果一开始就把蓝盒金牌定位成婚宴喜庆酒，我们可能会得到一个相反的结果，谁会卖一款没有什么名气，包装又不喜庆的酒去做喜宴用酒呢？但当即饮消费市场打开后，结果就变了，因为消费者选择的是一款大家都在喝的产品，是一个大家都了解价位的产品，用这个酒有面子，也让来参加宴会的人觉得有面子。

有面子是消费者选择婚宴酒的又一个重要条件！有面子也是相对的，根据消费者的生活圈子及收入水平来决定，这也是为什么不同价位、不同品牌的白酒都能成为婚宴用酒的原因。当然，随着当地消费环境的改变及相互之间攀比风气的影响，婚宴用酒的档次也在不断上移，企业在推主销产品时要注意观察当地的消费环境和消费趋势。

顺势而为，就是要求企业在谋求自己的主打产品时不要一味局限婚宴酒市场。今世缘把主销产品压在一个单一的细分市场上，很难让企业有一个质的改变。全兴推520是一个不错的主意，因为它的主销产品并不只是靠520完成，520只是借用全兴品牌的影响力安静地分享着目标细分市场，给自己加分、给市场增加销量。

（二）直捣人心，用定制撬开婚宴市场

结婚用什么酒会让人真正记住？那就是定制酒！产品名称不变，在酒瓶的背标贴上新人的结婚照或其他值得纪念的照片，甚至可以写上一段话。作为新人的纪念，一摆上酒桌肯定会让人记忆犹新，那些有心摆酒的人会牢牢记住你的创意，也会产生新的模仿。你的品牌力哪怕弱一点，甚至不出名的酒都可以，还可以直接把这种酒的命名权交给新郎新娘来决定。例如，你的品牌是双喜，新郎叫华生，这个定制的婚宴酒就可以取名为双喜华生酒，把双喜两个字缩小，华生两个字放大，突出华生这个记忆点，使参加宴会的宾客一下子就记住主宾。

有必要点出的是，做婚宴定制时要跟定酒的人谈一个必要条件，那就是每桌必须摆上一张企业对定制婚宴酒的宣传单，给企业做做宣传。DM单配实物对照，消费者的印象更深刻，也给那些下次有心采纳的消费者一个咨询电话，方便找到我们，一定要把握这个免费的广告宣传机会。

婚宴定制酒在推广时一定要设置门槛，明确什么数量开始起定。这种定制酒不能产生退货要跟消费者讲清楚，避免后来的扯皮、闹矛盾，让喜事变成坏事。相对来说，小企业做这种事反应速度较快，大企业需要协调的关系较多，比较麻烦，但大企业在推广新品时可以分阶段完成这些工作，尤其是一些标准化的工作可以统一使用，需要的只是组合、组装，速度就快很多。

定制酒最重要的是抓住了人心，增强产品的纪念意义。文化的东西更多一些，也是一种自我个性表达方式，对80后新一代结婚人群的影响是比较好的，他们也是目前婚宴市场的主力军。

（三）定期促销，把握时间上的节点

每年的婚宴高峰集中在“五一”、“十一”、元旦及春节前，平时不多，因此婚宴用酒推广必须抓牢这几个时间段。

宣传一般都有滞后性，信息量越大，滞后性越长，所以推广活动一般在高峰期的前一个月就要开始启动。要抓“十一”的婚宴市场，最迟在9月1日就要启动促销活动，让消费者有一个逐步接受的过程。同时，有些消费者习惯提前一两个月就开始订酒，启动过晚会影响他们的选择。如果是定制酒更应该提前宣传，因为要留制作时间，不可能当天定、当天就能做好。

现在的消费者都患上了促销依赖症，不管什么品牌，有促销就能够动销一点，没有促销基本上死水一潭。因此，你的促销方案要提前出台，促销方式可以多样化，促销力度倒不是越大越好，而是根据品牌的影响力大小来做适当调整。

行业里面有些俗语，“月月有主题，周周有促销”；“平时有菜吃，年节有肉吃”等都是对消费者依赖促销的一个形象写照。如果不抓住这几个旺销季节，你丢失的不仅仅是销量，很有可能连整个市场都一起丢掉了。

（四）别出心裁，注意促销的手段

定制酒从本质上来说也是一种促销手段，只是通过某种概念的转换变成消费者的需要，成为一种产品的别名。更多的婚宴促销手段都可以使用出来，目前的婚宴促销要注意感性与理性相结合，单纯的物欲刺激有让产品价格穿底、经销商无利可图之忧；而单纯的感性刺激又往往让人觉得实惠不足，淡化了进一步选择的冲动。

案例：只有商家用心，顾客才能开心

某全国连锁家电卖场的MP4促销给我留下了深刻的印象。方式其实很简单，购买该品牌的MP4可获赠一个小音箱外加一支价值18元的玫瑰花。行业人士都知道，赠品的价值充其量不过20元（玫瑰花在广州的花市批发1元钱可以拿3~5支，小音箱也就是20元以内的成本），而一台MP4卖价超过了500元，促销的力度实际不到4%，应该算是很低。但高明之处就是把促销的感性和理性概念都用上去了，感性是玫瑰花、理性是小音箱。2月14日是情人节，非常好的结合点，花小钱做大促

销，让人记忆深刻，也打动了消费者的心。该品牌柜台前其他几个品牌MP4的销售却非常冷清。我事先进场前想到的绝对不是这个品牌，而是号称全国最畅销的那个品牌，但这种促销方式打动了我。与我同样在那天选择了这个品牌的消费者应该也是这个理由，起码是最主要的理由。

别出心裁的促销方式对婚宴用酒的撬动作用是非常明显的。目前能够用的除了常规的酒席套餐制（指购买一瓶白酒可以配上一瓶红酒、一瓶饮料、两瓶啤酒、一包香烟等理性促销方式），还可以加上一些赠送拱门、赠送迎亲花车（要有档次的花车或者有特色的花车）、赠送结婚纪念照、赠送美容、健身卡等感性的东西。关键是我们要向上述品牌的MP4做促销那样，把账算清，利益点摆明。

（五）持之以恒，不放弃即饮消费市场

产品定位一旦走得太窄，后续的推广就没有底气，尤其是婚宴市场。金六福、今世缘这些大品牌是这样，还有那么多不出名的品牌就更不用说了。丢失即饮市场，婚宴酒的推广就不能走多远。最好的推广就是让畅销产品走向婚宴市场，但又不模糊其既有的定位，仍然是餐饮市场的宠儿，这样既能扩充其销量，又能够避免品牌掉入单一婚宴推广的陷阱。

开口笑的品牌定位是成为湖南中、高档白酒第一品牌。要达到这个目标，首先是撬动即饮消费，直接借助开口笑这个品牌先天的好名字去推广婚宴酒，就是让消费者模糊品牌定位，因此前期的推广绝对没有往这上面靠。但是，目前开口笑的中、高档品牌形象已经树立，再阶段性地推出一些婚宴促销活动配合销量的提升却是必须的，可以形成酒席市场的潮流。

一定要注意，这种引导只能是阶段性的，重点还是要抓即饮消费和团购市场。通过即饮消费的持续带动影响婚宴市场，抢占市场份额，延续品牌持久、鲜活的生命力。茅台、五粮液、剑南春历经多年仍然可以看到婚宴市场上有他们频繁的身影，根本原因是即饮消费的持续存在！

婚宴用酒的新推广，关键是要走出误区，不要人为地被一个广大的市场迷惑双眼。有些市场看起来很大，但不是一脚进去就能够抢占得了的，在认清自己的实力和定位后再用适当的方法或许可以有新的收获。

八、省外市场——距离产生美

洋河、郎酒近几年的成功给行业带来很大的震动，尤其是洋河的蓝色风暴及郎酒在市场扩张上采取的群狼战术更是成为各酒企纷纷效仿的标杆。其实，行业的发展本来就是一个不断创新的过程，只是这个主角是洋河、郎酒，还是口子窖、汾酒，则要由行业的整体环境及社会大环境来决定。

市场经济放开后，酒类的发展速度非常快。二十世纪九十年代初孔府家、孔府宴的成功是典型的广告酒成功案例，当时国内市场的酒企比拼的就是谁的广告投放多，谁的声音最大。全国一下子冒出了非常多的名牌产品，及至山东秦池将广告酒泡沫吹灭，才结束广告一枝独秀的局面。

从小糊涂仙的成功得到了两个启示：抢占酒店终端，开创了中档酒畅销局面。后来的口子窖将这一推广手段模式化，总结出了盘中盘推广方式，一时成为行业的经典教父；酒鬼酒用全国最贵的白酒出击高端酒市场，配合其文化酒营销宣传，迅速成为行业的高端酒新贵。

五粮液、水井坊摸到这个规律后，将这一手段运用得炉火纯青，同样一举成功。五粮液成就了其20年的酒业帝王梦想，营销顾问的盛行点燃了团购的导火线，但真正将团购工作做到顶级水平的，则是成为国酒的茅台。在季老爷子的带领下，茅台的团购工作持续地从高层、军队着手，硬是在全国浓香一片红的情况下，凭借坚守的酱香风格超越五粮液重新夺回失去多年的头把交椅，成为行业新的高端酒王者。

时移世易，大浪淘沙，曾经的很多标杆已经离我们渐行渐远，甚至从视线中消失，但各领风骚三五年是我们的古训。当行业的目光向洋河、郎酒聚焦时，恐怕就有了英雄迟暮的危机感了。不是危言耸听，太多的案例已经给了我们血淋淋的教训。洋河成功依赖的是什么？郎酒成功依赖的是什么？当我们拨开事物罩着的面纱探求背后的本质时就会发现真相可能并不是大家想象的那么简单。全国市场已经越来越难做，许多曾经的全国性品牌或半全国性品牌不是已经销声匿迹就是被打回老家，例如赤水河、天士力、浏阳河、口子窖等品牌，如果还自话自说是全国性品牌就只能让行业蒙羞了。

那么，目前的行业环境下，怎么样能够像洋河、郎酒那样重启全国化的道路？

（一）产品的差异化

有的白酒品牌对口感进行生硬描述或专业化描述，让人半天也没整明白向消费者传达的是一个什么样的信息。

洋河的蓝色包装引领了行业新风尚，开创的绵柔口感，第一次让消费者对白酒有了感性的认知。这种产品风格和表现方式刚好契合了时下流行的体验营销和感官、图画营销，符合时代潮流，也使得它迅速成为消费者的追捧对象。

郎酒的产品差异化则主要体现在其香型及历史名酒沉淀上，抓住了茅台崛起后价格不断上涨带来的产品断层空缺，属于典型的跟随性产品差异化。也就是说，郎酒的产品差异化是在与主流品牌茅台保持一致的前提下，与市场上众多非主流品牌体现出来的差异，抢占的是茅台不能满足的一大片消费空档市场，属于历史性机遇。

在开拓省外市场时如果不从产品差异化、市场特性入手开发产品，成功概率相当小。或者就是成功了，先发优势很快就会被后来者填平，从各白酒品牌的成功中很容易就能够找到这个规律。

（二）营销模式的差异化

同样要结合行业发展的大势来开展才会有事半功倍的效果。口子窖外拓采取的盘中盘模式为其撬开了南京、陕西等外省市场，尽管这种胜利果实到后来没有保住，但这种模式的差异化为其省外市场的开发带来了快速效果却已经是不争的事实。同样的事情在小糊涂仙、浏阳河等品牌身上也得到了印证。

除了产品差异化外，营销模式的差异化也帮了洋河的大忙。当时行业的团购营销还处在摸索阶段，许多品牌对此仍然没有总结出一套系统的理论，但凭感觉走上了试点并且取得了较好的效果。洋河把握了行业先机，率先在江苏市场开展了省部级领导大公关活动，取得了非常明显的效果。江苏市场得到夯实后，洋河遵循了这一推广模式在专业咨询公司的帮助下整理出了符合本企业实际情况的团购操作手册。这种从消费者拉动反向操作的营销模式使它的价格体系得到了稳定，而价格体系的稳定又导致了流通渠道的主推，爆发效应非常明显。

营销模式差异化对外省市场的开发前期帮助非常大，做不到这一点，你又凭什么与已经成为当地市场老大的品牌去较劲呢？

（三）对省外酒类企业的收购

省外市场的开发难度越来越大，开发成本越来越高，有时就是投入几千万元、上亿元的开发成本，也不见得有一个良好的回报。这既跟地方名酒崛起的整体大环境有关，也跟消费者的理性回归有关系。与其拿几千万元的开发费用去做一些不能肯定得到回报的事情，还不如收购一家地方酒类企业，借助其良好的社会资源和品牌历史沉淀资源去运作该省外市场，这样把握性更强，市场费用也低，还能够得到地方政府的支持。

华泽集团收购地方酒厂基本上是这一战略思想的体现。贵州青酒收购湖南怀化的锦江春，水井坊收购湖南益阳的南洲，泸州收购湖南的武陵酒厂等都可以看到这种模式的盛行。泸州在湖南畅销这么多年，对武陵的收购也帮了大忙。

借用资本和品牌影响力去收购外省的白酒企业来扩张自己的市场份额。这种模式虽然利益点多，但收购企业的整合能力一定要强，尤其是企业文化的整合能力，要不然水土不服，白花花的银子花掉不说，市场仍然没有起色，收购成了包袱就得不偿失了。不过在目前的环境下，尤其是地方名酒整体复苏的大环境下，应该是机遇多过风险，关键是步伐要快，收购后的市场推进起色要快。如果等到消费风向转变再开工，你就是踩到股市的高点，掉下来会很疼。

（四）边际市场的开发

遵循边际市场开发效应运作省外市场是许多白酒品牌的惯用手法：一是这些省外市场临近自己的酒厂，民风民情都吻合、消费习性也接近，成功的可能性较大；二是企业的开发成本较低，费用的可控性较强，就算没有开发成功也不会让企业大伤元气；三是开发成功后的胜利果实较容易得到保护，不会在市场撬开后被别的企业偷摘胜利果实，人力、物力跟得上。

湖北的枝江、白云边开发湖南市场就是这一思想的典型体现。枝江在湖南与湖北接壤的岳阳、常德、益阳三个地级市场的销售就超过了一亿元，成为枝江外拓最先过亿元并得到了持续发展的外省市场。白云边在湖南与湖北接壤的几个县级市场发力，获得的销售就超过了2000万元，因为都是中、高端产品，企业的利润非常可观。

江西的四特在开发湖南市场时同样遵循了边际市场开发理念，选择从靠近江西的湖南株洲县级市场入手，这两年也取得了明显的效果；贵州的小豹子选择的是从与贵州临近的湖南怀化着手，也曾经成为怀化市场的第一品牌。

边际市场开发还要遵循循序渐进的方式，开发一个巩固一个。因为对大多的企业来说，开发资金毕竟是有限的，不可能将自己周边的外省市场全部开发完，这不符合市场开发中资源聚焦的原则。同样的道理，开发边际市场时还要考虑边际市场的竞争环境，当地的地方企业是否够强势，开发的成本有多大等都要事先评估，打市场最忌讳的就是脑袋一拍的盲目冲动。

（五）战略市场强攻

有些企业所在的竞争环境非常恶劣，或者自身的发展已经达到了一个高峰，已经明显的后劲不足，这个时候的外拓就是企业战略发展的需要。但外拓的战略市场该如何选择？究竟怎么打开外省战略市场？

安徽迎驾在安徽已经彻底消灭了5000万元的地级市场，洋河在本省的销售已经突破30亿元，企业的本省市场发展空间阻力加大，竞争进入了胶着状态，这个时候外拓就非常必要。

一般来说，企业选择外省战略市场时一是要关注是否有足够强势的地方酒企或全国性酒企，尤其是这些企业的产品定位与自己雷同时，更要慎之又慎；二是尽量错开其他品牌的根据地市场进攻，这种进攻所花费的代价太大，竞争也过于惨烈；三是自身要配备足够的人才和资金储备，要有打持久战的决心和耐心。

广东市场、浙江市场成为很多品牌选择的外省战略机会型市场，因为它们都符合战略市场选择的要素。这些市场也成就了稻花香、泰山特曲、皖酒王、伊力特曲等品牌省外淘金的梦想，引得无数企业竞折腰。前几年河南、山东、陕西也一度成为外来品牌的乐土，也验证了上述分析，因为前几年河南、山东、陕西的本土白酒企业集体失声，导致外来白酒企业长驱直入，迅速占领。随着近两年的不断收复，这些市场重回地方酒企的怀抱后，外来品牌的开发才慢了下来。

我在这里想提醒大家的是，不要因为洋河、郎酒的成功就盲目掀起外省市场开发的浪潮。任何企业的成功都是不可复制的，借鉴也许可以带来一些小小的安慰，但绝对带不来持续、长久的荣耀。

当五粮液成为标杆超越茅台时，有谁会想到如今的茅台会进行反超，重新构建起新的“神话”？口子窖一度成为行业学习的榜样，目前销量仍然不断增长，但其被打回安徽老家的现实却让行业唏嘘不已。

外省市场的开发对绝大多数的地方酒企来说都是一条荆棘满布的坎坷之途。轻言外拓，消耗掉的不仅仅是真金白银，可能危及企业生存的基石。因为你在外拓的同时，“敌人”可能正对你那尚未牢固的根据地市场虎视眈眈，他的猛虎一击很可能就此要了你的“命”。

一个企业一旦成了神话就被人供奉起来，脱离了大众，也就失去了了解大众思想的机会，也意味着离市场越来越远。从这个意义上来说，不管是洋河还是茅台，希望不要被行业神化，谁能肯定下一个十年，这个神话会继续得以延续呢？我们毕竟处在一个英雄辈出的历史发展机遇最好的年代里！

第五章

让旺季更旺、淡季不淡

一、旺季销售六大任务

学生时代有一句名言是“大考大玩，小考小玩，不考不玩”。说的就是面临期终考试甚至高考这样的重大考试时更加要多休息，以养精蓄锐，考出好成绩；而面对平时的小考试也要适度休息，不要光顾复习，忘了休息，影响考试成绩；只有平时没有考试时才是操练基本功的时机，这个时候就要废寝忘食，为考试储备“粮食”。我们的白酒销售，其实也是这样，淡季做基础，旺季做销量。

各个厂家和品牌都指望旺季销售能够有个好收成，怪招迭出无所不用其极。只是旺季的脚步也很快，能否抓住有利时机达成我们的目标则要检验一个厂家或品牌的基本功到底练得怎么样了。下面的一些应对是一些常规的方法，或许对旺季销售有所启迪。

（一）压库

基本上没有旺季不做压库的厂家，就是茅台、五粮液这样的大品牌，在借用淡季进行控货以拉升价格后，也逐步加大了货物投放速度。控货的目的最终也是为了多卖货、卖高价货。

压库要压分销渠道、酒店终端和团购单位的货，不是压在总经销的仓库里。许多厂家把政策推出后就逼迫总经销打款，款一打、货一发就认为旺季销售已经做完，可以回家睡觉了。如果这个总经销势力够强大、运作能力够强，可能也就罢了，但绝大多数的经销商是要等着厂家的帮忙和支持才能完成市场推进的。

压库不但不能让总经销的仓库里有积压，还要控制其仓库库存，坚决杜绝经销商贪利主动多压库，既给倒货、砸价埋下隐患，也给来年的销售制造了麻烦，影响了来年的真实损益。我们的一个红旗标杆市场就因为对总经销压货过猛导致市场崩盘，到现在还在解决遗留问题。当初的压货已经给出了很大的支持力度，现在处理库存积压还要再花一笔钱，这就是浪费了。

借用旺季主动帮总经销对货物进行分销，让我们的分销商、网点、酒店、团购单位尽可能多地压一些货，而且要勤加检查和拜访，不能形成虚假压货。

（二）清库

与压库相对应的就是清库。每个企业和品牌因为种种原因都有一些积压的产品或滞销品，这些产品在平时很难销售或销售非常缓慢，随着旺季到来如果不加以处理，又将在仓库里继续沉睡。

清库时要对产品进行分类，弄清哪些是有些赚头就可以销售、处理的，哪些是保本就可以处理的。有些产品放在我们自己的仓库里不但不能体现利润，还要支付仓库租金及人员管理费，这个时候就是白送给经销商也是值得的，在节约仓库租金及管理费的同时，至少还能得到经销商的感激。

另外要做足充分的市场调研，摸清哪些经销商适合销售积压产品，争取把积压产品分品类甚至单品交给不同的经销商独家处理，这样既可维护价格体系的稳定，不会因为是处理货盲目砸价影响各自的收益，又保护了这个接货经销商的利益。

（三）涨价

这是名酒茅台、五粮液及名烟如芙蓉王等品牌的惯用手法。每年的旺季，尤其是春节前一两个月，这些品牌就会提价，通过涨价来拉升利润，刺激市场，鼓励渠道适当囤货。

地方产品因为在地方的强势完全可以借鉴这个做法，拿出自己的主销产品进行涨价促销，既节约了市场促销费用，提高了产品的利润率，还可以给渠道更强大的信心。而这款涨价产品将形成今年的旺季流行，制造市场热点。

涨价要注意幅度，不能全线涨，以几个畅销单品为主就可以了。涨价的地盘也要评估好，不适宜涨价的地方要有所控制，不能盲目涨价，就算为了统一政策，在具体支持上也要加大力度，消化涨价带来的压力。

（四）推广

对大多数的酒企而言，像茅台、五粮液那样对消费者强势是不现实的。随着商家对消费者越来越宠，没有推广和促销的产品很难让消费者产生购买欲望。行业里面有句俗语是“平时有饭吃，过年有肉吃”，说的就是平时给消费者可以搞些小恩小惠，到了旺季就要适当加大力度，让消费者感觉到像过年吃肉那样舒服、满足。

大多数酒企的竞争焦点都集中在中、低档产品，满足的是大众消费群的需要，这就需要倚重推广的力量。做活动推广时要注意几个关键节点：

一是好的推广主题，要让消费者看到这个主题耳目一新，最好是过目不忘，同时主题要与活动内容相契合，不能跑题；

二是活动的重心要兼顾消费者和活动网点的双重利益，消费者的重心要适当大些，单个利益点的推广活动是没有吸引力和效果的；

三是做足活动的宣传、造势工作，让消费者、渠道能够感觉到活动的影响力。这样才能提升他们的信心和积极性，活动的效果方可最大化。

（五）招商

白酒的淡季招商是强势企业、强势品牌的游戏，而旺季招商更多的是从纯销售的角度来进行的。白酒的需求是现实的，追求高利润的经销商无时无刻不存在，这就为招商的有效进行打下了“群众”基础。

旺季招商更讲究门当户对，这个时候去谈什么招大商就有点自欺欺人了，因为等你与大经销商谈好条件，这个旺季恐怕就过完了。旺季的一杯羹都丢了，很多企业来年能否生存下去都不明朗。所以，旺季快速招来适合自己品牌发展的经销商即可，不要盲目求大，更不要好高骛远。出手要快、下手要狠、门槛要低，前提就是算好自己的账，不要怕经销商多赚钱。旺季招商想让经销商短期内动心接你的产品，没有高利润做支撑谁会进“圈套”呢？

当然，旺季招商不是丧失原则去坑、蒙、拐、骗，缺德的事千万不要去干。合理地支持，不信口开河，按合同和约定办事，就算最后有那么一点不愉快，经销商也不会把怨气撒在我们身上。

（六）激励

打仗主要是靠队伍，虽然现在以高、精、尖武器赢得战争的胜利，但这些武器的操控还是需要人来进行研发和掌控的。

旺季销售主要是发挥销售队伍的积极性，除了精神激励、升职诱惑外，实实在在的物质激励是必不可少的。可以设立旺季销售的各种奖励，鼓励员工多超任务，积极完成销售指标，例如可以设立市场快速成长奖、净销售增长优秀奖、新品招商奖、联谊会组织奖等，甚至为了让后勤部门也加入进来，强化旺季的服务，不拖销售工作的后腿，还可以设立服务明星奖、市场管理优胜奖，等等。

这个时候的奖励要有一定的刺激性，因为旺季销售一旦丢失，整个年度销售都会受影响，所以，不要怕员工多得钱，因为员工多得钱意味着销售更大的进步，收获更多。当然，需要避免的是一些员工借用旺季激励过度透支市场的行为，一旦发现要严惩不贷，毕竟我们的市场是要天天供给我们饭吃的，不是吃了这餐就不吃了。

旺季销售的最终目的是要实现量的爆发式增长。没有平时的基本功做基础，这个爆发式增长就是一句空话。上述方法的推行能够有效果也是有前提的，任何投机取巧的旺季上量方式都是骗人的把戏，在现在这个营销精细化的年代，经受不住时间的检验。

二、旺季打好“压货战”

忙正月，耍二月，累死累活十二月。这是对生意人的真实写照，也意味着一年中最旺的销售旺季已经来临，对于白酒行业来说尤其如此。对很多品牌来说，春节前两个月的销售会占到其整个年度销售的50%以上。之所以如此，除了春节前两个月的正常消费确实比平时多以外，白酒企业在旺季来临时开展的压货大战才是其销售突然间暴涨的真正原因。

那么旺季来临时企业为什么热衷于压货？企业怎么样才能够打好这场旺季压货战？不压货是否可行？

压货的目的有这么几点：

（1）挤占渠道资金，将渠道的眼光更多地吸引到自己的品牌身上；

（2）挤占市场份额，通过压货让利，尽可能在旺季提升企业的销售；

（3）应对竞争品牌，对手在干这个活，我们不干，市场就会被竞争对手抢去；

（4）消化库存，将一些平时不怎么动销的边缘产品借助这个旺季进行清理，要么一次性打包给经销商，要么作为压货的赠品送掉，以清空不合理库存；

（5）缓解企业经营压力，借助压货的销售提升，前几个月的辛苦度日期望在这个时候获得回报。

目的虽然清楚了，怎么做好它呢？

（一）将货压给二批商和零售点

在公司争取政策后往一级商手里一交是最愚蠢的做法，说明这种区域经理和业务员不动脑筋或者根本不懂业务。当然，不打算在一家公司长期干下去的业务员不在此列，是典型的借助旺季捞一把就走，就不可能考虑明年的市场怎么做的问题了。

旺季压货就是要将一级商和企业的仓库腾空，让更多的网点将货物进行快速分流，被更多的消费者消费掉，讲究的是点多面广。如果仅仅是套一级商的钱，导致本来一两个月就可以消化的货物大半年甚至一年都不能消化，既影响了市场的正常推进和拓展，也占用了经销商的正常周转资金，最终吃亏的还是企业和经销商。因此，一级商在旺季压货战中要充分领会企业的意图，更不要贪图小便宜，配合厂家在旺季来临时将货物尽可能地进行点多面广分流。

案例：贪小便宜必吃大亏

笔者在实施淡季逆向铺市拓网点时，曾对自己运作的某白酒给予了较大力度的铺市政策支持。当初跟经销商约定是一个月拓展800家网点，每个网点给1~2件货，本次铺市最多给予1200件货物。跟经销商和区域经理都做了沟通，大家也非常认可。后来因为岗位变动，就移交给另一个同事开展，该同事急于出成绩，动员经销商一次性打了8000件货物，将货物囤积在仓库里。

大半年后，我去拜访该经销商时，仓库里还有近4000件的货物，他后悔不已。如果将这积压的100多万元资金用于旺季（该经销商还做了饮料和啤酒）周转，贪图的政策优惠早就挣回来了，还不用占用这么多的仓库、租金。旺季压货时也是如此，千万不要贪图一时的销售和政策将好事变成坏事。

（二）将货压给单位

年底时各个单位都要聚会，年终总结、年终考评、新年聚餐等，按照中国人的习惯，值得纪念的就会抓住机会吃一顿，尤其是不用自己掏钱时，更是积极响应。

将货压给单位有一个好处就是不用担心价格体系的崩溃，而且不用担心造成退换货（尽管也有这种现象，但都是个别的）。现在的白酒品牌都在做单位、做团购，不像前几年那么容易沟通了，而单位的胃口也变得越来越大。我们在将货压给单位时除了正常的客情维护，还要考虑一些利益诱惑，例如赠品的新颖与否、赠品为谁设计，该考虑单位里哪几个关键人物的利益等。最忌讳的就是直接打价格战，不但于事无补，可能还会带来副作用，因为打断了其中的利益链条。没有了价格支撑，那些关键人物的好处谁给？那些赠品从哪里来？一定要设计好各个环节的利益，不做既得罪人自己又不占便宜的事情。

（三）将货压给酒店

压给酒店的货以自己没有买断的酒店为主，或者适合酒店快速消费的小瓶酒为主。如果一个酒店本来就是企业或者经销商出了钱买断，或者有促销员在推销，你还去加大力度做压货就是傻瓜了。因为压得再多、力度再大也是需要自己去慢慢卖掉，酒店根本不用担心积压，这等于是企业对酒店的投入继续加大，没有实际意义。但对于非促酒店和没有费用投入的酒店，如果能够将货压给他们，他们会想办法推销掉，这等于我们多了一些义务推销员。

一般来说，B、C 类酒店是我们旺季压货的重要目标。选择适合这些酒店的产品来做压货活动才会吸引酒店的参与。同时，赠品尽量选择酒店适用的，不要图方便与渠道赠品相同。同时，针对酒店的压货可以将力度适当加大，比渠道力度略大一些即可。关键是不能让赠品快速变现，并控制酒店的进货量，不要让压给酒店的货流到渠道，从而影响自己的价格体系。

一定要杜绝虚假压货，防止渠道和酒店联手搞鬼。因为每个酒店都有自己较固定的供货渠道，一旦酒店将这个信息透露给自己的供货商，供货商贪图利益有时也会反过来请酒店帮忙，让酒店分一些货物给自己，流向渠道，砸烂了市场价格。因此，一定要控制货物数量，根据该酒店的月度生意和真实销售情况进行货物分配。

（四）反向压货

反向压货就是涨价。旺季来临时对市面上销售比较好的产品进行涨价并限量供给，既保护了企业利益，又维护了市场秩序。同时这种旺销的势头会带动其他非主流产品的销售。

反向压货最重要的就是做好货物控制和分配，千万不能看到市场形势红火就大量抛货，最终害人害己。对于笔者来说，最喜欢做的就是反向压货，“做营销的最高境界就是没货卖，做促销最好的方式就是涨价！”我一直将之作为营销生涯中遵循的基准原则在执行，而且屡试不爽。持续关注基础工作、关注消费者拉动，一旦产品形成旺销，反向压货就要经常运用，在旺季到来时更要毫不犹豫地举起反向压货的大旗，让经销商、网点、消费者都围着你的反向压货政策转。

（五）将边缘产品压到竞争对手的阵地中去

每个企业在年关来临时都急于把仓库中积压的滞销品甩出去。但年关来临时，也是杂牌产品最为活跃的时候，他们不求销量，只求能够赚点过年钱回家过年。对于这种对手，边缘产品正好帮了我们的忙，渠道不卖你这种产品就卖竞争对手的产品，这时候就看谁的政策更到位，谁给网点的利润空间更大。

作为企业的边缘产品，既然对主销产品影响不大，就不妨加大力度将货压给网点和有卖货能力、喜欢追寻高利润的经销商。相比杂牌，我们的产品虽然是边缘产品，但服务和产品质量是看得见，有保障的。所以，边缘产品的压货在带给企业销售和挤占旺季市场份额好处的同时，还可以打击杂牌对手，协调好与某些有卖货能力、追求高利润经销商的关系。

边缘产品的压货要控制网点数量。不要四处撒网，不求销售最大化，而是追求给到经销商利润最大化。在一个市场上找几个有门面零售能力、对公司主销产品不感冒（因为价格透明、利润低）的网络商进行压货。

压货虽然好，但也要注意一些风险，防范因压货给企业、市场造成伤害。以下几点是我们在压货时需要重点关注的：

（一）注意压货的数量

不管什么样的政策，不管渠道对企业压货时的欢迎程度怎么样，哪怕出现抢货的局面，也要控制货物的投放数量，不能因为受欢迎就去做过度挤压的事情。

一般来说，旺季压货的数量以不超过其一个半月的整体销售量为宜，过多会影响价格及接下来的销售推进。一次压货半年不卖货对市场的伤害特别大，也会打击团队的士气和战斗力。

（二）注意压货的品种

低端产品和高端产品的压货手法是不一样的。低端产品讲究点多面广，追求数量和销量；高端产品讲究精准打击，虽然也有量的要求，但是次要的。高端产品不能一次压货超过当月销售，比当月销售需求略低才好。

在渠道选择上，高端产品重在对单位的压货，中、低档产品重在挤压渠道和 B、C 类酒店的销售。

（三）注意总经销的政策截留

总经销贪图利益自己囤积货物是形成虚假销售的罪魁祸首。控制销售不被总经销商忽悠，需要驻地业务员和区域经理熟悉市场业务，对经销商的管控到位。实在需要一点货物，你碍于情面又不好拒绝也要控制数量，不能给得太多。

总经销压货纯粹是想多挣一点钱，对市场推进没有任何好处。

（四）注意货物的渐次发放

为了控制好价格不能将货物一次性全部放出去，说什么没有货物就不付钱的网点根本就不要搭理他。

政策出台后，根据预先估计的数量，网络商的钱可以先收上来，但货物要分批、分期发放下去。不让网络商一次性将货拉到仓库里囤积起来，如山的货物最容易诱惑倒、窜货事件的发生。而作为厂家，就要做好一级商的工作，不要贪图方便、害怕增加送货成本就将货物一次性送到网络商的仓库里。

（五）注意氛围营造

如果不做好持续的消费拉动等基础工作，以为任务完成就可以万事大吉的人，明年的日子就会很难过。因此，持续基础工作应该成为压货战后的重点工作。可以加强酒店客情公关，加强核心网点的联谊等。借助旺季的良好销售，构建与网点的客情为来年的市场运作打好基础，同时关注那些货物销售缓慢的网点，适当进行协调。将货调剂到那些卖货能力强、分销快的网点，而不是再给一次政策去支持。

旺季压货战要注意的事项最基本的也就是上述几点。明白了目的，弄清了怎么样才能将货压下去，并给自己的压货设置一些门槛，提高自己的关注度，压货工作就会做得到位，赢取旺季销售胜利。

三、旺季库存处理法

旺季到来了，除了忙于正常的销售、分货工作外，历年积压的货物也可以借机顺利清理出去，一方面为各自的仓库减压，另一方面也可以为企业消除不良资产隐患，避免出现虚假资产。下面跟大家沟通几种方法，也是我们目前正在使用或者已经取得效果的方法，也许能为大家旺季的清库工作带来帮助。

（一）礼盒产品优先、尽快清理

礼盒产品的销售季节性非常强。往年还有端午、中秋、春节三个传统的销售节气，但近一两年这种趋势越发集中到春节。端午和中秋这两个节日的销量已经变得非常有限，甚至基本不销售了。如果不能把握好春节旺季把礼盒产品处理掉，就会积压到下一个春节。消费者对礼盒产品的生产日期很敏感，一般不会选择不是最新日期的产品，对保健酒的礼盒产品来说更是如此。

企业有积压的礼盒成品、包装物，仓库里还有各个市场退回来的快到保质期的各种各样的礼盒。这些礼盒，我们应该本着常规礼盒慎重生产，没有订单坚决不生产的原则合理投放市场；而对积压产品、以后不打算再销售的产品则应该要求提货的经销商签订不退换货协议书，拿出较大的力度处理给经销商。一是让经销商能够有合理的利润，二是让经销商不要盲目提货，以免出现销售不畅再次退货形成新的积压（许多经销商跟某些企业合作就是看中其良好的信誉，不会让经销商吃亏，卖不动就退。这种信赖固然好，但也麻痹了其思想，使其不管货物是否能够销售，先拖回去再说，卖不动时再往公司一退，既给公司增加了损失，也给自己带来了损失）。而对于那些实在不能销售或者临近保质期的产品，不如一次性送给平时合作良好的经销商，既是对他们的奖励，也让积压得到清理。

（二）邀请目标经销商到仓库现场订货

我们对那些积压产品出台了积压处理政策，看起来力度也很大，文件也下发到了各位负责人手上，月度会议上也反复强调过，但效果就是不明显，没有经销商提货！这种问题是因为信息不对称造成的，经销商尽管看到了文件，但头脑里并没有形成一个很真实的货物图像，尤其是那些根本未曾卖过的货物，没有对比也就不叫力度了。

解决这个问题的方法就是邀请经销商到仓库现场看货、当场协商处理价格。先把潜在的、有积压货物销售能力和经验的经销商筛选出来，再根据不同特点拿出初步的、有针对性的积压处理方案，然后约定日期把这些经销商全部邀请到仓库里面现场看货、当场协商。因为有预案在先，价格基本上能够在接受范畴之内，当场拍板让经销商觉得办事干脆、爽快，成功的概率很大。同时，经销商集中到仓库看货，现场销售处理让经销商之间也有一个竞争，经销商会算账，他看到货物和价格后脑袋里马上就会形成一个清晰的概念。如果别的经销商出价过低自己还会现场提高价格要求包销呢！

（三）不同的品种分别处理给不同的经销商

除非一个产品是常规产品或者数量非常庞大，一个经销商接不下来，要不然一个产品或一个系列产品最好只有一个经销商接货。因为独家接货会合理安排货物的分发和销售，并根据货物的损坏程度分等级制订价格进行销售，最大限度放大自己的收益。如果多家接货销售，价格本来很低又是处理货，经销商基于恐慌性抛货心理，价格往往卖得很低，导致本来可以赚钱的产品结果让自己变成了搬运工，影响了其以后接货的信心。

因此，独家接货某一个品种，经销商的赚头比大家都接要大，积极性也更高。

（四）发动员工做零售

有些积压产品数量不是很大，品种也较杂、外包装损坏严重，拿出政策激励方案后鼓励员工积极外卖、做零售。企业为了强化与消费者的沟通，利用每个星期六、星期日的时间到各个社区、大型超市和卖场巡回开展社区推广活动，顺便也将需要处理的积压产品摆上品鉴台现场销售，因为促销员有提成激励，她们现场卖货也非常积极。

用这种方法我们处理了不少零散品种的积压产品。同时，我们还把积压产品处理政策给到仓库。仓库将这些信息发布出去后，那些搬运工、司机、附近居民也购买了不少产品。

（五）作为品鉴酒使用

2009年，我们的各个市场退回到仓库的2006年、2007年滞销产品有三万多件。因为市场上销售的基本上是新金标产品，这些老产品就形成了滞销，而保质期又快到了。考虑到品牌在消费者的即饮上面做文章不多，而“品鉴”是我们的核心策略之一，为了强化与消费者的互动，加强消费者的体验，我们迅速有针对性地在各个酒店开展“吃特色菜，送名优酒”活动；同时，在开展社区推广活动时，为了聚集人气，每场活动我们都进行限量式的免费赠送，赢得了消费者的普遍欢迎。

记得我的前任领导反复教导我们的一句话：要做消费者工作、让消费者把我们的酒喝下去，哪怕多花一点代价甚至亏一点本也是值得的！这句话我一直铭记在心。虽然要送掉三万件的产品（尽管是滞销品，但也价值三四百万元），但只要是送给目标消费者真正喝掉了，我们也觉得值得。

（六）销毁处理

有些产品已经过期或者根本就不能销售，就要打报告予以回收或销毁。一些领导害怕承担责任或者喜欢做表面文章，觉得积压产品摆在仓库里也是一笔固定资产，如果销毁就要冲抵自己的利润，影响自己的经营业绩。实际上，这种产品不但不能给企业带来真正的利润，占掉仓库面积不说，还让企业为这些垃圾产品继续耗费无用的费用，如管理费、仓储费、维护费，而最终还是要销毁。因为我们是做保健酒的销售，所以对这种过期不能销售的产品的理解更深刻、透彻一点，如果不及时销毁处理，就会锈蚀企业原本健康的肌体。

在旺季处理积压货物，上述方式的使用从本质上来说还只是治标，并没有治本。要想杜绝积压产品的祸害就要从源头上做文章。在开发新产品时一定要慎重，多做市场和消费者调研，确保新产品开发的成功率；另外，在下单时不要盲目求大，要根据市场实际情况合理下单，不能拍脑袋决定订单数量，多跟经销商、市场一线员工商量，遇到市场情况有变时及时修正计划；最后关键的一点是要牢记企业倡导的责任文化，不要害怕承担责任更不要推卸责任。唯有如此，我们才能避免积压产品的反复出现，也才能够尽量做到少出现积压产品，企业的发展也会更健康、平稳。

四、旺季之后的冷趋势

市场总有两面性，有人在快速发展中感觉日子艰难，也有人感觉到发展的快乐。

（一）旺季之后的市场

1. 大多数品牌日子难过

为什么有烟酒店认为旺季不旺？因为曾经给他带来较高利润的杂牌子产品不好卖了！其实，不管是哪个烟酒店，你让他统计一下酒水销售额并与上一年做一个对比就会发现，销售额并没有下降，甚至有很多还略有上升，可他就是认为酒水销售状况不好。这是一种错觉，他的这种错觉反映到市场上就是酒水不好卖了，经济萧条对自己有影响了。从本质上来说，经济萧条对烟酒店的影响是利润下降了，而不是销售额下降了！

有一个现象值得大家深入体会：经济萧条对品牌力弱的企业的影响远远大于市场的预期，而对于品牌力强大的企业则是机会大于危机！所以就非常好理解烟酒店的感觉了：烟酒店的销售越来越集中到畅销产品身上，平常旺季时什么产品都能卖的情况看不到了，替代的是畅销产品销售额大幅度上升，而畅销产品的利润肯定远远不及往年销售的那些非畅销产品。因此，烟酒店觉得确实不如以往了！烟酒店的这种感觉反映到市场上就是大多数酒类品牌的日子变得艰难起来。品牌的威力在经济萧条时再次显现出来。

有没有在经济萧条中既提升了自己的销售额，又大幅度提升了自己利润的烟酒店？当然有！对大多数的烟酒店老板来说，习惯了旺季来临时大把收钱却不管营销手段的卖酒方式，一碰到危机和消费者的拒买就束手无策。而那些能够赚到钱的老板绝对不会这样，他会根据自己的情况及时做出调整，并针对店内的客源情况做出分析，有目的性地采购，向不同的客人主推不同的产品，更多地发挥自己的主推意愿，获取旺季的利润，做到销售额、利润额双双上升。

2. 一部分高档产品滞销

最直观的感觉就是高档产品价格直线下滑，往年的那种一到旺季就涨价的习惯未能延续。

事实上情况怎么样呢？

（1）高档酒的实际消费量并没有下降，甚至略有上升；

（2）雪藏多年的、一直舍不得喝的高档酒在这个旺季被翻了出来喝掉；

（3）高档酒的社会库存比往年大幅度下降；

（4）中、高档白酒的销售得到了价量齐升。

通过上述事实描述大家也大概可以略知一二地弄清楚为什么传达给市场和消费者的信息变成了高档酒难卖了。在经济高速发展时期不管是个人、批发部还是经销商，随便多囤几件货都不会感觉有什么压力，而到了经济形势不好时，哪怕多囤一件货也觉得是负担，反而挖空心思要把以前积压的货物想办法变成现金，这样一正一反，厂家的日子就难过了。对高档酒的销售来说，其采取的策略本来就是更分散策略，只要全国人民每个人都保持正常水平喝上一两瓶就可以了，现在一下子全国人民都改喝以前的库存了，当然会有压力。

因此，高档产品的滞销只是一种表象，透过现象看本质才能拨云见日。

3. 业务员表示业务难做

业务员出去拉单，一个个总是垂头丧气，反映业务难做。

实际上真正的品牌其销售并没有下降，但业务员的感觉却是一样的，为什么？

（1）大环境促使业务员危机感加剧；

（2）出去跑单时，来自渠道和酒店终端老板的诉苦增多；

（3）有一些品牌不好的产品销售下降，业务员被辞退，对其产生了示范效应，害怕自己也有这一天；

（4）来自公司高层的危机意识灌输。公司为了应对危机也会要求业务员更努力，并经常在会议上就危机发表一些耸人听闻的言论，这也加重了业务员的担忧。

我们对目前的酒类市场稍加关注就会发现，对市场上某些畅销产品而言，一旦开展促销活动，渠道的积极性仍然很高，许多产品的销售甚至相比往年有很大的提升。我们的几款产品都是这样。为了不对市场造成伤害，我们对市场上开货的经销商采取分货的措施，只允许他拿这么多货，这与某些品牌敞开门搞促销渠道商不响应形成了巨大的反差。

所以，业务难做说到底还是业务员自身的心理作用在作祟，经济萧条的到来只不过给了业务员业务难做一个更好的口实和托词而已。

（二）旺季之后的调整

旺季已然成为过去，不管你在这个旺季收获的是果实、兴奋还是一丝丝安慰，接下来的日子你需要面对的仍然是让市场有一个更好的推进。为此你还得像往年一样想出种种办法，使出种种手段。面对目前的危机，各个企业、品牌的调整也在所难免。

1. 突出重点市场

危机下的重点市场相比往年的重点市场要更加突出和集中，在重点市场收获的果实可能是你年度计划的90%以上。往年什么都能卖一点的市场会更加集中向某几个重点市场靠拢，这是消费者和渠道商面对目前危机的自然选择。如果不能够把握这个趋势，那些所谓投入就会打水漂，起不到投入的效果。

最简单的例子，如果你计划做100万元的销售，其中在重点市场计划做70万元，非重点市场计划做30万元。那不如把重点市场计划提升到做80万元甚至90万元，非重点市场做10万元，最多也不要超过20万元的计划。通过对重点市场的深耕，你顺势增加10～20万元的销售，比新开发一个市场计划做10～20万元的销售难度系数要小90%以上。

重点市场的投入效果在危机下更容易检测到，也更容易掌控。

2. 突出重点产品

冰火两重天在目前是对畅销与非畅销产品最为恰当的比喻。企业对重点产品的投入要更加突出，确保主销产品的畅销和长销，坚决不要去做那种四处撒网、到处点火的事情，多子多福是经济形势一片红火时的浑水摸鱼。

做重点产品要注意货物投放的控制，不要过度挤压市场。保护好主销产品的价格比给主销产品多投放几倍的广告的效果还要好。许多企业运作好好的主销产品走向灭亡，或者刚刚成为流行就马上由先驱变成先烈，就是过不了眼前利益的关卡，总希望在产品畅销时在市场上狠狠捞一把。这种捞一把的思想往往是摧毁主销产品的罪魁祸首。

3. 重点运作高档产品

目前的危机对较有基础的中、高档产品运作是一个福音，如果你的企业有这种产品在市场上运作就要好好把握这个机会。高档、超高档产品的运作，受目前的大气候影响想成功推出新品牌打开市场难度不亚于上青天，而中、高档产品的推广则是一个千载难逢的好机会。

对于消费者来说，这个时候与高档、超高档产品打交道会显得不合时宜，也得不到主流社会的认可，这时既能够满足面子需求又带来实惠和良好社会口碑的中、高档产品就成为潜在的最好选择！

4. 系统运作中、低档产品

限于价格操作空间有限，许多企业运作光瓶产品时都没有系统的运作方案。有些是靠历史积淀取胜，有些是靠产品创新取胜，还有些完全是靠价格低廉取胜，当然也有些是莫名其妙就起来的，也没有加以总结。不是说这些手段不能运用，如果我们通过市场调查，有意识地、有目的性地开发一两款光瓶产品加以系统运作，胜算是预料中的，这种成功也更持久。要不然别的企业也依葫芦画瓢，通过模仿和价格战的方式，我们就亏大了。

中、低档产品的运作关键是抓住渠道和消费者的力量，集中精力突破，把一两种方式用到极致就成。

5. 关注 B、C、D 类餐饮店

春节后小店的关门率和换手率同比往年大幅度下降，这是一个信号。一是说明危机下大家做生意的诚信度提升了；二是生意难做，大家在还有点钱赚的前提下不想轻易转行或关店，把自己好不容易构建的人脉给浪费掉；三是说明大酒店的生意有了一些影响，更多的消费向 B、C 类店集中。

做白酒的就要顺应这一趋势，多开发一些适合 B、C、D 类酒店销售的产品重点运作，甚至可以成立专业的团队来运作这一终端，寻找突破。

6. 趁机网络人才

好的企业这个时候招纳贤才比前两年要划算：一是可供选择的余地大了；二是人才的门槛低了，会更加一心一意服务企业。对人才来说也是一个机会，可以到一些品牌好的企业发展，更能够施展自己的才华。

7. 慎用涨价策略

酒类市场要慎用涨价策略，慎用不代表不用，关键是看怎么运用，要看品牌、产品及市场是否够强势，要看涨价的幅度是否是消费者的心理期望值，涨价的方式是否够巧妙。

涨价要做得悄无声息是最好的，要让消费者和渠道商感觉不到你是涨价了最好。犹如“三鹿”事件后，进口奶粉发表绝不涨价的声明，结果是价格翻了两番，消费者仍然没有怨言，渠道商还拍手欢迎！

8. 媒体投放更集中

酒类的广告投放比较平衡，不似一脚踏进酒类行业的史玉柱那么凶猛。史式广告法在酒类中其实也运用过，广告时代的典型代表秦池就是鼻祖之一。秦池的倒闭不是其广告投放有错，而是其他原因导致。因此，媒体策略对酒类来说可能集中更能让消费者听到声音。除非你的平衡术有足够的金钱做支撑，否则，这种平衡是很难让消费者有所感觉的。

做白酒不围绕消费者做文章，市场能够起来也是一时之势，而做消费者的文章会越来越成为趋势和酒类运作的通则。

五、应对淡季的到来

随着传统意义上的淡季到来，白酒行业过往的一些招数能否让自己撑到旺季也是未知数。消费者的两极分化和品牌的两极分化也越来越明显，畅销品牌的影响力对消费的拉动影响越来越强，而那些非畅销品牌似乎陷入了动销的寒冬，离消费者的视野也越来越远。

日子还得过下去，不管是畅销品牌还是非畅销品牌，到了淡季日子就是难过些，还有没有让自己日子过得舒服些的招数？

（一）事淡人不淡，营销人员不能歇下来

"只有淡季的思想，没有淡季的市场！"这句话是专家忽悠厂家用的，淡季就是淡季。白酒行业真正没有淡季的话，行业的销售收入不说提升一倍，提升三分之一是绝对没有问题的。承认淡季不代表淡季就一定要放假休息，就是保健酒行业在目前的市场竞争环境下也没有放假休息一说了，何况是传统意义上的白酒行业。

淡季事情会少一点，销售额也会有所下降，但这些不应该成为营销人员给自己放假或者休息、少做事的借口，思想上的麻痹才是市场下滑最大的敌人。因此，淡季到来时，营销人员不能就此歇下来，更应该给自己上紧箍咒，寻找卖酒的机会，做好扎实的基础工作，练好个人的基本功，提升自己的业务技能。

营销人员淡季做事与旺季最大的区别在于，淡季所做的事看不到一时销售的提升，对员工的心理承受能力有要求，也考验团队和个人的长远战略眼光；旺季做事能看到直接的销售提升，员工有成就感，同时奖金跟业绩挂钩，个人薪酬收入较为可观，积极性自然高涨，公司也不会过多地关注员工是否做事。其实就笔者来看，一个业务员是否合格，淡季的考核更能够见真功夫，更能够看出一个业务员做市场的水平。

因此，企业在淡季做市场最重要的是要把团队的真功夫训练出来，为旺季的上量储备势能。

（二）市场淡促销不淡，坚持促销的常规性

淡季还要不要做促销？肯定要！有些厂家认为既然是淡季到来了，就算做促销也没有什么销售，还不如不做，免得浪费资源。这是不了解市场、不懂消费心理的人的想法。淡季不但要做促销，而且更看重促销对淡季市场的撬动和帮助。淡季促销怎么做？有些什么原则？

（1）讲究促销的新颖性而不追求太大的力度。许多企业认为，淡季做促销如果没有大力度根本吊不起渠道和消费者的胃口，这是一种误解。就现在的消费心理来说，消费者已经习惯于促销对自己的影响了。如果一个产品不给自己一点利益而另一个产品有，就很容易发生消费转向，尤其是现场购买时，这就是终端拦截屡试不爽的原因，也是大家要做促销的根本理由。

弄懂了消费心理我们就明白，促销不一定要力度大，而是讲究新颖性，让消费者有一种比平时购买占了便宜的心理即可。例如，一瓶500ml的酒卖68元，一瓶125ml的酒卖10元，这个时候做促销的话你可能会选择把500ml的酒卖价提升到75元/瓶，然后采取买一瓶大的送一瓶小的方式进行促销。这种力度大不大？应该说不大，但消费者仍然觉得自己得利，毕竟比其分开两瓶来买要优惠，而厂家在做这种促销时其实没有增加一分钱的力度。

（2）多做互动式的消费者促销活动。淡季促销如果不是为了回笼资金，缓解企业资金压力需要，最好不要做渠道的压仓促销活动。重点要放在对消费者的促销活动上，不管是畅销品牌还是非畅销品牌都应该遵循这一最基本原则。

当然，对核心渠道的限量促销则不但要做，还要有目的性、有策略性地执行，以实现真正有效的销售，笼住跟自己跑的核心渠道商，做好旺季上量的分销资源培育工作。

（3）涨价也是一种促销。一说促销就是怎么赠送、怎么降价，这是常规思维。真正的高手在淡季做促销时更喜欢拿出一两款产品玩涨价招数。

有人可能会质疑，淡季本来就卖不动，涨价不是更加卖不动了？这是一种误解，畅销产品淡季涨价正好借助淡季形成新的价格体系，为旺季涨价成功做好基础铺垫；非畅销产品淡季涨价更加不会有影响了，本来就卖不动，涨价对渠道和消费者的影响就更加小。但随着旺季的到来和你的新定位的形成，操作的空间加大了，市场操作更加得心应手。在淡季实施涨价促销策略，关键是把握好涨价的度并运用好控货策略。

淡季不做促销，市场就没有动静。消费者和渠道是需要不断搅和的。闹腾得越欢，给消费者和渠道的印象就越深，旺季来临时就越发能记住你，销售的上量也就是情理之中的事。

看看目前竞争最激烈的商超就明白促销的重要性了，哪个商超不是在天天做活动？“周周有主题，天天有促销”恐怕是大卖场和商超竞争最形象的写照了，确实值得我们白酒行业学习。

（三）清理不合格经销商，决不手软

淡季时要尽快清理不合格的经销商，该更换的坚决予以更换。淡季有几个月的时间跟这些不合格的经销商去耗，该退货的退货，该罚款的罚款警告，该取缔的取缔予以刷新，这些事情拖延到旺季去做，影响的不但是销售，可能就此把市场丢了。

淡季的销售有限，经销商也出不了什么货。这个时候取消他，经销商看到没什么利润损失一般也就叫嚣几天算了。旺季的销量本来就可观，你取消他等于是在割他的肉，他会跟你玩命。因此，淡季取消经销商其实也是为避免矛盾激化后市场无法收拾，是双方之间一个缓和的时间区域。

（四）新品上市要快，绝不拖拉

淡季上市新品是为了有一个好的基础推进工作，为旺季能够上量做准备。现在的产品没有一上市就能够火爆的好运，绝大多数是需要一段时间来跟渠道、消费者混脸熟后再慢慢旺销开的。淡季上市新品就是为此做铺垫和准备，留足混个脸熟的时间。

同时，淡季上市新品还可以通过充分的谈判时间寻找到一些优秀的经销商。淡季的销量不大，如果经销商在这个时候愿意接你的产品说明他是

经过深思熟虑的，不是盲目冒进或一时冲动，双方之间的配合也会更好。

当然，新品在淡季上市也解决了一定的销售和回款问题，帮助企业渡过资金紧缺的难关。

（五）开好座谈会和旺季动员会

淡季的事情少，经销商和员工都不是很忙，可以借用这段时间多召集经销商一起座谈开开会，讨论一下各自市场存在的问题，寻求新的解决方案。淡季座谈起码以下几个问题是可以得到有效解决并需要去做的：

（1）解决各自市场存在的问题。平时积累的问题并没有一一解决，借用这种座谈，邀请总部的相关职能部门负责人一起参加，帮助经销商协调好与企业各个职能部门的关系，理顺市场问题。

（2）搞好经销商之间的异地交流，带领经销商到那些市场运作有起色的市场进行参观，树立其他经销商做市场的信心。

（3）请外脑给经销商上课，培训经销商，提升他们做市场的理论水平。这种培训也使经销商更容易接受厂家提出的较为先进的市场操作方式，因为专家的讲课更能得到他们的信任和理解。

（4）借用淡季即将结束、旺季即将开始的时间段召开经销商及员工旺季会战动员大会，灌输厂家的旺季操作指导思想，拿出奖罚方案，帮助经销商厘清旺季操作思路，鼓舞士气。

淡季开会和培训也可以成为惯例，让经销商有盼头，有提升和上进的机会，在思想上和行动上都跟得上厂家的步伐。

（六）组织后勤职能部门下市场

在很多厂家，后勤与市场一线人员往往是对立的。一线人员习惯于天马行空，不理解后勤人员成天坐在办公室的苦恼，而后勤人员习惯于闭门造车，不理解市场一线人员跑市场的艰辛和市场运作的艰难。如果借用淡季把后勤人员带到一线市场让他们亲自体会来自市场的很多艰难，体会做市场的不容易，那么后勤人员在一线业务核报市场费用、货物发放、解决经销商的问题时可能会更快、更理解，也更容易融洽他们之间的关系，这种在一线市场培养、构建起来的感情也更持久、更真实。

一些企业实施这一策略后，确实收到奇效。原来相互之间的抱怨不见了，原来反映财务报账拖拉，现在不仅经销商投诉的事情消失了，而且财务还主动给自己加压，说是两个月内费用核销不下来只要是财务的原因愿意接受处罚。市场一线人员通过接触也理解了后勤人员在办公室坐着的不易，他们也不再耍脾气，不再认为只有自己才是给企业立功，后勤人员什么功劳都没有。

淡季的市场工作有很多，能够在淡季使用的招数也有很多。我们需要的是抱着一颗平常心对待淡季市场的到来，即不盲目自大，故意在淡季去提升人为的虚假压货销量，也不要妄自菲薄，认为淡季就没事可做，马放南山、刀枪入库。要根据各自企业的实际情况合理安排淡季的各项工作，重基础、抓人心，这样在旺季到来时就会取得意想不到的好业绩！

六、淡季都有哪些招

行业在经历了两年的持续下行后，2015 年的春节来了个大转弯，销售再次出现井喷。上市公司的一季度报表全线飘红，就连曾经深陷亏损泥潭的酒鬼和水井坊在 2015 年的一季度业绩也是暴增，利润更是百分之几百、百分之几千地飙涨，行业似乎迎来了久违的春天。

不知是股市的暴涨让消费有了信心，还是中国的实体经济确实已经企稳，一季度的业绩让不少卖酒人喘了口气，好日子要回来了？

我只想告诉大家，我们的行业不要被一季度光鲜的数据蒙蔽了双眼，对接下来的日子过于乐观，到时一路下滑、产品积压还不知道怎么回事。当然，也不必悲观。摸清了行业规律有助于我们在接下来的淡季更清楚怎么去做。那么在目前的市场环境下，接下来的淡季酒企该如何应对？

（一）主销产品压仓

主力产品在淡季适当加大力度促销，目的就是吸引网点多囤货，但是因为淡季出货速度慢，促销的政策变现快容易导致价格不稳，网点赚不到钱以后你再大的力度他也不会囤货。

因此，解决这个问题：

一是将大力度促销转变成不可变现或变现难度很大的促销方式，让网点既能感觉到活动力度大，有钱赚，又因为变不了现不会急着出货，维护了价格体系的稳定，确保网点实实在在能够赚到钱，有积极性。所以，送旅游活动、新款电器、被子等促销活动都是淡季比较好的促销方式。

二是主销产品也要限量。尤其是一些所谓有分销能力的大户，更要控制他的囤货数量，避免其为了带货或者为了快速回笼自己的资金低价出货搅乱市场。我们许多企业在做活动时就是不知道把控节奏，看到主力产品促销效果好，往往忍不住往市场上多返货，把当时做活动的初衷抛到了九霄云外，直到出了问题才后悔，典型的没有定力。

主销产品淡季压仓是为了稳定大盘不被对手攻占，也让自己有更多的精力去做一些基础工作或尝试一些新方法挤占市场，更好地突破淡季的瓶颈。

（二）特色产品补仓

每个企业都有自己的特色产品。特色产品有些是用来收藏的，有些是用来尝鲜的，对市场起到一个补充的作用。但在淡季做得好也会有一定的销量，帮助企业渡过淡季的难关，例如封坛酒、原浆酒、旅游礼盒装产品等。

特色产品以单位团购销售或个人纪念、收藏销售为主。例如一些地方小酒厂在接待客人参观后，客人受现场蛊惑，会现场购买企业的一些产品，有些旅游性质的产品客人就带走了，有些客人还会在企业封藏几坛自己亲自勾调（说是亲自，实际也是在酒厂调酒师的指导下）的美酒，待自己生日或儿女升学、出嫁等喜庆日子时再拿出来饮用。特色产品的销售以酒厂为主，加上团购队伍的努力，会是一个亮点。

（三）新产品招商

这个招数是企业最常用的，也最善于使用的。这里需要提醒的就是，有品牌影响力的企业在新品招商时要梳理好自己的产品结构，有的放矢地招募新经销商，要对现有的市场秩序是一个有益的补充，尤其不能伤害现有经销商的利益。那种仗着品牌影响力拿着产品一通乱招的企业，表面上渡过了淡季的危机，接下来的旺季就会丢了大头，甚至影响市场的进一步发展，因为品牌也会被透支的。

没有品牌影响力的企业借助新品招商时更要学会聚焦，要让接盘的经销商看得到实实在在的利益，那种忽悠式的招商在现如今这个时代已经越来越不管用了。你的门槛可以适当提高，但你的受益人一定要缩小、要锁定，哪怕三四个经销商争抢一个产品，也不要因为有人争抢就放开给到三四个人做。因为你的量太小，只有集中，经销商才有甜头。一旦分散，每个经销商赚钱都不多，就谁都不会重视跟你的合作。

新产品招到商后要迅速组织团队、制订政策帮助经销商分销。淡季网点分销新品尽管有一定难度，但只要你客情够好、产品力较强，促销政策合理，进行一轮覆盖是没有任何问题的。而且，有了动销和覆盖，经销商的第二、第三批货款才会打到酒企的账户。因此，新品招商只是第一步，帮助经销商把货物铺下去才是新品招商的关键和核心。

（四）订制产品抢量

对于区域强势企业来说，订制、贴牌的大门一旦打开，每年总会有商家找上门来。就是曾经的合作伙伴，随着其产品价格的穿底，也有对既有产品升级换代的需求。酒企都有这么一个感觉，旺季到来的时候，许多商家的贴牌订制要求我们都无法满足，为什么？因为企业生产自己的主销产品都已经开足马力，尚且没办法满足市场的需求。那些贴牌订制的产品对企业来说本来利润就低，这个时候还占用企业的资源，明显得不偿失，没哪个企业愿意干这种买卖。如果我们把贴牌、订制产品的经销商安排在淡季进行合作，既避开了旺季企业生产运转不过来的弊端，又帮助企业盘活了淡季资源。

有人会问了，你想得美，难道人家贴牌、订制商家就是傻瓜？

实际上，这对双方来说都是好事。淡季沟通，商家的筹码大些，尽管先期占用了资金，但更低的成交价格抵消了资金的占用成本；同时，订制商家淡季拿到货可以在淡季就开始铺市等市场基础工作的拓展，为旺季到来卖更多的货做好市场铺垫。

还有一种就是私人个性化订制，这是行业近两年的一个趋势，而且随着90后迈入结婚的主流潮，这种彰显个性的订制酒越来越受到青睐。淡季也有人结婚、有高考升学宴、有生日、有庆典、有乔迁等。私人订制、企业订制最大的好处就是没有退换货，订多少就得消化多少，而且价格坚如磐石。

（五）积压产品狙敌

企业因为种种原因都有一些积压产品，怎么让这些积压产品发挥作用？在淡季如何运用它？我们的经验就是用它来狙击竞品，作为策略性产品来搅乱市场，回击竞品的攻击，保护主销产品。既然是积压产品，就不可能还按照正常价格销售、出货，要有亏本销售的主动意识才好达成打击竞品的目的。

当然，亏本销售也要讲策略，不是单纯的降价，要让网点在销售你这些产品时能够比销售竞品赚更多的钱。同时不要花费过多的力气能够把产品推销出去，网点的积极性才能够调动起来。2014 年淡季我们针对某竞品拿出一款积压好几年的产品，专攻竞品卖得好的网点，主打其份额最大的宴席市场，不但把仓库里积压的几千件货物全部消化掉，更是把竞品的上升势头也活生生地遏制住，让我们的主销产品在 2014 年下半年的淡季重回市场主力军位置。

（六）促销活动吸睛

淡季针对消费者的促销活动一定要吸睛，要让消费者一看到这个活动就能够动心，有购买冲动。而且，门槛要低，一瓶、一件即可参与活动（可根据南北差异设置）。

我们 2014 年做的一件酒送山地车活动，最近做的一件酒送罗莱家纺活动及钻石名表活动等均取得了不俗的效果，其共同点就是让消费者感觉到活动的实惠、有购买冲动、门槛低，花费的钱不多。淡季做这样的活动既培育了消费者，也做了口碑宣传，还增加了销量。

（七）跨界打劫互补

“跨界”这个词很热。酒企在当地一般也是知名企业，与当地各行各业都有千丝万缕的关系，互惠互利的事情从来都是让双方喜欢的事儿。例如与银行的合作，与米厂的合作，与建筑公司的合作等。

只要企业肯在这一块动脑筋，总会有意想不到的收获。我们只要不去想那种一口吃个大胖子的“跨界”合作，而是依靠合作企业的数量积累来达成我们量的积累，我们的目的就达成了。

（八）特色酒店捆绑

每个地方都有特色酒店，尤其是一些专业的婚宴酒楼（以办宴席为主，零餐不是其主要的收入来源），我们可以为这些酒楼提供2～3款专销宴席产品，用于其酒席配套赠酒。

这种酒席配套赠酒销量也很可观，因为不管是否开瓶饮用，都会被预订酒席的客人带走。例如客人在该酒楼预定30桌666元/桌的酒席，该酒楼就应该赠送客人30瓶A产品，哪怕这个客人自己不满意A产品，自备了其他产品招待客人，客人也会把酒楼赠送的这30瓶酒带走用于其他消费。所以，特色酒楼捆绑销售在淡季是一个很好的出货窗口，需要我们的酒企安排专人去对接这一块的市场。

（九）集市摆台直销

淡季到来后，人员的费用开销仍然存在，不可能刀枪入库、马放南山安排团队休息。怎么办？在维护好常规的基础工作后，一定要把团队的工作饱和度提升起来，要多组织团队人员进社区、到乡镇集市进行摆台直销。

进社区、集市摆台直销不是跟经销商抢生意，而是帮助经销商更好地卖货。因为，只要经销商愿意参与进来，我们更高兴。经销商的货出去了，他自然会打款提货，等于是我们的货出库了。关键是这个工作要带领团队和经销商捡起来。

社区和集市赶集直销要有一定的游戏活动进行配合，有游戏才会吸引人气。直销的产品要选择好，要符合社区、集市人群冲动购买的特性。总结起来就是单次购买价值低、赠品或促销方式吸引人，能够有传导性，有人购买后能够有效带动周围的人购买。基于此，每次的社区、集市直销都要事先约定2～3个带头购买的“托儿”。这种托儿最好还是当地集市或社区比较有名气的人或所谓的意见领袖，发挥的效果才更好。因此，每一次社区或集市直销都需要我们事先踩点、做足准备工作才会带来好效果。

（十）开发电销产品

网络产品跟线下产品的区别很大，根本原因在于网购人群以80后、90后为主，更注重产品本身的新奇特，同时，受自身经济局限，购买力有限，价格过高的产品都不是其关注的对象。因此，淡季开发电销产品让企业有更多的时间和精力来试水，从中找到自己品牌与网购消费者对接的密码。

移动互联的到来让企业不得不从被动应对到主动拥抱互联网的到来，尤其是互联网+的提出，更让企业插上了想象的翅膀。淡季多花点时间琢磨，多些策略应对，或者接下来的旺季真的就找对了属于自己的电销爆品。

淡季的工作还有很多。持续的扫盲、依靠陈列规范的网点补货，网络下沉的乡镇、村级网点建档，新品铺市等，甚至比旺季更忙。旺季到了因为动销加快，企业更多的是关注如何把货撒到市场上去，做的是催货的工作，其他工作反而被忽视。淡季销售清淡，货物滞销，更要多想办法动货，怎么动货？就是比对手更仔细、基础更扎实，网络更下沉、流下的汗水更多、给到网点的服务更好才有可能多卖出一、两件货。

行业的大环境并未得到根本性的扭转，所谓的“弱复苏”弱到什么程度，各家体会都不同。但市场的容量没有增大，大品牌在政商务消费拓展受阻掉头向下挤占三四线品牌的市场份额倒是成了共识。

有句话说得好，没有哪个品牌强大到可以只手遮天，也没有哪个品牌弱小到不能参与竞争。机会只会垂青于有准备的人，青睐于那些越努力、越幸运的人！你知道了淡季增量的种种招数，但你不去践行，也仅仅是知道而已，对你的销量增长没有半点帮助。

因此，动起来，更精彩！期待你在这个淡季更出彩！

七、突破淡季的瓶颈

在传统营销人士中，“淡季做市场，旺季做销量”被用来作为淡季不上量的挡箭牌。而事实证明，好的企业不但在旺季获得了丰收的硕果，在淡季也同样不淡，取得了销量的长足进步。

综观各类企业的淡季拓市手法，加以总结如下：

（一）细分市场，明确各主销产品的市场定位

市场细分已成为酒类企业的共识。由于消费者的个性化追求越来越明显、消费意识觉醒，消费的多样性决定了企业单一产品打天下已经不能满足不同层面人士的需要了。淡季来临时更要仔细分析细分市场和消费群体，针对不同的细分市场推出对应的产品或品牌，挤占各个市场，提升销量。

对白酒市场而言，每年的整体销量是固定的，甚至略有下滑。你在淡季多卖了一瓶酒就意味着竞争对手少卖了一瓶酒，这一正一反就是两瓶酒的差距，非要等到旺季才想到上量的事，又能多销多少酒呢？一个品牌对应一类消费人群的定位好过同一个品牌开发不同的产品去对应不同的人群。所以大多会借鉴宝洁公司的做法实施多品牌战略，最少也会选择双品牌战略。

（二）别放松高档产品的销售

高档白酒产品的销售在淡旺季的区分不是特别明显，尤其是在高档酒店。我们对这几年自己运作的高档酒店的销售做了一个数字分析，发现高档产品的销售数字非常稳定，销售曲线基本上起伏不大。做进一步了解时才真正明了这个秘密：不是旺季的高档产品销售真的就跟淡季一模一样，而是淡季竞争对手基本上放弃了在酒店的白酒竞争，转而改为啤酒销售。

我们这种专业做白酒运作的厂家成了酒店白酒销售的“专场”，而旺季来临后各白酒企业均加强了在酒店的操盘投入，甚至是火拼酒店终端。每个品牌瓜分一点，到你这个品牌的销量实际上还是没有大的增长，甚至有些店还略有下滑（因为对手的大投入狙击）。

当然，还有一个关键的问题是，真正的高档消费人群就是在大热天也很少选择啤酒待客，最多是改用红酒，需要气氛浓些时还是需要白酒这种气氛渲染工具，这些都是指导我们在淡季多推广高档产品的理由。更何况高档产品的销售更容易累积销售额，令销售数字和利润都好看。

（三）加强小瓶酒的销售推广

到湖南看过酒中酒霸市场的人士都会惊叹：一款 125ml 的小瓶酒居然会为其带来过亿元的销售回款，占到其整体品牌销量的 90% 以上！我们这两年有针对性推出小瓶酒时才发现这一市场的庞大。小瓶酒的销售属于典型的无淡旺季之分，其最热的六月、八月的销售甚至好过传统意义上白酒销售最旺的 12 月。对好酒人士来说，就是在大热天喝一瓶小瓶酒也没有压力，感觉非常轻松，就是这种轻松的感觉有力地带动了小瓶酒的销售。而真正到了旺季，盒装产品的销售成了主流，小瓶酒的销售反而退居二线了。

淡季抓小瓶酒的销售要主攻排档店和社区，要做成小瓶酒的地位，同样要做好市场调研，制订详细的拓市规划和步骤。

（四）做好新品上市工作

真正做市场的企业，任何时候推出新产品都会受到经销商的热烈追捧。每年的年度规划把新产品放在淡季上市不但是增加销量的好方法，也是让产品提前热身，待到旺季来临时再实现真正的上量。

淡季上市的新品如果是中、低档产品，要把重心放在铺市上。铺市率越高，产品与消费者的接触概率越大，当然所获得的销量也越大；如果是中、高档产品则重点做消费者层面的工作，培育消费群体，逐步提升品牌影响力，以品牌带动销售。

（五）策略细分，把握好拓市节奏

淡季时段也有几个小高潮，如“五一”期间的婚庆用酒，端午、中秋前的渠道促销及礼品酒市场等都是促使淡季上量很好的策略入口。平时的乡镇扫盲、单店单策、会务用酒等都可以全力以赴进行，不放过任何可以卖酒的机会，多制造卖酒的借口。正因为淡季的销量有限，所以对这些能够即时上量的机会更不能错过。

每年春节后各地举行的人大、政协会议，各个单位的开年饭、新年规划会议等都会聚餐、喝酒。而许许多多的生日宴、乔迁宴就更没有什么淡旺季之分了，你不可能因为出生在炎炎六月天就不过生日吧？针对这些卖酒的机会制订推广策略，拓展市场，增加上量的机会，解除淡季不动货的尴尬。

金六福针对淡季市场推出“我有喜事，金六福酒”赠送“依波名表”“多喜爱蚕丝被”活动等让销量得到了倍速提升。某喜庆品牌针对“五一”婚庆市场推出“万对新人”集体婚礼活动，既提升了品牌形象，也获得了实质性的销量，都是这一策略细分的精确运用。

没有做不好的市场，只有想不到的方法。白酒曾经被国人冠以夕阳行业，但这几年的发展却用销售额和利润额的双增长证明，华夏五千年文明的见证者仍然具有非常鲜活的生命力，并没有退出历史舞台。白酒的淡季市场仍然可以有许多增加销量的方式方法，如白酒的鸡尾酒喝法、夜场的销售、冰镇喝法等都可以在淡季增加白酒的销售机会，提升固有的销量。

第六章

经典案例解析

一、S 市场：基地市场保卫战

接到领导让我兼管 S 市场的电话时我真的有点吃惊，一是自己好几年没有直接运作区域市场了，都在做项目，虽然所做的项目本质上跟区域市场运作区别不大，也是聚焦重点市场在做，但毕竟是一个企业的根本所在，是举全企业之力在运作；二是 S 市场可是公司的大本营市场，多年来都承担着向外地市场输血和运送粮草的重担，是公司的金牛市场，地位相当重要。领导的意思很坚决，希望我尽快走马上任，想想自己历来都是打硬仗的，那就上吧。

（一）市场现状

S 市场是湖南人口最多的地级市场，处湘西南，辖一个县级市、八个县、三个区，人口近 800 万，民风彪悍。

受行业大环境的影响，S 市这个基地市场也受到了重创，销售持续下滑，利润锐减。最令人恼火的是曾经一片净土的 S 市场近几年竞品异军突起，与企业外埠市场的攻城略地形成了鲜明对比。

在与原 S 市场负责人做了一个简单的交接后，我找了一个在 S 市场呆了快五年的原 S 市场负责人的副手做向导一头扎进了市场中。历时一个月的走访，看到的比我想象中的要严重得多。

（二）主销产品在哪里

作为基地市场，尽管竞品这几年的风生水起抢了我们不少的风头，但从销售的总额来说我们仍然是当仁不让的第一市场、第一品牌。可是，网点的表现却让我们看不到自己有一丁点儿第一市场的气势，因为竞品的排面比我们的霸气。我们的产品东一瓶西一瓶搁置在酒柜上，甚至很多网点看不到我们的主力产品，要问店老板才会被从不知哪个角落里找出来；酒柜上厚厚的灰尘更是会让消费者怀疑这些酒恐怕好多年未曾动销过一瓶了。

一句话，陈列极其糟糕，根本无法与竞品相比。尤其是酒柜上厚厚的灰尘和老鼠屎，都让人怀疑摆上去的产品是不是假酒。

（三）店内氛围为零

连陈列都没有，还指望看到店内的氛围？可是我们明明是下发了很多物料到市场的啊！后来才搞明白，我们的物料几年过去了还堆放在 S 市场部的仓库里，有很多已经过期好几年了还静静地躺在那里。另外一些虽然下发到经销商的仓库里，但因为没有让经销商付钱也没有考核、检查措施，经销商不是极不负责地扔掉就是深埋在自己仓库的角落里，而这些都是做市场需要公司投入的真金白银啊！

（四）价格体系倒挂

走访中，网点都非常排斥售卖我们的产品，一问就说我们的产品不赚钱，如果都卖我们的产品，连门面费都赚不回来。更有甚者，公开宣讲我们的产品喝不得，要消费者购买竞品，因为只有诋毁我们的产品才有机会让网点售出竞品。一个网点这样说就罢了，都这样说，众口铄金，怎么抵挡得住？

产品质量的负面口碑就出来了！

（五）酒店全面溃退

没有一个经销商在做酒店！酒店成了竞品的乐园，不是泸州老窖在做赠饮活动就是青酒在做刮奖活动，或者毛铺酒在酒店做品牌宣传推广。在宴席酒店曾经我们是 80% 以上的占有率，现在龟缩到不到 20%，正好反了过来。

高峰期我们在 S 市场曾经有上百人的促销队伍，现在缩减到不到 10 个人。堂堂一个基地市场，酒店销售额排名在公司 13 个市场部里经常性是倒数后三名。

（六）团队人员都是领导

近 40 人的团队，每个人都夹着个领导包在经销商面前颐指气使，除了给经销商争取些政策、核报些费用，剩余的时间都是私人时间，真正去做市场、了解市场的很难看得到。白酒的黄金10年里过惯了安逸日子，突然到来的白银时代里，许多人尚未真正醒来。

（七）经销商得过且过

基地市场的经销商一直以来都是在蜜罐中成长的。以前没有竞品的威胁，尽管市场基础差，但消费者没有流失，喝的还是咱的酒。最重要的是白酒黄金10年，因为蛋糕在扩大，每年的增长掩盖了一切问题。等到竞品杀过来，经销商一个个都蒙了，觉得市场已经守不住了。

有些经销商还做起了另谋他路的打算，脱离了我们的队伍，没有离开的也是一双眼睛望着公司和市场部，看看有没有其他办法，在等着被挽救。

（八）最可怕的产品质量负面口碑

前面说的一些问题都是市场问题，只要是市场问题，假以时日就可以通过市场的手段予以解决，不是最可怕的。而产品质量的负面口碑，需要解决的是消费者不愿意喝的问题，这对一个基地市场来说可是致命的，比你去攻打一个全新的外埠市场还要难！

前面说了，因为价格倒挂、利润微薄导致网点反水说我们的坏话，这只是其中的一个方面，我们只要通过市场手段解决网点售酒不赚钱的问题就可以化解。还有一个原因比较难解是因为S市许多单位的头头脑脑在白酒黄金10年中都直接或间接参与了这波全民卖酒的浪潮。恰好公司那几年没有学习泸州老窖、汾酒、郎酒等品牌的群狼战术，一心想着大单品梦，让这些头头脑脑不得其门而入，只好做了泸州老窖、汾酒等这些品牌的产品经销商，这些人可都是货真价实的消费者。我们说一个单位可以养活一两个门店就是这些货真价实的消费者带起来的，而这些消费者就是白酒黄金10年做团购需要挖掘的消费意见领袖，这些意见领袖都不喝我们的产品，还到处宣扬我们的产品不好喝，讲我们的坏话，想想看，哪个品牌经得起这样的诋毁？

结果就是80%的婚宴市场被竞品占据！90%的酒店零餐市场被竞品抢占！

问题很多，但领导是不会看你的问题的，领导需要结果！像S市场这么一个基地市场，曾经的辉煌更是让很多人认为这个市场好做，没有那么多问题存在。甚至老板也担心，如果任由市场持续下滑，会不会再出现一个“广东市场”（我们在广东市场是吃了败仗的）？

（1）时间、时间，还是时间。尽管有领导、老板的担心，害怕市场的持续下滑丢掉人心和市场，但我仍然坚持需要时间来进行梳理。冰冻三尺非一日之寒！没有时间的沉淀和过滤就想让一个市场旧貌换新颜，我真的没这个本事。老实说，我是个慢热型的选手，没有别人那种一上阵就可以扭转乾坤的魄力，更多的是润物细无声，通过自己的点滴努力慢慢改变，但我的这种改变可以换来市场的持久稳定，不会被竞品再轻易攻破。

我的坚持得到了领导的首肯，在没有更好的人选替代之前，领导也只好选择相信！事实证明，时间的争取为后面的改变赢得了主动权，没有导致市场改革走样，最终打赢了这场基地市场保卫战！

（2）确定大思路。之前几个月的调研尽管看到的问题触目惊心，但毕竟都是市场问题，除了质量的负面口碑不是一下子能够解决的，其余再多的问题都是可以通过市场之手的调节予以攻破。因此，我确定的破题思路一呼既出：

两个下沉：一是网络下沉，开展进村入户工程。既然是基地市场，就要网点通吃，连村级市场的网点也不放过；二是人员下沉，业务人员要下到乡镇，对乡镇市场的销售负责，配合前面的网络下沉，网点有人负责。

两个扶持：一是扶持肯配合公司做精细化的经销商；二是扶持肯配合公司做酒店的经销商。实际上两个扶持都是一个意思，肯配合公司进行市场改变的经销商就是我们重点扶持的对象。

一个突破：新品突破，一是通过新品运作激活市场，让老市场有炒作的噱头；二是重新梳理价格体系，确保网点的主推，酒店的主推，服务人员的主推，解决网点及各个环节售卖我们产品不赚钱的问题。

（3）思路推进的曲折颠簸。团队的老化要一下子打破确实遇到了阻力，尤其是人员下沉到乡镇，要从以前每天夹着个包住在城区到一个人孤零零地住到乡镇去，阻力可想而知。而基地市场的员工成分非常复杂，许多人或多或少背后都有某个“权力”的影子，想动他们还真需要两把刷子。

还真要感谢公司领导的支持！改革第一步就是取得领导支持，把那些不愿意下沉到乡镇去的团队人员集中退回给公司，由公司另行安排到其他市场部；第二步就是通过公开竞聘确认各个县级市场的第一责任人，把这个市场领头的先确认好；第三步就是由这些第一责任人进行组阁，挑选认为合适的员工到团队去，不合适的可以不要，都不合适的话可以全部新招团队，但是指标没有达成，首先下课的就是第一责任人，给权力也给责任。

通过这三个步骤，我们的人员下沉得到了落实，乡镇市场这么多年来第一次有了自己的责任人！

老化的团队这么一折腾开始焕发了生机！再怎么说，团队改革还是内部的事，要让经销商也跟上改革的步伐就不是那么容易了！前面说了，基地市场的酒店已经多年不运作，酒店成了竞品自嗨狂欢的地方，一下子要经销商去做酒店居然没有一个接招的！

那就先从市区开刀吧！

我让市区的责任人开始放风，公司即将进行酒店经销商招募，被选中的经销商将成为公司即将推出的战略新品客户。而且，退一万步讲，如果因为做酒店导致客户亏损，公司将承担亏损部分的损失，确保客户无后顾之忧。我想，如果这样还没有客户接招的话，我就向公司申请做直销，直销一旦开始，就会削弱客户的很多利益。

放风还是起到了效果，酒店客户招标那天来了五个客户应标，达到了我们的预期效果。后面选中的客户尽管合作也是磕磕碰碰，总体上还是达成了战略目标。一年的运作由零起步，到目前已经将酒店零餐消费的70%份额抢了回来，重新占据了主动。

有了市区的成功经验，在向下面的几个县级市场复制推广时就容易多了。一些原本顽固的县级市场经销商看到大势已去纷纷进行回归，积极争抢精细化经销商合作名额。仅有两个市场经销商实在扶持不了，我们都用直销予以替代，弱化经销商的力量，同样取得了不俗的成绩。

（4）爆炒新品。S市场已经多年没有新品的热销，导致市场死水一潭没有活力。虽然同为自己企业的中高档品牌在S市场占比尚可，但这完全是政府支持的结果，毕竟我们是S市的第一纳税大户，表面上的工作政府还是要支持的。

可能是多年来没有新品的炒作了，我们借助自媒体微信做的一波活动在市场上激起了很大的反响，而借助渠道、酒店开展的一些针对性活动也激发了渠道的主推热情，新品推广逐步见到了成效。我们也抓住了行业里封坛酒概念的热销机会，通过这款新品一举打破了沉寂多年的团购市场，抢得了一席之地，极大提升了团队和经销商的信心。可以说，新品推广的卓有成效让市场看到了重回巅峰的希望！

（5）借力打力，清剿竞品。所谓成也萧何，败也萧何。竞品在S市场的上位既有公司自身轻敌，没有有效应对的失误，也有大环境造成的全民卖酒尤其是权力卖酒的恶果。政府的反腐倡廉政策让公务员回归本职工作，那些依靠一个单位就可以活下去的品牌或产品再也没有这样的好环境，而做市场卖酒本就不是这些权力卖酒人的强项，那么辛苦赚钱还不如不赚，许多单位的头头脑脑逐渐退出了白酒经销这个行业。

我们也没闲着，一边要求政府严查那些利用职务做私活的公务员，一边要求政府规范政府采购，尤其是在带头消费地方酒方面要做出表率。不管怎么说，政府的这些工作还是配合我们做了，尽到了政府的责任。可以说，竞品是借助政府的力量上了位，这个时候我们也是借助政府的力量让他们重新退出来。

市场上我们更是步步紧逼，开始在排面陈列和店内氛围上进行反击，买断第一、第二陈列面，做足店内的KT看板氛围，张贴好价格签，从气势上对竞品进行打压。

人员拜访上，要求负责该网点的业务人员一个星期必须回访一次，A类网点要回访两次，每次回访时间不低于5分钟，要帮助网点切实解决问题。现在的网点老板也在感慨，如果公司前几年也像这样做市场，哪里还有竞品的机会？

（6）抓年节期间的销售。目前的消费越来越集中，尤其是年节期间的消费爆发，有时真的让人看不明白。但存在就是合理的，我们准确把握了这一机会，设定了年节期间消费同比提升10%以上的目标，整个年度销售占比上也要提升10%。为此，我们在货物计划、人员动员及经销商备货动员上做了充分的应对准备，牢牢抓住了这一波旺季，奠定了市场基础。

而通过抓旺季销售，货物的快速消化也让经销商和团队信心爆棚，销售的回暖和基础的牢靠又缓解了后续压力，让团队和经销商得以轻装上阵。

(7) 洗脑、洗脑、再洗脑。我听过直销人员的大课（实际上就是传销），那种场面、那种气氛是很让人热血沸腾的。很多其他行业的精英人物听了直销课后也是精神焕发、斗志昂扬加入直销大军的。直销能够通过这么一种模式让自己的团队人员每天像打了鸡血样冲锋在一线，我们做酒的为什么就不能用呢?

所以，我也是抓住一切机会给我的团队上课，组织团队人员自己上课。经销商开沟通会、座谈会、联谊会时我都要做好 PPT 上课，目的就是统一思想，统一到只卖我的产品上来。每次给他们讲卖我们产品的利益点、跟我们合作的利益点，反复讲、时时讲，不断洗脑。这种做法真的有效果，通过不断的洗脑，我们取得了意想不到的效果，而网点却开始拒绝售卖竞品，而且帮助我们讲竞品卖不动的理由。

看看，这就是洗脑带来的效果!

(8) 营销升级，导入深度精细化。通过一年时间的变革和调整，S 市场重新焕发生机，市场再度回到发展的快车道。在公司的要求下，S 市场 2015 年进行营销升级，由去年的浅度精细化升级为深度精细化，继续打造公司的营销标杆。我们的营销队伍在今年又一次进行扩编，区域进一步细分，对网点的销售潜力进行深度挖掘。要把那些能够卖酒的批发部、名烟名酒店、酒店、团购单位甚至能够卖酒的个人全部纳入我们的营销管理体系中，重点服务、深度沟通，构建一张精细化卖酒之网。

基地市场保卫战从目前来看是取得了阶段性胜利，但后面的路还很长，随着市场竞争的逐步加强，竞品的反击将会越来越厉害。而随着微信时代的来临，信息高度透明化，消费者的观念不断更新，S 市这样的四线小城市也会逐渐融入时代的浪潮中，不可能独善其身。我们的产品革新和品质提升如果跟不上时代，被消费者抛弃也是迟早的事。因为战术上的成功只是一时的，战略上的布局谋篇才会让企业走得更远，才能真正看得见未来。从这个意义上来说，我们的基地市场保卫战还只是刚刚大幕开启，马拉松竞赛还长着呢!

二、雪峰窖：坚持核心原则

雪峰酒业是一个小企业，但也是一家老牌企业，现有职工 300 来人，其中技术人员 25 人，年生产规模 5000 吨。成立于二十世纪五十年代的雪峰酒厂有过辉煌的历史，历史产品雪峰大曲在当地的市场占有率曾经高达 80% 以上。2000 年以后，随着白酒竞争的步步加剧，风光无限的雪峰大曲逐渐远离了消费者的视线，企业生产也开始陷入半停产状态。

2006 年，当地的明星企业雪峰地产收购了雪峰酒厂，成立雪峰酒业，并聘请专业的咨询公司开始重新打造新品牌，希望重现辉煌。做地产的涉足白酒在行业里面已经不是什么稀奇事，有一个好处就是把酒当作一个项目来做，并且愿意在前期付出很大的投入，因为地产的一些投入模式多多少少会在其涉足的行业上打上很深的烙印。还有一点，做地产在当地都有比较深厚的背景，上层关系处理得相当不错。这些优势都是白酒行业目前想取得快速成功所必须具备的基本条件。

雪峰酒业的所在地 Q 市是一个人口不到 100 万的中小城市。咨询公司通过调查发现，Q 市的白酒消费很有特点：高档白酒方面被传统的茅台、五粮液及水井坊、国窖 1573 一统天下，与全国其他地方并没有什么差距；中档酒市场却有点鱼龙混杂，外来品牌非常多，似乎每个白酒都能找到自己生存的乐土；低档酒市场则是被本省另一个城市生产的云湖大曲占领。历史上雪峰酒厂曾经凭借最高售价不超过 30 元/瓶的中、低档系列白酒在 Q 市取得过年销售近 2 亿元的辉煌业绩。荣耀已成为过去，但雪峰酒厂丢失的市场仍然存在，空缺的几亿元的市场份额就这样被蜂拥而入的外来品牌瓜分殆尽。

从旺销的价格体系来看，Q 市的主流价位集中在三个坎上：一是价格带在 20 ~ 30 元/瓶，二是 100 元/瓶左右，三是过 400 元/瓶的传统高档名酒。同为传统名酒的剑南春在 Q 市的走货情况并不理想，随着五粮液、茅台的价格逐年上涨，挤压了新兴高档白酒水井坊、国窖 1573 的生存空间，对剑南春这个价格带的白酒来说绝对是一个好消息，给足了它们成长的空间。遗憾的是，Q 市酒民的消费似乎随着茅台、五粮液价格的上涨也大幅度提升，要不然就退回去了，尽消费 100 元/瓶左右的产品去了。

存在就是机会！雪峰酒业重新打造的全新品牌雪峰窖就定位于一个中高档白酒品牌，主打 200 ~ 300 元/瓶这个白酒空挡。稍有起色后再推出全新品牌雪峰三宝抢占中低档白酒市场。咨询公司为雪峰窖设计了三款产品，表 6 – 1 为雪峰窖的出厂价格：

表 6 – 1　雪峰窖的出厂价格

品名	雪峰窖 1951	雪峰窖 19 年	雪峰窖 12 年
价格	680 元/瓶	208 元/瓶	88 元/瓶

雪峰窖 1951 这款产品明眼人一看就知道，这是用来树品牌形象的，不求销量的大小，只给消费者一个暗示：雪峰酒业能够生产真正的上好美酒！而雪峰窖 19 年则是推广的重点产品，强力启动终端价格在 300 元/瓶左右的这个市场；雪峰窖 12 年是一款跟随产品，随着雪峰窖 19 年的崛起能够带来自然销售量。

国内白酒市场的中档白酒推广成功典范当属小糊涂仙，卖价 100 元/瓶左右的产品曾经席卷全国。把中档白酒的推广固化成一种模式则是一些微酒企业，如高炉家、口子窖、迎驾贡等，盘中盘模式就是这样总结出来的。

高档白酒的推广典范就是众所周知的水井坊。继酒鬼在二十世纪九十年代初挑战五粮液、茅台一举成名后，水井坊是国内第二个吃到螃蟹的人。后面跟进的国窖 1573 则是拾人牙慧，但它在投入了不少的银子后，同样成功了。高档白酒的成功除了力推的文化树品牌之外，刚好迎合了国内新生代富人急于寻找代言品牌的需要，在彰显身份的同时又凸显了消费的个性，犹如百事可乐针对可口可乐推出“新一代的选择”定位一样，是时尚人士的选择。水井坊、国窖 1573 在宣传上虽然没有像百事可乐那样把口号喊出来，但事实上是迎合了这样一种选择。如果它们意识不到这点，在这方面多做点文章，要不了多久就会沦落到五粮液、茅台的老阵营中，最终淹没其中或者被后来的更能代表新生代选择的品牌取代。

广东的洋酒热就是最好的例证，因为洋酒更能够代表时尚和趋势，曾经代言新富贵人群的水井坊、国窖 1573 着力渲染的古老历史让这群人望而生畏、退避三舍。中高档白酒的推广在国内尚无成功的典型案例，区域性的中高档白酒推广还是有比较多的先例和榜样，雪峰窖需要借鉴和学习的也就是这方面的一些经验。

中高档白酒的推广不像中低档白酒及高档白酒的推广那样，它非常讲究抓关键点、做关键事。咨询公司为雪峰窖提炼出的三大核心原则是：核心产品、核心消费者、核心终端。

（一）核心产品

这个原则最好理解，但很难把握。主要是一般的企业受不了诱惑，看到这么大一个市场，恨不得把所有的市场都一口吞下。生产性质企业总认为多生产一些产品给消费者去选择要好过消费者没有选择，所以一上市就是这个系列、那个系列，每个系列都有十几个品种，搞得消费者眼花缭乱、无所适从。做市场的人都知道，要想让消费者记住自己并能够对应上号，一定要集中、集中、再集中，聚焦、聚焦、再聚焦。

其实，只做好核心产品，不用为每个产品去准备仓库、包装物等，会大大降低生产、采购等成本。

雪峰窖的核心产品就是雪峰窖 19 年，次核心产品为雪峰窖 12 年。在这两款产品的市场起来之前，暂时不再开发任何与雪峰窖沾边的其他产品，以净化消费者眼球，聚焦推广资源，形成快速记忆点。

（二）核心消费者

借用雪峰地产积累的优质人脉资源，筛选出 500 名核心消费者，针对他们开展一系列活动及公关工作，用消费者盘中盘来引导市场消费进行转向。

（1）上市之初，对筛选出的 500 名消费者以雪峰酒业的名义寄赠了一张至尊 VIP 消费金卡，持卡人可凭卡在指定经销点每月领取雪峰窖 19 年两瓶，其中的端午、中秋、春节三个节气所在月份则可凭卡领取一箱雪峰窖

19 年。持卡人在雪峰酒业指定酒店内消费可凭卡免费点用雪峰窖 19 年一瓶。

（2）举行了一场声势浩大的雪峰窖 19 年上市品鉴会，并借用雪峰地产与政府良好的关系，请到政府领导出席。

（3）成立了专业的 VIP 消费者服务团队。每个人负责的核心消费者控制在 30 人以内，做到定时上门拜访，及时提醒客户按月到指定地点领取赠酒。对于没有时间领取的，客服人员上门代为领取并亲自赠送到消费者手上。节假日信息问候，生日时送鲜花等，目的是提醒这些核心消费者外出就餐时时时刻刻记得雪峰窖。

发展到后来，公司还要求客服人员从核心消费者那里挖掘 3 ~5 家的单位介绍给自己以拓宽团购渠道。因为到由这些核心消费者介绍的单位去拜访做团购，成功率非常高，对方会卖一两次面子给介绍的核心消费者，至于能否长期保持下来就看客服人员的跟单能力及品牌的后续影响力了。

（4）要求客服人员对自己所负责的核心消费者做到定期聚会，可以一起也可以分开，因为大规模的品鉴活动开展起来难度较大，而小规模的品鉴活动灵活性十足，所请到的人员相互之间比较熟悉和随意，因此深得这些核心消费者的欢迎。直至后来，针对核心消费者成立客服团队，大家都知道他们天天有酒会、月月有“高潮”（指稍大型的品鉴会）。

（5）给这部分核心消费者定期邮寄雪峰酒业的宣传品。宣传品上还有部分核心消费者的心声及他们给雪峰酒业做出贡献的报道，以加深核心消费者对雪峰酒业文化的认同及好感。

（6）组织部分核心消费者到雪峰酒业进行参观访问。亲临现场的感受产生的冲击是最强烈的，并能够在核心消费者之间形成口头传播效果。

（7）选取核心消费者中间的领头人，给他们颁发雪峰酒业荣誉职工的证书。有企业的庆典活动时还把荣誉职工一并请到现场，以增加核心消费者对雪峰酒业的归属感和自豪感。

在市场启动之初，对中高档白酒品牌的推广来说，核心消费者的工作是至关重要的。许多品牌在做推广时都知道这一点，但真正能够坚持的却很少，大多数是做一两次就偃旗息鼓了，没有实质性的跟进措施。而能够形成系统，持之以恒坚持去做的就更是凤毛麟角了。

当然，对全国性品牌来说，因为成效慢，市场启动的速度不快而被弃用。但对区域品牌来说，只要熬过培育期，后期的市场发展挡都挡不住。也只有区域性品牌才具备做这样工作的条件，因为核心消费者的挖掘和掌控是一个日积月累的过程。

启动这个工作后，雪峰窖得到了越来越多消费者的赞誉，尤其是团购业绩占到了雪峰酒业前期市场销售的70%以上。

（三）核心终端

核心终端包括核心酒店终端和核心渠道终端。

核心酒店终端大家也好理解，徽酒的酒店包场做法在全国通吃，尽管目前的成本越来越高，但却是目前无法逾越的一道坎，做也得做、不做也得做！雪峰窖的对策就是前期选取一些愿意合作的酒店终端加以扶持，不与竞争对手去拼抢场子。所谓的专场店一概不买，留给竞争对手花大价钱去垄断，做同场则一概同意，给对手制造压力。随着品牌的日渐深入人心，所谓的垄断就成了一句空话，对手花大价钱构筑的防线自然会被攻破。

没有哪个酒店在和自己的客源和利润过不去！

核心渠道终端方面，雪峰窖在Q市首批选择了30家网点做合作伙伴，选择的要求为：

（1）合作意愿强烈，能够按照雪峰酒业的要求执行相关活动并进行配合；

（2）能够统一门头标识，成为雪峰窖的形象店；

（3）有固定的团购单位或酒店合作单位，与雪峰酒业合作之前的茅、五、剑在自己的店内动销情况良好；

（4）遵循雪峰窖的价格体系，愿意缴纳价格保证金。

对于合作的核心渠道终端，雪峰酒业则提供以下支持：

（1）承担门头统一标识、统一店面形象、酒柜形象的装修费用；

（2）对于核心二批商控制的酒店协助其买店、做客情；

（3）有掌控团购单位的二批商则协助其进行客情拜访和赠酒，把他们掌控的单位纳入到专业的客服团队管理中，他们只负责送货和收款即可；

（4）雪峰酒业推出的渠道活动每次只针对核心渠道商进行，其他零散网点一概不享受该活动，让核心渠道的称呼名副其实；

（5）保证合作核心渠道稳定的利润，达不到协议利润要求由雪峰酒业每个季度按时补足。因为核心渠道自身烂价倾销达不到利润点要求，则取消与该烂价渠道商的合作，没收保证金。

核心终端措施的推出，在减轻业务员跑店压力的同时，也大大激发了核心酒店及渠道终端的主推意愿。对Q市这样的小城市来说，能够卖动高档酒的渠道只有那么多，全面撒网不如单店开花，要做到让那些没有参与的店自己后悔，主动上门寻求经销。

三大核心原则的推出让雪峰窖的主线明晰、思路清晰，推广工作变得有条不紊。接下来，雪峰窖又策划推出了“万元大奖寻找Q市精神”活动，把品牌落地，融入Q市民生，使大家感同身受。活动大致如下：

一座城市之所以有灵性，是因为这座城市具有一种精神。我们生长的Q市，它的精神是什么？雪峰窖联合《Q市晚报》、《Q市日报》及Q市交通频道等媒体推出“万元大奖寻找Q市精神”活动，邀您共同参与。

活动设置一等奖1名，奖励现金人民币10000元；

设置二等奖2名，各奖励现金人民币5000元；

设置三等奖30名，各奖励雪峰窖19年一件；

设置四等奖50名，各奖励雪峰窖12年一件；

纪念奖200名，纪念品为：赠送一个月的《Q市晚报》或者《Q市日报》。

《Q市晚报》、《Q市日报》为本次活动开设了专门版面供市民讨论，Q市交通频道还开设了网上在线讨论以形成互动。

为了让本次活动落地，雪峰酒业更是在指定酒店开展了“品雪峰窖，竞猜Q市精神”抽奖活动，设置一些奖项让消费者也形成互动，以配合活动的口头传播效果。

“雪峰窖万元大奖寻找Q市精神活动”历时三个月，在Q市引起了很大的轰动。因为与市民形成了互动，关注的又是这座城市自身的事情，活动取得了圆满的成功，雪峰窖的知名度也迅速得以提升并引起市民的关注。

为了形成持续的热销，锻造品牌，雪峰窖又相继推出系列消费者主题促销活动，例如“时尚经典，雪峰窖藏”活动针对消费者推出珍藏版雪峰窖 1951 的抽奖活动，喝雪峰窖 19 年的消费者通过酒店促销员的现场抽奖有机会中得雪峰窖 1951 的收藏版窖藏酒。与 Q 市著名歌厅联手推出“雪峰窖带您共度良宵”活动，在指定酒店或者商超消费雪峰窖 19 年即可获赠歌厅门票一张，在活动时间内可以凭票在该歌厅观看演出等。

从上市到现在已经快两个年头，虽然还没有达到完全收复领土的效果，但雪峰窖的品牌影响力及日渐高涨的销售形势还是让雪峰酒业喜上眉头。在雪峰窖 19 年、12 年的推广取得阶段性胜利后，雪峰酒业顺势推出了中低档品牌雪峰三宝，一上市就受到了渠道商的追捧。目前进入旺季的雪峰酒业是生产、销售两旺，恢复了以前的红火和勃勃生机。

雪峰窖的上市推广遵循了一个最简单的原则，就是：有所为，有所不为！三大核心原则的确定对大多数中高档品牌来说并不是什么新鲜事，但完全、彻底执行到位的品牌不多。营销发展到今天，创新的模式暂时未颠覆性出现前，最考验营销人的就是已知模式的执行能力。

当然，雪峰窖的核心消费者系统服务模式的创立，以及核心终端平台的构建和考核还是具有前沿指导意义的，尤其是对地产白酒的突围具有非常现实的借鉴意义。

三、老酒坊：资本撬开市场

老酒坊（化名）是D市丑小鸭酒业新推出的一款产品，包装为纯蓝色，算是追赶目前酒类行业盛刮的蓝色旋风潮流。在以金六福为代表的红色包装席卷全国酒类市场时，蓝色包装的流行倒是显得异军突起，从包装上面打了一张差异牌。

事实上，蓝色洋河经典、蓝浏阳河也在各自的目标市场上淘到了金矿，引领了新的白酒消费潮流。丑小鸭新推出的老酒坊要想在别人先入为主的情况下分抢市场份额，开创新市场，没有狠招是撬不开市场缝隙的。

老酒坊的价位不高，市场零售价在30元/瓶左右，留给二批商和一批商的利润也非常有限，每瓶2～3元钱。一般人的眼中，白酒都是暴利行业，如此小的利差怎么能让经销商和市场主推呢？

同价位白酒中的畅销产品蓝浏阳河、泸州系列酒虽然价差也不大，但它们可是真正的快销品，市场周转速度快，占用经销商的资金少，消费者指名消费频率高。当然，再严密的市场也会存在机会。通过调查，项目组发现，因为不是五粮液出品的红色系列浏阳河的经销商，双方的业务员为了谁是正宗的问题常常互相贬低；泸州系列就更不用说了，打着泸州旗号的擦边球产品到处都是，消费者有点“乱花渐欲迷人眼”。而且因为产品的畅销，市场维护不到位，价格体系也比较混乱，许多二批商都是抱着能卖就卖、不能卖也不强求的心态。中低档价位产品的消费者是最容易扭转的，就看谁能把握消费导向、点燃消费嗜好。

在确认老酒坊的D市经销商首批货款到账后，项目组的D市老酒坊推广计划也正式登场。

（一）风雨见证50年，老酒坊情满D市

通常的思路，中低价位的流通产品上市的第一步就是大面积铺市，混

个脸熟或者谋求渠道的主推。老酒坊的第一步走得比较异类，摈弃了大规模铺市模式，矛头直指消费者。

丑小鸭酒业是一个有着50年生产历史的老牌酒业生产厂家，项目组巧借50年的庆典，利用冬天临近后，市民办酒席增多的实际情况，果断推出了“风雨见证50年，老酒坊情满D市”的大型酒宴推广活动，大致内容如下：

时间：11月15日～12月15日

地点：D市指定的12家批发部有效

主题：风雨见证50年，老酒坊情满D市

内容：

（1）在D市4个区域选择12家（每个区域三家）有影响力的二批商，为本次活动的指定经销商，负责活动的执行和配合；

（2）任一消费者在D市市区做酒席选择老酒坊为酒席唯一指定饮用酒，即可享受前五件老酒坊只需支付88元人民币的特别优惠，超过部分由消费者以市场价格购买。消费者须填写办酒申请表（表上有消费者的姓名、电话、身份证号码、办酒席的酒店名称、用酒数量等）并回收盒盖，凭回收的盒盖进行核销；

（3）在D市的晚报上以《天上掉馅饼之老酒坊情满D市》及《风雨见证50年，老酒坊情满D市》的不同标题连续刊登了5次1/2版活动内容广告；

（4）在指定的批发部做了老酒坊的产品堆头，摆放了活动内容展架，悬挂了条幅并在墙上做了喷绘，整个店成了老酒坊的蓝色海洋了；

（5）印制了两万份活动内容的DM宣传彩单在D市的黄金码头及重点社区进行发放，每单酒席的现场都有专门的业务员负责点数并协助发放宣传单；

（6）活动限前200名消费者有效。也就是说，预定消费者达到了200名，活动时间未到，也要提前结束。

活动推出后，在D市引起了非常大的反应，业务员每天都忙得焦头烂额。活动过程中，为了防止有批发部联合消费者弄虚作假，除了每单酒席必须有业务员到现场监督、检查外，我们还针对服务员推出了酒席现场的1元一个盒盖的回收奖励政策，刺激服务员帮助我们回收每一个盒盖，防止消费者把没开瓶的酒带回家里。

事后评估时，我们发现，报纸广告在本次活动中起到了非常大的效果。因为是新酒上市，消费者对酒的了解不够，有疑虑，更害怕酒的质量、档次太低影响自己办酒席的形象。能够在报纸上连续登广告的酒，给消费者的感觉就是这个酒有实力、有面子、可信度高，要不然哪来的钱打广告呢？整个活动共有267名消费者参与，做了267单酒席，喝掉了1000多件老酒坊。

随着活动的深入，开始不断有消费者到批发部去购买老酒坊，也陆续有批发部询问老酒坊在哪里可以进货。对于找上门来拿货的批发部，项目组的原则就是没有任何促销政策给予支持，以确保价格体系的稳定，对方不愿意拿也不强求，顺其自然。

（二）风雨见证50年，老酒坊情牵中石化礼满D市

有车一族在现如今的社会是越来越多，能够买得起车子的人也意味着其消费能力的高水平。而有车一族的消费范围、消费半径也是无车一族无法比拟的。许多特色酒店、休闲山庄开在城市的边缘地段仍然引来如云客流，就是因为有车一族的捧场。如果让有车一族的车尾箱里都放上老酒坊，带到城市各个角落的酒店里去消费，这种影响力比我们一家一家去铺市速度要快多了。

在这种思想的指引下，项目组找到中国石化D市分公司，联合推出了“风雨见证50年，老酒坊情牵中石化礼满D市”的推广活动，内容如下：

（1）时间限定在12月15日~12月25日的上午9：30~11：00、下午2：30~5：00。目的是避开早上出租车的加油高峰期，让更多的私家车和单位车辆享受活动的好处，因为他们才是老酒坊未来真正的潜在消费群。同时也是腾出时间让业务员去监督、检查正同步进行的酒宴推广活动。

（2）选择了11家中石化的加油站为本次活动的指定场所。由中石化

D 市分公司为我们制作条幅、X 展架、活动海报悬挂、张贴在加油站入口处，并在指定加油站的开发票及 IC 卡办理处摆好老酒坊的产品堆头。

（3）在指定加油站新办 IC 加油卡或老卡充值 1000 元的 D 市牌照车辆均可获赠老酒坊两瓶，每辆车限领一次，也就是说只能参与一次活动，限前 6000 台车有效。为了更好、更快地推进活动，项目组说服中石化公司把 IC 卡的充值金额由 1000 元下调到 500 元，即充值 500 元就可参与活动。

（4）印制了 10000 份活动内容宣传单，在活动开展的前 5 天即开始安排业务员在指定加油站针对每台进站加油的车主进行发放，提前宣传造势。

活动正式开始后的第一天，各指定加油站人满为患，业务员和加油站工作人员被围得水泄不通。怕酿出事故，加油站领导不得不打 110 请求警察出面维持秩序才保证了活动的正常进行。第二天，项目组及时调整策略，活动期间每天每个参加活动的加油站限发 100 件老酒坊，发完即止。

D 市的小车保有量大概在 2 万台左右，也就是说，本次活动的开展让近 1/3 的车主品尝到了老酒坊、记住了老酒坊。

（三）风雨见证 50 年，老酒坊情系万户千家

前面两个活动的推出，完全颠覆了白酒市场正常的操作模式。新产品上市以如此方式做市场开创了 D 市白酒营销新的里程碑。尤其是渠道和竞争品牌，对老酒坊的运作更是如坠云里雾里，搞不清葫芦里装的到底是什么药，为什么不求渠道和酒店卖酒？只感觉到总是有消费者跑到批发部问这个酒、要买这个酒，还有消费者不断带这个酒到酒店喝。就在大家不知所以然时，项目组针对消费者又推出了社区赠酒活动：“风雨见证 50 年，老酒坊情系万户千家”，内容如下：

1. 在 D 市选择 6 个超大型（居住人口超过 3 万人）社区进行赠酒活动，社区居民凭户口本原件及复印件即可在社区参与活动的指定批发部免费领取老酒坊两瓶，每个户口本只能使用一次。

2. 每个社区只做三天活动，每天限前 500 名消费者。

3. 在社区参与活动的指定批发部悬挂了活动条幅，摆放了活动内容X展架，并印制了三万份活动内容DM宣传单，提前一个星期在社区的繁华地段及大型厂矿企业门口进行发放。

活动的效果和火爆程度远远超出了项目组的设想，因为宣传工作到位，活动正式开始的那一天，指定批发部的门口围满了等待领酒的居民，许多大妈大爷都是在隆冬的凌晨4、5点就开始排队了。只是现场人员实在太多，本来队排得好好的，后来者害怕领不到酒开始起哄往前挤，门口一下子就被围个水泄不通。指定批发部的老板一看这个阵势，吓得不敢开门，害怕蜂拥而入的人流把店挤爆，更害怕有人浑水摸鱼，牵走小店的物品。万般无奈之下，只好又一次打110报警，在现场警察的鼎力维护下，只花了两个小时就把计划中的500名消费者酒发放完，没有领到酒的消费者因为心理不平衡甚至要跟警察打架，在项目组人员多方做工作的情况下才逐渐疏散人群。事后，为了感谢警察的帮忙，项目组还给现场维持秩序的警察每人赠送了两瓶老酒坊，以表心意。

第二天，项目组对活动方式进行了修正，实行凭票领酒制度。即想要领酒的消费者必须在社区指定批发部购买50元的物品，才可以凭购物券、户口本领取老酒坊两瓶的酒票，再凭酒票在活动正式开始后领取两瓶老酒坊。这样一来就把那些纯粹为了贪图便宜的大妈大爷给排除掉了，留下了那些有心想品尝老酒坊的消费者。经此调整，现场人群虽然仍然很多，远远超过了预估数量，但因为保证了有票的人都能领到酒，活动秩序就显得井然有序多了。

本活动的推出临近年关，许多家庭领到酒后在过年时招待客人用或者是在吃年夜饭时饮用，许多消费者就有意识地到批发部再多购买几瓶，促使了老酒坊的正常动销。

（四）有多少爱可以重来？老酒坊给你一次爱她的机会

三波活动的推出，在D市的白酒市场引发了大地震。项目组感觉机会成熟，正式开启常规铺市，抢在消费者的热浪尚未消退前，抓住年关的旺销季节。项目组针对渠道商推出了三重坎级促销政策：

（1）进货5件老酒坊的批零点可获赠品牌调和油一桶；进货10件老酒坊的批发部可获赠老酒坊一件；在年前累积卖货达到50件以上再加送品牌电饭煲一个；

（2）承诺进货数量多的客户在春节后没有销售完、感觉到老酒坊不好卖的可以退货；

（3）强调赠品数量有限，送完即止，机会只有一次；

（4）采取地毯式铺市策略，要求业务员抓住节前的旺销机会能多卖一瓶就多卖一瓶，抢占市场份额为主。

因为有前期的三波活动做预热，又值春节卖酒的黄金季节，老酒坊几乎没有任何阻力就铺满了D市的大街小巷。业务员在汇报工作时也感觉到前所未有的轻松，认为比自己以前所做的一些产品容易多了。整个铺市活动的结果因为超过了预期，经销商非要请项目组的全体人员狂欢一次，以表达谢意。

（五）开春好运道，开瓶好礼到

节日的氛围尚未消散，许多竞品还沉浸在梦乡中，老酒坊为了继续调动渠道的主推热情及消费者的消费热情，从正月初十开始又推出了“开春好运道，开瓶好礼到”幸运刮刮奖活动：

（1）在每瓶老酒坊的酒盒内都内置刮刮卡一张，奖项设置为三种：刮出“52度老酒坊”字样就奖励52度老酒坊一瓶；刮出“38度老酒坊”字样就奖励38度老酒坊一瓶；刮出“老酒坊”三个字就奖励250ml老酒坊一瓶；瓶瓶中奖（奖励给消费者的老酒坊是不带刮奖卡的）。

（2）特别制作了一万份POP宣传彩单，宣传语为“幸运刮刮刮，瓶瓶有奖拿”，要求业务员张贴在每个批发部及B、C类酒店的墙壁上。

（3）指定了40家兑换刮奖卡的批发部，要求这些批发部都给老酒坊打堆，向前来该店购酒的消费者首推老酒坊。对积极配合且销售情况良好的指定批发部在活动结束后奖励老酒坊两件。

（4）在D市上了500辆的出租车广告，D市1600辆出租车中，做到了每三辆就有一辆老酒坊的广告车。走在大街上，满眼都是老酒坊的广告车，尤其是黄金地段，出租车的扎堆更凸显了老酒坊广告的霸气和无处不在。

(5) 对那些进了刮刮奖货的批零点实行首次进货可先行配发奖品的优惠政策（这些奖品需要进货的批零点先向老酒坊的经销商打借条），以方便中奖顾客的随时兑奖。因为不占用兑奖资金，批零点的积极性被充分调动起来。

按照项目组的规划，紧接着还会推出“开箱好礼，刮卡寻金”的淡季市场消费者、渠道拉销活动；“温情阳光，陈列有奖”的渠道阳光陈列活动；“情满中秋月，感恩老酒坊”的大型渠道订货会活动等，通过不断的活动刺激来达到彻底引爆市场的目的。

都说白酒越来越难做，但每年仍然不断地涌现出“黑马”，尤其是区域市场的“黑马”越来越多。综观老酒坊的操作，资本的力量扮演了非常重要的作用，撬动市场、成就产品的畅销。

（六）启示

老酒坊的操作中我们可以得到如下启示：

(1) 用好“资本”这张做市场的王牌。在如今资本说话的年代，资本的力量无疑是强大的。但同样有资本的支持为后盾，天津天士力集团推出的“金士力”健康白酒、影视大鳄邓建国推出的“赤水河”酒为什么在一阵喧嚣后就不见踪影、无疾而终了呢？因为资本的分散，表面上资本强大，分摊到全国的每一个地方连买一碗汤的钱都不够，叫什么资本强大呢？所以，虽然同样是资本发话，有人能成功，有人就只能拿着资本自掘坟墓！他们忘记了资本需要聚集在一起投放才能爆发出威力。

(2) 针对消费者的拉销活动是最有效的。很多人都把消费者当作弱智的白痴耍，完全忽视了消费者正常的鉴别能力。老酒坊推出的几波活动正好相反，以尊重消费者的鉴别能力，接受消费者的品评、监督作为活动的出发点和目的，自然能够引起共鸣。

(3) 改变铺市的观念。新品上市除非是以巨大的代价在前面冲锋陷阵，否则要达到预期的效果已经非常艰难了。老酒坊之所以能够铺市顺畅

引领渠道的主推意愿，就是因为它先树立了渠道的信心，让渠道产生了一种要求购买的感觉后再行使铺市的基本义务。铺市后做广告及拉销活动与先做广告及拉销活动再铺市卖货是没有什么本质的区别的，但对渠道及消费者而言，这种次序的变换给他们的感觉却非同一般。我求你帮我卖货和你想卖我的货，哪种效果更好？

（4）绕过酒店的高门槛，以纯渠道推广启动市场。对中低价位的产品而言，并非一定要去趟酒店的浑水，没有酒店的支持我们一样可以快速启动市场。扣住渠道和消费者的命门，多做一些令他们感动的事情和活动，我们的成功会来得更快些。

（5）持续的作战能力。有人大手笔地操作过市场，也有人曾经推出过轰动一时的推广活动，但很少有人一如既往、在产品未真正畅销时一波接一波、持续不断地大手笔做市场。对中低档产品来说，只要你有足够的耐心、有足够的市场支持“弹药”，还没有哪种产品不能被做成畅销产品的，怕就怕开水烧到 80 度甚至更可气地烧到 99 度就不烧了，就不给加柴火了，反过来却说烧开水的人水平不到家。

（6）做活动的执行力非常重要。老酒坊推出的连环活动，如果项目组的执行力不到位，甚至会沦为经销商变相的利润，那么再多的活动都不能够启动市场，成就产品的畅销。都是做同样的活动，有人做活动的效果好、有人做活动的效果差或是没有效果，执行力不到位是其中关键的一个原因。

四、黄鹤楼：再看盘中盘

对于行业里面热炒的“盘中盘”，不同的人有不同的看法，所谓仁者见仁、智者见智。其实，只要是好的东西我们就可以借鉴，大可不必因为“抄袭”而去批判；如果不符合自身的企业实际情况却因为别人讲好而去硬性照搬，那就成了东施效颦了。

口子窖拓市手法之霸道为行业所公认，但其终端“盘中盘”模式要想成功必须具备几个最基本的条件：一是经销商的实力非常强大，有足够的资金维持在酒店的压款并能及时收回货款；二是厂家的终端投入非常有霸气，有足够的财力和人员支撑前期的市场投入费用；三是主攻价格带必须在100元/瓶左右，太低支撑不了整个市场的巨大投入，太高带动不了市场的消费跟风。高档酒的推广没有政府等特定部门的强力支持，很难快速成功；四是当地市场的消费有跟风习俗，通过某些特定人群、特定场所的经常性消费带动整个市场的跟风消费；五是当地终端竞争门槛没有特别高，尤其是终端的进场门槛和买断门槛在投入的可控范围内；六是市区人口越少越好，人口越少，市场启动得越快，人口越多，市场启动得越慢，甚至不能启动。

由上述分析得出，口子窖虽然具备了前三点条件，但后三点条件并不是在其推广的每个市场都具备，例如其攻打了几年的武汉市场、长沙市场等。而四、五、六又是尤为关键的几点，所以按照笔者的推测，口子窖如果坚持盘中盘的策略不改变思路，它在武汉市场是支撑不下去的。口子窖本身也已经意识到了这一点，加大了对渠道和商超的开发力度，并推出了新品口子坊，预留了较大的操作空间给渠道充足的利润，诱使渠道主推自己的产品，也通过渠道和商超的操作来缓解自己市场投入上的捉襟见肘。

相对大肆泛滥的地方高档白酒品牌来说，黄鹤楼的操作最具可比性。黄鹤楼虽然是老牌名酒，但其毕竟退市了几年，重新定位后，价格拉得很高，可它能够用一年的时间成功冲击武汉的中、高档酒市场，这种速度是值得我们学习的。总结黄鹤楼的成功之道，我们认为它主要做好了以下几件事：

（1）政府的高层公关做得非常到位。这种高层公关是许多地方中高档品牌赖以成名和生存的基准法宝。黄鹤楼不但成功说服武汉市委、市政府把黄鹤楼作为政府部门的唯一指定接待用酒，市委书记、市长更是带头消费、带头宣传。因为政府公关到位，用很小的代价就迅速挤进了武汉市的各大酒楼、宾馆（而这些对其他白酒品牌来说几乎是不可想象的事）。我们在许多酒楼都听到了这一说法，说明了黄鹤楼政府公关的有效性。

（2）入市采取了整合营销传播手段。黄鹤楼初期入市选择了别人认为最难攻的武汉市为试点，组建了100多号人马的业务队伍进行地毯式扫街铺市。几百号人员的促销队伍进驻酒店促销，大规模的户外广告投放等，一入市就把品牌中高档定位的霸气做了出来，目标消费群的尝试消费欲望被大大勾起，外加政府部门人士长期的坚持指名消费，市场氛围迅速营造出来。

（3）酒店运作坚持只上两款价位在100～300元/瓶的中高档产品。为控制这一定位，黄鹤楼的前期酒店运作全部依靠直销完成，在氛围起来后，运作的流通和商超产品均是100元以上/瓶的价格。分产品和渠道运作的好处显而易见，价格体系受到了严格保护，充分调动了酒店和渠道的积极性，也给消费者一个诚信的印象。

（4）避强敌锋芒，做差异化营销。不管是其避开枝江大曲和白云边的定位高档，还是市场推广手法上，都与竞品有明显的不同，该坚持的酒店拉销不落人后，该上商超精品柜的毫不手软，该做事件营销的全力以赴等。黄鹤楼之所以能够在地方品牌的绞杀中突出重围，在于一开始就坚持的差异化定位。

当然，最终检验黄鹤楼能否成功，要看其武汉外围市场的突破。在离开了政府部门强力支持的武汉外围市场，与同城兄弟决斗还能独领风骚的话，才能拥有真正意义上的成功。

黄鹤楼和口子窖，两个品牌的操作思路及拓市手段各不相同，比较而言，黄鹤楼更多的是占有地理、人和上的优势，操作方面是一开始就全面推进，没有给自己留后路，大有不成功便成仁的气势；口子窖陷于长距离作战，前两年操作时没有很好地把握机会，该出手时未出手，等到现在的短兵相接，自是又矮人三分，说话的底气都不足了。

地方高档白酒品牌要想有所建树，通过对上述两大品牌的操作对比我们可以得到些许启示：

（1）地方品牌可供借鉴、使用的资源应该比较多，尤其是政府公关应该好好加强。地方高档白酒品牌有了政府的支持作后盾，再加上坚持和创新，成功登顶的把握性才会更大。

（2）围攻终端但又不依赖终端。坚持 A、B 类酒店的铺市面，使目标消费群能够及时方便地购买。门槛太高的情况下也不必强行买断，去人为增加费用。利用对权力人士的长期不懈赠酒及一对一的单位公关，造成酒店事实上的经常性消费，打破垄断，撕开竞品用高额代价构筑的防线。按照本人的总结就是针对消费者推出“后盘中盘”操盘模式。因为各地的地方城市一般不是特别大，这种“后盘中盘”模式应用起来效果能够较快地检测到。例如，当买一个酒店需要三十万元时，你送三十万元的酒水给经常到这个酒店消费的权力人士，哪种效果好?

（3）关注热点，用好事件营销这张牌。任何能够称为热点的事件必然是高关注度的，而品牌之所以能够体现人性化，就是因为融入了大众生活，成为国民生活中的符号。这种大公关一直以来都是地方高档白酒品牌所欠缺的，而这种手法却与高档品牌推广比较吻合。

（4）坚持地方高档白酒品牌的中、高档定位，不要轻言放弃。不要因为泸州老窖的 100 元/瓶左右的产品卖得好，我们就想当然地认为自己推出这种价格档位的产品就同样卖得好，那只是一厢情愿。做好与全国性名酒的差异化品牌运作，地方高档白酒品牌才能有机会登顶，与强敌事先已经形成的定位正面冲突是占不到便宜的。所以，一定要坚持已有的定位，不要轻易上价位较低的同品牌产品，以免混淆消费者的视线，令品牌陷入尴尬境地。

（5）稳住价格体系，不要自乱阵脚。中高档产品的推广非常忌讳在成功之前价格体系雪崩，一旦发生，不但渠道推广意愿会降低到冰点，伤害最严重的其实是消费者。谁愿意花一两百元买了一瓶酒后结果被告知买亏了呢？这种消费心理最需要我们去揣摩和研究。而标杆体系的建立就靠直销。所以，不构建起市场价格标杆体系，不从市场的长治久安着想，哪怕短期内成功，也绝对是一种虚假的成功！不要再去搞那种自欺欺人的把戏，看看黄鹤楼和口子窖的操作，再说什么价格无法控制，纯粹就是在替自己开脱！

（6）地产品牌同样需要大力度的广告，可能更甚！一个地方上籍籍无名的品牌、一个没有任何文化底蕴的品牌，凭空让消费者多掏一两百元喝这种酒，一次可以，两次可以，三次四次呢？一辈子呢？消费者虽然不看重广告了，但大力度的广告可以帮助我们建立起中高档品牌的王者气质，至少品牌的那种霸气会让准消费群有认同感，并帮助自己找到重复消费的理由。

确立目标市场后，就要以压倒性优势把竞争对手打压在底部，使其不敢贸然对抗。犹如国美电器打压竞争对手那样，猛砍猛杀，不打倒对手誓不罢休。当然，我们的这种打压是建立在对市场的科学调研基础上，不是盲目的一味靠广告取胜，如果那样就会重蹈秦池的覆辙。

五、千秋神：乱市扭转乾坤

B 市是一个快速崛起的老城市。说它老，是因为有着几千年的建城史，历来为兵家必争之地；而快速崛起的说法概因这几年世界 500 强企业争先恐后地进驻 B 市，把 B 市居民的人均年收入不断炒高。

千秋神（化名）公司是一家著名的酒业公司，所运作的白酒品牌在业内颇有名气。受国家白酒调税政策的影响，千秋神公司加快了中高档酒的开发步伐，进军 B 市的号角就此吹响。对 B 市的居民而言，千秋神公司的一款低价位的品牌已经牢牢占据了他们的心智，因为千秋神公司的这款产品是 B 市畅销多年的产品。所以，当千秋神公司推出全新的中高档白酒品牌 K 品牌时，B 市的居民并不买账，因为他们不相信千秋神公司还能生产这么高价格的优质白酒。

千秋神公司的领导层也不信邪，他们认为全兴能成功推出水井坊、沱牌能跟风推出舍得酒，他们在 B 市这么一个局部市场就一定能运作成功一个千秋神品牌！有了领导的支持和信心，品牌推广也就大刀阔斧地进行。

千秋神公司在 B 市为 K 品牌成立了单独的项目部，并花巨资请业内著名的策划专家提供整体推广策划书，指导项目部的运作。遗憾的是，并不是每一个付出都能有回报。几年的大力度运作，K 品牌在 B 市仍然是一个二流品牌，仍然没有为公司树立起一个样板市场。在 B 市，许多后进入市场的白酒品牌不是已经掘了金矿走人，就是仍然坐在宝座上数票子，而 K 品牌这个淘金的梦想还要等多久才能实现呢？

唯一感到欣慰的是，通过这几年的大力度运作，市场虽然没有如预想中做起来，但千秋神品牌白酒的酒质却逐渐得到了酒民的认可。只不过品牌酒价太高，消费者觉得物非所值，重复购买率太低。并不是像某些流行酒那样，一旦不流行，酒民马上就说酒质不好，不愿意再喝，从而令其彻底退出市场。但千秋神的不温不火，却是公司的一块心病，项目部负责人换了好几个都没能改变局面。公司钦点亚明挂帅，希望能够把封了几年的炉子打开，把 B 市这锅夹生饭尽快煮熟。

（一）B 市市场优劣回顾

亚明原是千秋神公司另一个城市的区域经理，在他的带领下，其所负责的区域成为千秋神公司唯一一个走出大本营后仍然能够成功运作千秋神品牌（指千秋神公司的中高档品牌千秋神品牌）的外埠区域市场，是公司的外埠市场亮点。

令亚明感到有压力的是，以前成功运作的区域市场只是一个城市人口不到 20 万的小城市，而 B 市的常住人口超过 200 万，把小城市的模式复制到大城市，杀牛用鸡刀，成功的经验无法用上了，一切得重新来过。

亚明随 B 市的业务员走访市场，越深入越感觉压力大。从公司的财务数据来看，在最高峰时的年度销售收入一度超过 1000 万元，虽有下滑，但也有六到八百万元的销售额。可市场的反应不管是酒店还是渠道，仿佛都对千秋神品牌不是很感兴趣。来之前，亚明就曾听其他同事说过 B 市千秋神品牌销量的逐年增长是倒货倒出来的业绩，并不是真实的市场销量。甚至有人说，如果 B 市的销售额达到 1000 万元，其中至少有 700 万元是倒货冲出来的销售额！可见倒货之猖獗，也可见千秋神品牌在酒店、流通渠道之脆弱。业务员和经销商沆瀣一气都以倒货谋生存，市场的开发、维护工作没有几个人愿意去做，而虚假繁荣又直接促使公司领导层的决策失误，大量投入在沦为经销商和业务员的直接利润后，市场又怎么能够起得来呢？

市场走访完成后，亚明把碰到的问题罗列了出来：

（1）倒货猖獗，经销商和业务员都养成了不愿意做市场的恶习。

（2）市场基础工作薄弱。真正有效的酒店不到 20 家，这对在一个人口超过 200 万的城市里面运作中高档白酒品牌是不可想象的事；与千秋神品牌处于同一价格定位的口子窖、泸州老窖都是年度 200 万元的酒店买场预算，口子窖的泡店工作更是行业的标杆。名烟名酒店也是以售卖千秋神品牌的低价位产品为主，千秋神品牌的高档品牌形象连在渠道商的心目中都未树立起来，更不要说消费者了。

（3）广告投放杂乱无章，没有突出投放的主渠道和重点性。公交、电视、户外都有涉及，但都没有冲击力，没有形成爆发的量。

（4）品牌定位不清晰，更没有持之以恒。没有把中、高档品牌的推广落到实处。有酒店售价超过500元的产品，也有渠道售价不到20元的产品，而公司宣称的却是千秋神品牌是一个高档品牌，这样就让那些喝得起高档酒的消费者认为千秋神品牌不专业，不是真正的白酒高档品牌；那些喝不起千秋神品牌的大众消费群又会觉得千秋神品牌太高档。在没有跟风的情况下，很难形成气候。

（5）业务团队战斗力低下。在唯业绩论英雄的B市，善于倒货的业务员都成了英雄，埋头做事的业务员一个个因待遇过低却纷纷跳槽去了竞品的公司。

（6）虚高的任务压力。B市的千秋神品牌销量每年都在上涨，导致公司领导层对B市项目部负责人的考核任务也逐年上涨。B市的实际销量每年上涨得非常有限，但为了完成考核目标，历任负责人不得不继续前任冲货的游戏，任务定得越高，冲货就越厉害，市场的恶性循环就成了痼疾。

举一个例子就可说明B市冲货的严重危害性：千秋神公司的一款非常走俏的精品千秋神，每年光在大本营市场的销售额就高达3000万元，公司出货给一级商的价格一直维持在1200元/件（1×6瓶装），是公司的绝对高利润产品。该产品在B市上市后，公司为支持该款产品在B市拓展市场，拿出了100%的市场支持力度，但B市负责人为了快速冲量，把这些政策一次性往渠道上放，渠道为了快速出货，拿到更高的扣点，也只有把价格一步步往下放。到后来有段时间甚至出现了谁先放价谁就是英雄、谁就能得到更大实惠的渠道放价奇观。精品千秋神的价格一路走低，最后市场售价低至600元/件，受此冲击大本营市场的精品千秋神产品市场价格也全线崩盘，被迫放低至600元/件，给公司造成了巨大的利润损失。

（7）客户建档工作成了一纸空文。对中高档产品而言，前期的消费群是非常固定的，核心消费群更是不多。但就是这不多的消费群，好几年的运作也没有整理出一个头绪，更没有一份像样的客户档案，怎么样去培育忠诚消费者？常规的拓市手法用在中高档产品身上一样能成功的话，相信中国目前的白酒市场也不止茅、五、剑、水井坊、国窖1573几个产品在唱大戏了。

（二）五拳打转市场

问题的症结是找到了，亚明的思路却还没有完全厘清。在连续召开了一个星期的全体员工群策群力会后，亚明从这些员工的发言中，结合自己走访市场所得到的感悟才慢慢地有了底气，觉得可以出招了。

（1）自我加压，逐步斩断倒货的“黑手”

B市的市场要想起来，就要杜绝业务员及经销商不劳而获的想法。在利益的驱动下，谁去动这一块都会冒很大的风险，因为市场的销量立即就会刷刷地往下掉。好在目前公司讲究的是以利润为导向，追求利润至上。亚明在实施计划前与公司领导进行了充分的沟通，把目前的真实状况向公司领导做了充分的说明，然后要求调低年度任务总量。

亚明做了三个关键的承诺：一是B市今年的销量绝对不以牺牲其他市场的利益来实现，也就是逐步杜绝倒货；二是要营造出浓厚的市场氛围，降低费效比（费效比就是投入费用和产出效益的比值），以利润为导向，为明年的正式上量打好坚实的基础；三是年底时公司看不到市场的希望，亚明自降两级去做业务代理。好在千秋神公司的新任领导也是市场一线出身，南征北战做过很多市场，深知市场拓展的不易，非常理解亚明目前所面临的压力，就按照亚明说的定了下来。

拿到尚方宝剑的亚明先是确认思路：一是彻底恢复以前的直销模式，成立了酒店部、团购部、商超部等专门针对中高档产品设置的部门，并逐步拉高产品价格；二是确定了主打产品，主推两款酒店售价超过160元/瓶的高价格产品，以明确千秋神品牌的高档产品定位。逐步淘汰了价格在100元以下/瓶的流通产品，连以前给B市市场带来巨大销量，对兄弟市场冲货最厉害的精品千秋神也停止了发货。

因为停止了冲货产品的供应，那些以前依赖倒货完成任务的业务员纷纷现出了原形，业绩直线下滑。目前运作的两款高价格产品因为在成熟市场没有运作，业务员就是把货倒过去也卖不掉，迫于业绩压力，只好静下心来做市场。有几个专门倒货的业务员做了两个月仍然没有业绩主动离职走人了。当然，亚明付出的代价也比较大，连续两个月销量都呈直线下降，虽然在预料之中，亚明的内心还是承受了巨大的压力。

（2）锁定目标群，配合酒店的推广活动

亚明单独成立的团购部除了向单位卖货，提高成交额外，还有一个更重要的工作就是逐步收集这些核心群体的资料，构建客户档案并定期逐一上门拜访。一段时间后，亚明还与团购部的人员一道精心挑选出一部分核心高档群体每人赠送了一些酒票，只要这些客户在规定的酒店消费，就可免费获得公司的千秋神品牌赠酒。

这个活动的推出，一方面彰显了核心客户群的身份；另一方面也为酒店带来了客源，促使酒店的天平进一步向千秋神品牌倾斜。

通过对核心客户群的掌控，亚明发现了一个很有意思的现象，就是促销员每天报销量时能够说出自己卖掉的酒究竟是哪个单位的客人喝掉的，最好的能够有姓名和电话号码。从名单来看，酒店里面卖掉的千秋神80%以上都是客户档案里面现有的目标消费群！这更加坚定了亚明的客户建档工作信心和坚持酒店、团购两条腿走路的决心。

第三个月，虽然渠道回款仍然毫无起色，但酒店和团购的销量却有了突飞猛进，而这才是消费者扎扎实实喝到肚子里去的销量！亚明悬了两个月的心总算落了地，变革朝着自己预定的目标走，没有偏离。

多年来，B市高档酒的销量都是五粮液唱主角，后来茅台在B市的风头却逐渐盖过了五粮液。茅台的崛起把握了三个关键的环节和机会：一是连续几次破获五粮液假酒案的消息在B市的大报小报曝光，让人觉得五粮液几乎成了假酒的代名词；二是茅台的高层公关做得相当到位，不仅仅是B市的党政一把手带头指名消费茅台，B市临近的几个城市的党政一把手也是指名消费茅台；三是茅台下大力气找有背景的经销商经销茅台，主攻渠道就是关系营销式的团购。

亚明从茅台在B市的成功看到了希望，茅台在B市所具备的一些优势，千秋神品牌基本上都具备，关键是没有刻意去挖掘，总是想走捷径，反而浪费了时间。况且，千秋神品牌还有一个与茅台对立的优势，茅台的酱香风味对B市的绝大多数消费者而言并不适宜。千秋神由五粮液的补缺角色上位成为B市的领导者并非没有可能，很可能还是绝好的机会！

（3）把鸡蛋放在同一个篮子里

对投资者来说，把鸡蛋放在同一个篮子里是冒险的表现；对中高档产品的广告投放来说，把广告集中在某一个渠道投放反而会取得意想不到的效果。亚明取消了以前广告投放杂乱无章的模式，集中资源于户外广告，在选点与布局上既要求数量上的保证，又要突出重点位置的重点形象，凸显高档品牌的大气与霸气。电视媒体方面遵循公司的统一投放要求，亚明没有去做过多的要求。

高档品牌要求消费者尝试性喝一次容易，难的是怎么让目标群体坚持不懈地喝下去。这就是常说的要给消费者一个经常选择这个品牌的理由。如果广告的投放不把这个事说清楚，以为单纯的硬广告就能解决问题的话，那么市场上有钱的资本家谁都能运作高档品牌了。亚明将千秋神定位为有品位的酒！然后通过报纸挖掘多个案例和创意点从不同角度不断强化这一定位，最终营造出一个“有身份的人喝有品位的酒”的概念和氛围。

（4）细节决定成败

这是很时髦的一句话，亚明把它落到了实处。经过重新调整，专注流通渠道的业务员越来越少。随着酒店竞争的加剧，通常意义上的专场酒店越来越是一句空话。面对酒店里面几十号服务员、好几个领班、大堂经理、采购经理、财务经理甚至酒店的好几个股东，哪个环节没做好都是致命伤害。酒店不动货你会着急，酒店动了货收不回款你会更着急！怎么办？

亚明给出的答案是让业务员泡店。要求每个业务员手中的酒店不超过10家，多出一家就要让给其他的业务员接管，以确保工作的细致到位。而且，还做了一个特别规定，负责该酒店的业务员在和每个酒店商量后都要额定月度和年度销量。对酒店业务员的考核就是两条基本原则：一是该业务员所负责的酒店是否按照所制订的该酒店月度销量在推进；二是该酒店的千秋神是否是所在酒店的销量第一品牌。业务员所有的工作就围着这两条原则开展，自己提出要达成这两个目标所需要的支持。

取消了流通部，并不意味亚明就要全部放弃流通渠道。任何一个品牌的最终上量还是流通渠道贡献出来的，只不过在品牌的影响力没有真正树立起来时，流通的快速推进只会损害品牌，尤其是高档品牌。按照亚明的设想，在酒店及团购连续半年都按照预先制订的计划实现目标时，就要在B市寻找核心分销商了。

为什么叫核心分销商？就是能够代替公司在B市给酒店和团购单位供货的批发部或名烟名酒店，并非只做零售的小网点。这与五粮液、茅台、水井坊开专卖店是一个道理，不讲究铺市的密度，只强调布点适可原则。千秋神品牌的影响力有限，开专卖店等客上门不切实际，主动出击为好，协助分销商利用网络主动出货。千秋神同样不追求铺市的密度，而是寻找“门当户对”式的“同盟军”。

(5) 物以稀为贵，高处能胜寒

亚明要求商超部只上两款千秋神最高价位的产品，把以前低价位产品全部清退回来。这两款产品也只允许在商超部的名酒柜里面销售。如果哪个商超不同意上名酒柜，只愿意放在货架上与那些低档次产品摆在一起销售，亚明就坚决撤柜，宁肯暂时不上。

对于配送的促销品，亚明也力求高档、精致，宁缺毋滥。对于有高层的聚会、开会场合，只要能想办法摆上餐桌的都会想尽办法摆上去，哪怕白送或者倒贴也可以。这一点很多品牌一次两次可以坚持，长此以往的还没有看到，但亚明咬牙坚持下来了。

价格体系是亚明最为得意的，设置的是流通、酒店、商超全部采用同一个价格供货，只是团购渠道采取比酒店、商超的价格略高而比零售价格又要略低的策略。高档品牌没有巨大的利差是不可能让经销商死心塌地去做的。而控制好这种巨大的利差，让经销商实实在在地得到好处更不容易。所以对核心分销商的处罚是非常严厉的，一旦发现有经销商不按规定价格低价出货，就立即予以回购并终止与该经销商的合作。锁定目标群体，选择少部分分销商，直供酒店、单位等，都是一个目的，一根主线。物以稀为贵时，高处自然就能胜寒了！

亚明的爆炒夹生饭通过半年的调整取得了显著成效。以前的大肆冲货现象减少甚至没有了，最重要的是酒店、单位的动货频率越来越快，市场氛围真正变好了。以前铺货都没人要的产品，居然有不少的单位、流通渠道都拿现款进货。在没有重点开发流通渠道的情况下，二季度销售任务得以顺利完成，这可是千秋神公司战略转折意义上的胜利。

六、喜来乐：锁定高端通路

B 市是一座新兴的工业城市，因临近省城，投资条件优越，外来资本不断进入，居民的收入也逐年增高，号称超越了省城成为省内消费水平最高的城市。收入的增加刺激了第三产业的大力发展，B 市酒楼林立，生意火爆。

喜来乐（化名）是省内新崛起的白酒高档品牌。21 世纪初，喜来乐曾经大张旗鼓地来到 B 市，因当时市场投入资金有限，B 市不是企业的主攻目标市场，完全是靠经销商的一己之力在做市场。对于高档品牌来说，没有强有力的市场支持做后盾，市场结果可想而知。不到半年时间，就因经销商支撑不下去而被迫退出市场。

2002 年，B 市纳入喜来乐的省城直销公司统一管理，虽说是直销，但重点仍然是在省城而不是 B 市。当时的操盘者还是寄希望在 B 市重新招商，交给经销商操作，直销公司再来扶持经销商。大半年的时间过去了，招商仍然没有结果，迫于无奈，直销公司只好自己找了几个酒店直供。先不说物流方面的鞭长莫及，就算物流跟得上，没有一支队伍在 B 市操盘结果也可想而知，在耗费不小的费用后，喜来乐又一次黯然神伤地离开了 B 市。

在沉寂了近两年时间后，喜来乐的品牌拥有者和生产企业又一次把目光瞄准了 B 市。这次他们对产品进行了一次从内至外的大改观，推出了两款卖价超过三百元的新品，使其更符合现有的流行趋势和消费者嗜好，品牌内涵也重新进行了深度挖掘。

虽说酒装进了新瓶，公司也信誓旦旦地承诺对 B 市将大力扶持、一路绿灯，但招商工作仍然举步维艰。B 市所有的酒水经销大户都对喜来乐采取了排斥态度，不肯接招，在他们的心目中总认为喜来乐这样高价位的产品，没有一点底蕴是很难操作的，况且，曾经的两次败绩也使他们不看好这个品牌的发展。

苦苦地寻觅和等待中，在公司承诺卖不动就退货、退款的诺言声中，终于有一个从未做过酒水、刚刚在批发市场找了个小门面的经销商同意打几万元试销。对于喜来乐高档产品来说，几万元只意味着几十箱货而已！让许多厂家不屑一顾的几十箱货使喜来乐的操盘人员看到了希望，封闭已久的B市大门终于撬开了一道缝隙，2004年9月，喜来乐在B市正式立项操作。

（一）剑指终端，铩羽而归

一开始，操盘者认为高档产品的推广就应该像口子窖等品牌一样，通过酒店终端的启动来带动渠道的销售。外加经销商不懂酒水操作，在看到其他酒水商不顾一切地哄抢酒店酒水供应权，就想当然地认为酒店是主战场，也强烈要求公司加大酒店卖场力度，支持他进店销售。双方的一拍即合，使喜来乐在短短的一个月时间内进场了近40家酒店，跟进上促销员的酒店也达到了近二十家。只是这些酒店都是一些二流店、三流店，B市十大标杆酒店没有一家进去！

事后分析，当时的操盘者和经销商看到进这些二、三流店所花费的代价都不大，而且数量的增多可以拓宽铺市面、增加与消费者接触的机会。他们都忽视了最最基本的问题：高档酒是卖给谁喝的？哪些场所才是经常喝高档白酒的场所？两个月的时间过去了，进场的四十多家酒店真正的有效店非常少，能够完成预定任务的促销员不过两三个。

这么大的投入，又是旺季，促销员的酒水销售连自己的工资都不保，这个市场怎么玩下去？而且由于前期进店的急迫性和盲目性，没有进行认真的调查研究，相继发生了几个进场酒店（甚至有两个专场酒店）关门跑单的事情。受此打击，经销商信心大挫，对酒店的供货热情也冷却下来。

项目组的人通过两个月实地操盘也渐渐对B市的竞争环境有了了解。几次开会深入地研究、分析市场后一致认为：应该立即停止这种盲目的酒店开发模式，要有的放矢重点攻击那些有消费潜力和能力的酒店，花重金买几个B市的标杆酒店。已经进场的酒店则在评估分析后，对达不到销量要求的酒店一律撤离促销员，久未动货的酒店则把货撤出调到其他能够动销的酒店销售，以减轻经销商的资金压力。在促销人员、酒店精简后，喜来乐的销售不降反升，“抓大放小、避轻就重”的酒店工作调整初见成效。

（二）您在哪里？喜来乐在找您

酒店销售虽然略有起色，但按照这种进度推进下去什么时候才能迎来胜利的曙光呢？喜来乐的经销商以前从未经销过白酒，流通通路是零，就是有流通渠道，在目前阶段最多也是起一个展示、广告作用而已，真正的动销非常有限。酒店的费用巨大，那些卖得动喜来乐的标杆酒店进场、专场动辄十几万元甚至几十万元的费用，而且要收现金。要卖得动酒能不能绕开这些通常的通路，另辟蹊径？思前想后，大家一致认为唯一的办法就是把酒直接卖给那些能够经常喝得起这种档次的酒的人！在一个人口不超过50万的中等城市，这群人的整体数量不会很多。找到这群人，让他们经常去喝喜来乐，市场的启动就有希望了。

经销商虽然在此之前没有接触过白酒行业，但因为他在其他行业滚打的时间较长，在B市积累的社会资源比较丰富，也认识不少身份显赫、位高权重的社会名流人士。以此为突破口进行公关，是否能带动目前的销售僵局呢？“勇于创新、敢于尝试”是B市项目组的座右铭，通过挖掘经销商的资源并逐一整理、筛选后，形成了一个约30人的小名单，都是B市副处级以上的领导，选择在B市最高档的酒店邀请这些领导召开了一次小型的喜来乐品酒会，会上还请到场的最高领导发言、致祝酒词并号召到场的领导以后都要喝喜来乐。会后的第三天起就开始逐一到这些参会的领导办公室去拜访、沟通感情，并请他把下属的办公室主任介绍给拜访的人员认识。

当时只是尝试、做试验，但现在回过头来看，这种小型酒会的召开非常有必要，要使效果最大化，关键要做好以下几点：

（1）酒会现场的布置和气氛要简洁，不能广告味太浓，要体现档次，让参会人员能够感觉得出是喜来乐的主场。同时，酒会现场的领导讲话很重要，要由工作人员事先拟好发言稿并得到讲话领导的首肯，这样整个酒会的气氛就出来了，也达到了我们宣传的目的。

（2）会后的及时拜访至关重要。间隔的时间过长，会使酒会的效果淡化，况且领导的记性并没有那么好，浪费了前期的酒会费用。一般来说，酒会过后的一个星期内拜访完所有的参会领导是最好的，最多不能超过十天。如果对方出差不能接受拜访，也要多打几个电话问候并约好具体的见面时间，目的只有一个，就是不能让他们开完会后忘掉自己在会上的“客气话”。

（3）别吝啬两瓶赠酒。初次拜访，最好送两瓶品尝酒给参会领导，一是加深他对喜来乐的印象和好感；二是起一个广告宣传作用，领导拿到这种酒最大的可能就是带到酒店喝掉，一次可能无所谓，经常性带到酒店、很多领导都带这种酒到酒店去喝就有所谓了，广告的效果就出来了。

（4）办公室主任的事后公关是送酒的关键。拜访领导时最好由领导把办公室主任叫到他自己的办公室介绍给我们，一是显示对喜来乐的重视；二是暗示办公室主任，我们跟领导的关系不一般，使他不至于在以后的工作中给我们设置障碍。当然，如果这个单位小，领导可以直接发话更好。办公室主任的关系处理得好，以后长期送酒的事才更稳妥，你不可能为了卖几件酒天天去找领导，这样会引起领导的反感，而找办公室主任就不一样了，他本来就是负责这些事的。

小型酒会召开完后，因为拜访及时，直接往单位送货的频率超过了酒店的动销频率，久未开启的市场大门终于露出了一丝曙光。

（三）统一思路，锁定高端

春节过后，B市的项目组在创新初见成效后，立即制订了详细的新年年度推广计划报总部备案。确定以培育高端消费群来带动喜来乐的销售，并以此为突破口来撬开市场的统一作战思路。

推广计划批复下来后，项目组着手构建高端客户群档案，完善客户资料，确定了首批金卡客户名单。对金卡客户定期上门拜访、定期赠送品尝酒、定期聚会、定期赠送喜来乐的企业报，还给这些金卡客户颁发由喜来乐公司总经理签发的质量监督员聘书。

为了对接对高端客户群的服务工作，项目组成立了喜来乐公司第一支专业的公共关系队伍，专门收集高档客户群的资料，不定期召开新增高端客户的小型酒会，并在酒会后及时逐一上门拜访。由于专业队伍的成立加快了对客户的拜访频率，使我们的服务与竞品有了明显的差距，越来越多的客户开始主动给我们介绍其他的新客户，到酒店也积极主动地点用喜来乐。

随着高档客户的不断增加，项目组为这些客户划分了档次，分成 A、B、C 三类客户。A 类客户为金卡客户，能够享受定期赠酒、定期聚会、发放聘书等优惠，每半个月拜访一次；B 类客户为银卡客户，可以享受年节赠酒、不定期聚会等优惠，一个月拜访一次；C 类客户为翡翠客户，也是潜力客户，一有机会就要把他转换成银卡或金卡客户，电话拜访、不定期赠酒都会享受到。

在给高端客户做服务的过程中项目组发现，对金卡客户的定期赠酒及对普通高档客户的不定期年节赠酒往往能收到奇效。客户收到我们的赠酒后一般都会带到酒店去喝，一次、两次、三次，通过多次带酒活动就会使酒店方不由自主地联想到这种酒的俏销。实际上这种方式的推广也使我们比竞品节约了更多的进场费，而且直接饮用，减少了中间环节，不至于在酒店造成积压（有些是酒水进场，没有带动作用，高档产品非常难推）。

（四）扫除心理障碍、制造喝喜来乐的理由

因为是领导，一次两次去喝，碍于面子可能做得到，但要这些领导经常点用喜来乐不觉得丢面子就不容易了。你的酒好，茅台、五粮液就不好吗？茅台、五粮液太贵了，泸州老窖便宜多了，酒质就不好？所以当不断有领导提出这个问题时，项目组觉得到给领导答疑解惑的时候了，推出了三个措施：

（1）选择在 B 市的黄金码头上了两块大型户外广告。一是提升喜来乐的知名度，虽然目前做酒不是唯广告赢取销售了，但广告可以给消费者一些心理暗示：好歹这个牌子也是知名品牌！二是体现出喜来乐的霸气。黄金地段的广告投入是企业实力的体现（尽管项目组拿下的位置广告费非常低廉，但给外人的感觉就是不一样），不是重点产品一般的企业是不敢这样做的。

（2）深入挖掘喜来乐的品牌内涵，并印制成精美的宣传彩单邮寄给所服务的高档客户群。项目组对喜来乐多角度、创造性地提炼出“一个主张、三重境界、五种品味、七大标准”的卖点，把喜来乐为什么卖这么贵、好在哪里都做了详细的解答。为了让更多的高档消费人群相信这种解答，项目组在B市的报纸上连续推出了五期证言式软文广告，并在赠送给这些高档消费人群的内部通联录的扉页都印上了喜来乐的品牌介绍和内涵挖掘，加深了他们对喜来乐的印象和认识。

（3）生产基地体验之旅。邀请了近30名金卡客户到喜来乐的生产基地实地考察，所谓“真金不怕火炼”，通过这些高端人群的实地考察和亲眼所见来达到佐证和口碑相传的目的。

这些工作落实后，喜来乐的高档品牌形象逐渐清晰起来，也渐渐得到了高端客户的认可。许多认为喝喜来乐掉身价的人也不再有这种类似的想法，且老客户在把喜来乐介绍给新客户时底气也更足了。

（五）针对高端客户的送“财神”活动

经过前期几个月的热炒，喜来乐也有了点名气。中秋节，项目组的人针对高端客户精心策划了一个送“财神”的喜来乐喜迎中秋、国庆促销活动。大致是这样的：

时间：×月×日～×月×日

地点：B市各机关、企事业单位

主题：选择喜来乐，“财神”紧相随

内容：

（1）购喜来乐两件送价值999元的××名表一块；

（2）购喜来乐五件送价值1999元的××名牌床上用品五件套；

（3）购喜来乐十件送价值4999元的999纯金“财神”菩萨一个（限前18名）。

活动推出后，得到了高端客户群的热烈响应，尤其是“财神”被哄抢一空。喜来乐的销售也随之水涨船高，创造了历史新纪录。本次活动的空前成功得到了喜来乐总部的好评并在新年前在喜来乐的其他市场稍加改动后进行了全面推广，同样形成了火爆的销售局面。

（六）请市长卖酒

随着喜来乐在B市的王者气质逐渐显现出来，许多单位的领导开始主动关注喜来乐的发展，许多批发部、小酒店也开始主动找喜来乐的经销商要货。如何让这把火继续烧下去，让更多的领导继续选择喜来乐形成旺季的持续热销呢？项目组的人通过与经销商商量并多方征集意见后，在B市策划举行了一次“请市长卖酒”活动。邀请到了包括喜来乐生产基地所在地市长、B市市长及B市各个单位的头头脑脑共计三百多人，出席了本次“请市长卖酒”大型公关推广活动。两地市长都在本次会议上做了针对喜来乐的精彩发言，B市市长还致了祝酒词。

“请市长卖酒”活动的成功举办在B市引起了轰动效应，开B市白酒推广活动先河，许多还处于徘徊边缘的领导这个时候纷纷坚定了决心（“连市长都喝喜来乐了，我还能不喝?”成了大家的口头禅）。为了扩大影响，让更多的人感受到本次活动的热烈气氛，项目组又把本次活动的全过程制作成30分钟的DVD光碟，给每个参会的领导都寄送一张。两地市长的讲话和碰杯还被制作成精美的写真相框悬挂在项目组的办公室和经销商的门面，让那些登门参观和拿货的人群观看，以此增强他们对喜来乐的信心。因活动的影响力巨大，B市的几大报纸都发了通讯稿并配照片，几大电视台也对本次“请市长卖酒”活动做了报道。

看到货每天不断往外背，不但经销商喜上眉梢，项目组的人悬了一年的心也总算落了地。

（七）欢乐除夕，喜来乐

春节期间为谋求新一年的喜来乐品牌有一个更好的发展，B市项目组配合总部一口气连续推出了两个大型活动：新年酒票赠酒活动和大年除夕的酒店预定年夜饭赠酒活动。

新年酒票活动是针对高档客户群以公司的名义寄送喜来乐酒票一张，凭票可以到B市喜来乐总经销处领取喜来乐两瓶。该活动是B市年度金卡客户赠酒活动的一个延续，只不过变换了一个花样，以公司总部的名义赠出，显得更郑重、对目标客户更尊敬，更能得到他们的认可和好感。本次赠送酒票活动在原来的基础上进一步扩大，参加“请市长卖酒”活动的高端客户都有获赠。

项目组在B市选择了一些定做年夜饭的酒店，针对消费者推出一个酒店预定年夜饭赠酒大型活动：凡是在指定酒店预订年夜饭的消费者均可获赠喜来乐一瓶（每桌限送一瓶）。在每个指定酒店我们设置了喜来乐的堆码和展台，放置了X展架；从除夕前20天开始，每天都在指定酒店的桌子和吧台处放置DM宣传单供顾客索取。

当年夜饭赠酒活动的报纸广告出来后，许多酒店、消费者还以为我们是在开“愚人节”的玩笑，甚至连我们自己的总经销都有点怀疑我们的承诺能否实现。因为按照竞品的说法，这种力度“实在太大了”！

上述两个活动的推出把喜来乐的销售再一次推向了高潮。许多竞品都惊叹喜来乐的推广力度，不少竞品的推广活动不得不偃旗息鼓、提前收兵。整个B市的白酒市场在年前都只听到了一种声音，那就是来自于喜来乐的凯歌与喧嚣！

（八）简单的几点思考

这几年白酒市场的高档产品推广可谓热闹非凡，几乎每个酒厂都推出了属于自己的高档白酒品牌。但真正沉淀下来能够被消费者耳熟能详的还是那几个老面孔。是高档产品没有市场还是我们的推广措施不得法？或者是品牌的定位不准、市场战线太长？每个品牌在做总结的时候都会找到自己失败的理由。但成功的品牌自然有其过人之处，或是摸准了品牌的脉搏。综观喜来乐在B市的推广，个人以为有几个关键点是把握得非常准的：

（1）不轻易言败，持之以恒做市场。在B市三进两出，其他的企业可能会认为B市不适宜推广高档产品而放弃，以中国的市场之大完全可以找一个更具备条件的市场去运作。喜来乐不但坚持下来了，而且在经销商极其弱势的情况下取得成功。如果没有持之以恒的毅力和对市场的准确判断及企业实力做后盾，推广仍将是一句空话。以泸州老窖的名气和实力，其在推广国窖1573时也不知花了多少银子，坚持了这么多年才有今日成就，更何况一些不知名的高档产品。

（2）锁定高端消费群，咬定青山不放松。喜来乐在B市的成功推广牢牢抓住了一条主线，就是不遗余力地对高端消费群的培育和服务。不管是小型酒会的召开也好，对目标消费群的拜访也好，甚至是请市长卖酒也好，都紧紧围绕高端消费群在做工作，所有的促销推广活动也是以满足这些高端消费群的嗜好为目标来进行开展。因为没有偏离主线，所有的市场推广工作就形成了一种聚合力，最终才形成爆发力，体现出了聚变的威力。

（3）没有抛弃广告和对酒店的运作。对高档品牌而言广告并不一定要多，但一定要体现出霸气和档次。虽然目前的自带酒水已经成为一种普遍现象，但完全不理会酒店的感受，品牌的推广速度肯定会受阻。口子窖倡导的“盘中盘”模式在现如今的市场环境下已经不能启动市场了，但口子窖运作酒店时细腻的客情公关却是我们应该主动学习的。

（4）充分运用好了赠酒这一撬开市场的利器。对高端消费群的定期赠酒、寄送酒票活动，表面上的投入非常之大，实际上比起动辄几十万元现金去买一个酒店的投入，费用就显得非常低廉了。更何况几十万元砸在一个酒店里，不知道要多少人花多少时间才能喝完。很可能产品在这个市场上死掉了，砸在酒店的几十万元进场费仍然未卖出来。而把这些买店的费用转化为赠酒直接送给目标顾客消费，采取的方法不同，达到的目的却是相同的，就是让目标消费群的经常性消费来带动整个市场的动销。直接赠酒还有一个优势就是短时间内目标消费群非常准确，是有的放矢。

（5）对品牌内涵的深度挖掘。喜来乐总结出来的“一个主张、三重境界、五种品味、七大标准”解决了高端消费人群喝酒的面子问题，为他们找到了一种经常饮用这种酒的理由。犹如茅台的“护肝说”一样，虽然行业内外一致诟病茅台的这种提法，但消费者就是宁信其有。

（6）立体作战，推广活动的环环相扣。现在的白酒营销靠单点突破取胜已经很不现实了，高档品牌的推广更是如此。喜来乐在抓住主线不放的同时，随着品牌影响力的日渐扩大，在酒店、渠道开展了多次促销推广活动，从各个方面满足不同环节的追求需要，使更多的人加入向目标消费群推介喜来乐的行列，真正实现了品牌质的飞跃。

1120 本土管理实践与创新论坛

这是由100多位本土管理专家联合创立的企业管理实践学术交流组织，旨在孵化本土管理思想、促进企业管理实践、加强专家间交流与协作。

论坛每年集中力量办好两件大事：第一，“**出一本书**”，汇聚一年的思考和实践，把最原创、最前沿、最实战的内容集结成册，贡献读者；第二，“**办一次会**”，每年11月20日本土管理专家们汇聚一堂，碰撞思想、研讨案例、交流切磋、回馈社会。

论坛理事名单（以年龄为序，以示传承之意）

常务理事：

彭志雄　曾　伟　施　炜　杨　涛　张学军　郭　晓
程绍珊　胡八一　王祥伍　李志华　陈立云　杨永华

理　　事：

卢根鑫　曾令同　宋杼宸　张国祥　刘承元　曹子祥　宋新宇　吴越舟
吴　坚　戴欣明　刘春雄　刘祖轲　段继东　何　慕　秦国伟　贺兵一
张小虎　郭　剑　余晓雷　黄中强　朱玉童　沈　坤　阎立忠　张　进
丁兴良　朱仁健　薛宝峰　史贤龙　卢　强　史幼波　叶敦明　王明胤
陈　明　岑立聪　方　刚　张东利　郭富才　叶　宁　何　屹　沈　奎
王　超　马宝琳　谭长春　夏惊鸣　张　博　李洪道　胡浪球　孙　波
唐江华　刘红明　杨鸿贵　伯建新　高可为　李　蓓　孔祥云　贾同领
罗宏文　史立臣　李政权　余　盛　陈小龙　尚　锋　邢　雷　余伟辉
李小勇　全怀周　沈　拓　徐伟泽　崔自三　王玉荣　蒋　军　侯军伟
黄润霖　金国华　吴　之　葛新红　周　剑　崔海鹏　柏　龑　唐道明
朱志明　曲宗恺　杜　忠　远　鸣　范月明　刘文新　赵晓萌　张　伟
熊亚柱　孙彩军　刘　雷　王庆云　俞士耀　丁　昀　黄　磊　罗晓慧
伏泓霖　梁小平　鄢圣安

推荐作者得新书！

博瑞森征稿启事

亲爱的读者朋友：

感谢您选择了博瑞森图书！希望您手中的这本书能给您带来实实在在的帮助！

博瑞森一直致力于发掘好作者、好内容，希望能把您最需要的思想、方法，一字一句地交到您手中，成为专业知识与管理实践的纽带和桥梁。

但是我们也知道，有很多深入企业一线、经验丰富、乐于分享的优秀专家，或者往来奔波没时间，或者缺少专业的写作指导和便捷的出版途径，只能茫然以待……

还有很多在竞争大潮中坚守的企业，有着异常宝贵的实践经验和独特的闪光点，但缺少专业的记录和整理者，无法让企业的经验和故事被更多的人了解、学习、参考……

这些都太遗憾了！

博瑞森非常希望能将这些埋藏的"宝藏"发掘出来，贡献给广大读者，让更多的人得到帮助。

所以，我们真心地邀请您，我们的老读者，帮助我们一起搜寻：

推荐作者。

可以是您自己或您的朋友，只要对本土管理有实践、有思考；可以是您通过网络、杂志、书籍或其他途径了解的某位专家，不管名气大小，只要他的思想和方法曾让您深受启发。

推荐企业。

可以是您自己所在的企业，或者是您熟悉的某家企业，其创业过程、运营经历、产品研发、机制创新，等等。不论企业大小，只要乐于分享、有值得借鉴书写之处。

总之，好内容就是一切！

博瑞森绝非"自费出书"，出版项目费用完全由我们承担。您推荐的作者或企业案例一经采用，我们会立刻向您赠送书币 100 元，可直接换取任何博瑞森图书的纸质版或电子版。

感谢您对本土管理的支持！感谢您对博瑞森图书的帮助！

推荐邮箱：bookgood@126.com　　　　推荐手机：13611149991

欢迎登录"博瑞森管理图书网"了解我们！

博瑞森图书

互联网 +

<table>
<tr><th colspan="2">书名. 作者</th><th>内容/特色</th><th>读者价值</th></tr>
<tr><td rowspan="9">互联网+</td><td>**移动互联新玩法:未来商业的格局和趋势**
史贤龙　著</td><td>传统商业、电商、移动互联,三个世界并存,这种新格局的玩法一定要懂</td><td>看清热点的本质,把握行业先机,一本书搞定移动互联网</td></tr>
<tr><td>**创造增量市场:传统企业互联网转型之道**
刘红明　著</td><td>传统企业需要用互联网思维去创造增量,而不是用电子商务去转移传统业务的存量</td><td>教你怎么在"互联网 +"的海洋中创造实实在在的增量</td></tr>
<tr><td>**画出公司的互联网进化路线图:用互联网思维重塑产品、客户和价值**
李　蓓　著</td><td>18 个问题帮助企业一步步梳理出互联网转型思路</td><td>思路清晰、案例丰富,非常有启发性</td></tr>
<tr><td>**7 个转变,让公司 3 年胜出**
李　蓓　著</td><td>消费者主权时代,企业该怎么办</td><td>这就是互联网思维,老板有能这样想,肯定倒不了</td></tr>
<tr><td>**重生战略:移动互联网和大数据时代的转型法则**
沈　拓　著</td><td>在移动互联网和大数据时代,传统企业转型如同生命体打算与再造,称之为"重生战略"</td><td>帮助企业认清移动互联网环境下的变化和应对之道</td></tr>
<tr><td>**跳出同质思维,从跟随到领先**
郭　剑　著</td><td>66 个精彩案例剖析,帮助老板突破行业长期思维惯性</td><td>做企业竟然有这么多玩法,开眼界</td></tr>
<tr><td>**今后这样做品牌:移动互联时代的品牌营销策略**
蒋　军　著</td><td>与移动互联紧密结合,告诉你老方法还能不能用,新方法怎么用</td><td>今后这样做品牌就对了</td></tr>
<tr><td>**互联网 +"变"与"不变":本土管理实践与创新论坛集萃. 2016**
本土管理实践与创新论坛　著</td><td>本土管理领域正在产生自己独特的理论和模式,尤其在移动互联时代,有很多新课题需要本土专家们一起研究</td><td>帮助读者拓宽眼界、突破思维</td></tr>
<tr><td>**微商生意经:真实再现 33 个成功案例操作全程**
伏泓霖　罗晓慧　著</td><td>本书为 33 个真实案例,分享案例主人公在做微商过程中的经验教训</td><td>案例真实,有借鉴意义</td></tr>
</table>

行业类:零售、白酒、食品/快消品、农业、医药、建材家居等

<table>
<tr><th colspan="2">书名. 作者</th><th>内容/特色</th><th>读者价值</th></tr>
<tr><td rowspan="6">零售·超市·餐饮·服装·汽车</td><td>**1. 总部有多强大,门店就能走多远**
2. 超市卖场定价策略与品类管理
3. 连锁零售企业招聘与培训破解之道
4. 中国首家未来超市:解密安徽乐城
5. 三四线城市超市如何快速成长:解密甘雨亭
IBMG 国际商业管理集团　著</td><td>国内外标杆企业的经验 + 本土实践量化数据 + 操作步骤、方法</td><td>通俗易懂,行业经验丰富,宝贵的行业量化数据,关键思路和步骤</td></tr>
<tr><td>**涨价也能卖到翻**
村松达夫　【日】</td><td>提升客单价的 15 种实用、有效的方法</td><td>日本企业在这方面非常值得学习和借鉴</td></tr>
<tr><td>**零售:把客流变成购买力**
丁　昀　著</td><td>如何通过不断升级产品和体验式服务来经营客流</td><td>如何进行体验营销,国外的好经营,这方面有启发</td></tr>
<tr><td>**餐饮企业经营策略第一书**
吴　坚　著</td><td>分别从产品、顾客、市场、盈利模式等几个方面,对现阶段餐饮企业的发展提出策略和思路</td><td>第一本专业的、高端的餐饮企业经营指导书</td></tr>
<tr><td>**赚不赚钱靠店长:从懂管理到会经营**
孙彩军　著</td><td>通过生动的案例来进行剖析,注重门店管理细节方面的能力提升</td><td>帮助终端门店店长在管理门店的过程中实现经营思路的拓展与突破</td></tr>
<tr><td>**汽车配件这样卖:汽车后市场销售秘诀 100 条**
俞士耀　著</td><td>汽配销售业务员必读,手把手教授最实用的方法,轻松得来好业绩</td><td>快速上岗,专业实效,业绩无忧</td></tr>
</table>

续表

白酒	变局下的白酒企业重构 杨永华　著	帮助白酒企业从产业视角看清趋势,找准位置,实现弯道超车的书	行业内企业要减少90%,自己在什么位置,怎么做,都清楚了
	1. 白酒营销的第一本书 2. 白酒经销商的第一本书 唐江华　著	华泽集团湖南开口笑公司品牌部长,擅长酒类新品推广、新市场拓展	扎根一线,实战
	区域型白酒企业营销必胜法则 朱志明　著	为区域型白酒企业提供35条必胜法则,在竞争中赢销的葵花宝典	丰富的一线经验和深厚积累,实操实用
	10步成功运作白酒区域市场 朱志明　著	白酒区域操盘者必备,掌握区域市场运作的战略、战术、兵法	在区域市场的攻伐防守中运筹帷幄,立于不败之地
	酒业转型大时代:微酒精选2014-2015 微酒　主编	本书分为五个部分:当年大事件、那些酒业营销工具、微酒独立策划、业内大调查和十大经典案例	了解行业新动态、新观点,学习营销方法
快消品·食品	乳业营销第一书 侯军伟　著	对区域乳品企业生存发展关键性问题的梳理	唯一的区域乳业营销书,区域乳品企业一定要看
	食用油营销第一书 余　盛　著	10多年油脂企业工作经验,从行业到具体实操	食用油行业第一书,当之无愧
	中国茶叶营销第一书 柏　龑　著	如何跳出茶行业"大文化小产业"的困境,作者给出了自己的观察和思考	不是传统做茶的思路,而是现在商业做茶的思路
	调味品营销第一书 陈小龙　著	国内唯一一本调味品营销的书	唯一的调味品营销的书,调味品的从业者一定要看
	快消品营销人的第一本书:从入门到精通 刘　雷　伯建新　著	快消行业必读书,从入门到专业	深入细致,易学易懂
	变局下的快消品营销实战策略 杨永华　著	通胀了,成本增加,如何从被动应战变成主动的"系统战"	作者对快消品行业非常熟悉、非常实战
	快消品经销商如何快速做大 杨永华　著	本书完全从实战的角度,评述现象,解析误区,揭示原理,传授方法	为转型期的经销商提供了解决思路,指出了发展方向
	一位销售经理的工作心得 蒋　军　著	一线营销管理人员想提升业绩却无从下手时,可以看看这本书	一线的真实感悟
	快消品营销:一位销售经理的工作心得2 蒋　军　著	快消品、食品饮料营销的经验之谈,重点图书	来源与实战的精华总结
	快消品营销与渠道管理 谭长春　著	将快消品标杆企业渠道管理的经验和方法分享出来	可口可乐、华润的一些具体的渠道管理经验,实战
	成为优秀的快消品区域经理 伯建新　著	37个"怎么办"分析区域经理的工作关键点	可以作为区域经理的'速成催化器'
	销售轨迹:一位快消品营销总监的拼搏之路 秦国伟　著	本书讲述了一个普通销售员打拼成为跨国企业营销总监的真实奋斗历程	激励人心,给广大销售员以力量和鼓舞
	快消老手都在这样做:区域经理操盘锦囊 方刚　著	非常接地气,全是多年沉淀下来的干货,丰富的一线经验和实操方法不可多得	在市场摸爬滚打的"老油条",那些独家绝招妙招一般你问都是问不来的
农业	农资营销实战全指导 张　博　著	农资如何向"深度营销"转型,从理论到实践进行系统剖析,经验资深	朴实、使用!不可多得的农资营销实战指导
	农产品营销第一书 胡浪球　著	从农业企业战略到市场开拓、营销、品牌、模式等	来源于实践中的思考,有启发
	变局下的农牧企业发展9大成长策略 彭志雄　著	食品安全、纵向延伸、横向联合、品牌建设……	唯一的农牧企业经营实操的书,农牧企业一定要看

续表

医药	**新医改下的医药营销与团队管理** 史立臣　著	探讨新医改对医药行业的系列影响和医药团队管理	帮助理清思路,有一个框架
	医药营销与处方药学术推广 马宝琳　著	如何用医学策划把"平民产品"变成"明星产品"	有真货、讲真话的作者,堪称处方药营销的经典!
	新医改了,药店就要这样开 尚　锋　著	药店经营、管理、营销全攻略	有很强的实战性和可操作性
	电商来了,实体药店如何突围 尚　锋　著	电商崛起,药店该如何突围?本书从促销、会员服务、专业性、客单价等多重角度给出了指导方向	实战攻略,拿来就能用
	在中国,医药营销这样做:时代方略精选文集 段继东　主编	专注于医药营销咨询15年,将医药营销方法的精华文章合编,深入全面	可谓医药营销领域的顶尖著作,医药界读者的必读书
	OTC医药代表药店开发与维护 鄢圣安　著	要做到一名专业的医药代表,需要做什么、准备什么、知识储备、操作技巧等	医药代表药店拜访的指导手册,手把手教你快速上手
	引爆药店成交率1:店员导购实战 范月明　著	一本书解决药店导购所有难题	情景化、真实化、实战化
	引爆药店成交率2:经营落地实战 范月明　著	最接地气的经营方法全指导	揭示了药店经营的几类关键问题
	医药企业转型升级战略 史立臣　著	药企转型升级有5大途径,并给出落地步骤及风险控制方法	实操性强,有作者个人经验总结及分析
建材家居	**建材家居营销实务** 程绍珊　杨鸿贵　主编	价值营销运用到建材家居,每一步都让客户增值	有自己的系统、实战
	建材家居门店销量提升 贾同领　著	店面选址、广告投放、推广助销、空间布局、生动展示、店面运营等	门店销量提升是一个系统工程,非常系统、实战
	10步成为最棒的建材家居门店店长 徐伟泽　著	实际方法易学易用,让员工能够迅速成长,成为独当一面的好店长	只要坚持这样干,一定能成为好店长
	手把手帮建材家居导购业绩倍增:成为顶尖的门店店员 熊亚柱　著	生动的表现形式,让普通人也能成为优秀的导购员,让门店业绩长红	读着有趣,用着简单,一本在手、业绩无忧
	建材家居经销商实战42章经 王庆云　著	告诉经销商:老板怎么当、团队怎么带、生意怎么做	忠言逆耳,看着不舒服就对了,实战总结,用一招半式就值了
工业品	**解决方案营销实战案例** 刘祖轲　著	用10个真案例讲明白什么是工业品的解决方案式营销,实战、实用	有干货、真正操作过的才能写得出来
	变局下的工业品企业7大机遇 叶敦明　著	产业链条的整合机会、盈利模式的复制机会、营销红利的机会、工业服务商转型机会……	工业品企业还可以这样做,思维大突破
	工业品市场部实战全指导 杜　忠　著	工业品市场部经理工作内容全指导	系统、全面、有理论、有方法,帮助工业品市场部经理更快提升专业能力
	工业品营销管理实务 李洪道　著	中国特色工业品营销体系的全面深化、工业品营销管理体系优化升级	工具更实战,案例更鲜活,内容更深化
	工业品企业如何做品牌 张东利　著	为工业品企业提供最全面的品牌建设思路	有策略、有方法、有思路、有工具
	丁兴良讲工业4.0 丁兴良　著	没有枯燥的理论和说教,用朴实直白的语言告诉你工业4.0的全貌	工业4.0是什么?本书告诉你答案
	大客户营销,好策略带动强执行 叶敦明　著	从业务开发、发起攻势、关系培育、职业成长四个方面,详述了大客户营销的精髓	满满的全是干货
	营销取胜靠订单:订单驱动下的工业品营销实践 唐道明　著	其实,所有的企业都在围绕着两个字在开展全部的经营和管理工作,那就是"订单"	开发订单、满足订单、扩大订单。本书全是实操方法,字字珠玑、句句干货,教你获得营销的胜利

续表

金融	交易心理分析 (美)马克·道格拉斯　著 刘真如　译	作者一语道破赢家的思考方式,并提供了具体的训练方法	不愧是投资心理的第一书,绝对经典
	精品银行管理之道 崔海鹏　何　屹　主编	中小银行转型的实战经验总结	中小银行的教材很多,实战类的书很少,可以看看
	支付战争 Eric M. Jackson　著 徐　彬　王　晓　译	PayPal 创业期营销官,亲身讲述 PayPal 从诞生到壮大到成功出售的整个历史	激烈、有趣的内幕商战故事!了解美国支付市场的风云巨变
房地产	产业园区/产业地产规划、招商、运营实战 阎立忠　著	目前中国第一本系统解读产业园区和产业地产建设运营的实战宝典	从认知、策划、招商到运营全面了解地产策划
	人文商业地产策划 戴欣明　著	城市与商业地产战略定位的关键是不可复制性,要发现独一无二的"味道"	突破千城一面的策划困局
经营类:企业如何赚钱,如何抓机会,如何突破,如何"开源"			
	书名．作者	内容/特色	读者价值
抓方向	让经营回归简单．升级版 宋新宇　著	化繁为简抓住经营本质:战略、客户、产品、员工、成长	经典,做企业就这几个关键点!
	公司由小到大要过哪些坎 卢　强　著	老板手里的一张"企业成长路线图"	现在我在哪儿,未来还要走哪些路,都清楚了
	企业二次创业成功路线图 夏惊鸣　著	企业曾经抓住机会成功了,但下一步该怎么办?	企业怎样获得第二次成功,心里有个大框架了
	老板经理人双赢之道 陈　明　著	经理人怎养选平台、怎么开局,老板怎样选/育/用/留	老板生闷气,经理人牢骚大,这次知道该怎么办了
	简单思考:AMT 咨询创始人自述 孔祥云　著	著名咨询公司(AMT)的 CEO 创业历程中点点滴滴的经验与思考	每一位咨询人,每一位创业者和管理经营者,都值得一读
	企业文化的逻辑 王祥伍　黄健江　著	为什么企业绩效如此不同,解开绩效背后的文化密码	少有的深刻,有品质,读起来很流畅
	使命驱动企业成长 高可为　著	钱能让一个人今天努力,使命能让一群人长期努力	对于想做事业的人,'使命'是绕不过去的
思维突破	移动互联新玩法:未来商业的格局和趋势 史贤龙　著	传统商业、电商、移动互联,三个世界并存,这种新格局的玩法一定要懂	看清热点的本质,把握行业先机,一本书搞定移动互联网
	画出公司的互联网进化路线图:用互联网思维重塑产品、客户和价值 李　蓓　著	18 个问题帮助企业一步步梳理出互联网转型思路	思路清晰、案例丰富,非常有启发性
	重生战略:移动互联网和大数据时代的转型法则 沈　拓　著	在移动互联网和大数据时代,传统企业转型如同生命体打算与再造,称之为"重生战略"	帮助企业认清移动互联网环境下的变化和应对之道
	创造增量市场:传统企业互联网转型之道 刘红明　著	传统企业需要用互联网思维去创造增量,而不是用电子商务去转移传统业务的存量	教你怎么在"互联网+"的海洋中创造实实在在的增量
	7 个转变,让公司 3 年胜出 李　蓓　著	消费者主权时代,企业该怎么办	这就是互联网思维,老板有能这样想,肯定倒不了
	跳出同质思维,从跟随到领先 郭　剑　著	66 个精彩案例剖析,帮助老板突破行业长期思维惯性	做企业竟然有这么多玩法,开眼界
	麻烦就是需求　难题就是商机 卢根鑫　著	如何借助客户的眼睛发现商机	什么是真商机,怎么判断、怎么抓,有借鉴
	互联网+"变"与"不变":本土管理实践与创新论坛集萃·2016 本土管理实践与创新论坛　著	加速本土管理思想的孕育诞生,促进本土管理创新成果更好地服务企业、贡献社会	各个作者本年度最新思想,帮助读者拓宽眼界、突破思维

续表

管理类：效率如何提升，如何实现经营目标，如何"节流"			
	书名．作者	内容/特色	读者价值
通用管理	1. 让管理回归简单．升级版 2. 让经营回归简单．升级版 3. 让用人回归简单 宋新宇　著	宋博士的"简单"三部曲，影响20万读者，非常经典	被读者热情地称作"中小企业的管理圣经"
	边干边学做老板 黄中强　著	创业20多年的老板，有经验、能写、又愿意分享，这样的书很少	处处共鸣，帮助中小企业老板少走弯路
	阿米巴经营的中国模式 李志华　著	让员工从"要我干"到"我要干"，价值量化出来	阿米巴在企业如何落地，明白思路了
	阿米巴中国落地实践三部曲之科学划分阿米巴 胡八一　著	重点讲解如何科学划分阿米巴单元，阐述划分的实操要领、思路、方法、技术与工具	最大限度减少"推行风险"和"摸索成本"，利于公司成功搭建适合自身的个性化阿米巴经营体系
	欧博心法：好管理靠修行 曾　伟　著	用佛家的智慧，深刻剖析管理问题，见解独到	如果真的有'中国式管理'，曾老师是其中标志性人物
流程管理	1. 用流程解放管理者 2. 用流程解放管理者2 张国祥　著	中小企业阅读的流程管理、企业规范化的书	通俗易懂，理论和实践的结合恰到好处
	跟我们学建流程体系 陈立云　著	畅销书《跟我们学做流程管理》系列，更实操，更细致，更深入	更多地分享实践，分享感悟，从实践总结出来的方法论
战略落地	公司大了怎么管：从靠英雄到靠组织 AMT 金国华　著	第一次详尽阐释中国快速成长型企业的特点、问题及解决之道	帮助快速成长型企业领导及管理团队理清思路，突破瓶颈
	低效会议怎么改：每年节省一半会议成本的秘密 AMT 王玉荣　著	教你如何系统规划公司的各级会议，一本工具书	教会你科学管理会议的办法
	年初订计划，年尾有结果：战略落地七步成诗 AMT 郭晓　著	7个步骤教会你怎么让公司制定的战略转变为行动	系统规划，有效指导计划实现
企业案例·老板传记	宗：一位制造业企业家的思考 杨　涛　著	1993年创业，引领企业平稳发展20多年，分享独到的心得体会	难得的一本老板分享经验的书
	简单思考：AMT咨询创始人自述 孔祥云　著	著名咨询公司（AMT）的CEO创业历程中点点滴滴的经验与思考	每一位咨询人，每一位创业者和管理经营者，都值得一读
	六个核桃凭什么：从0过100亿 张学军　著	首部全面揭秘养元六个核桃裂变式成长的巨著	学习优秀企业的成长路径，了解其背后的理论体系
	三四线城市超市如何快速成长：解密甘雨亭 IBMG 国际商业管理集团　著	国内外标杆企业的经验+本土实践量化数据+操作步骤、方法	通俗易懂，行业经验丰富，宝贵的行业量化数据，关键思路和步骤
	中国首家未来超市：解密安徽乐城 IBMG 国际商业管理集团　著	本书深入挖掘了安徽乐城超市的试验案例，为零售企业未来的发展提供了一条可借鉴之路	通俗易懂，行业经验丰富，宝贵的行业量化数据，关键思路和步骤
	借力咨询：德邦成长背后的秘密 官同良　王祥伍　著	讲述德邦是如何借助咨询公司的力量进行自身 与发展的	来自德邦内部的第一线资料，真实、珍贵，令人受益匪浅
人力资源	回归本源看绩效 孙　波　著	让绩效回顾"改进工具"的本源，真正为企业所用	确实是来源于实践的思考，有共鸣
	曹子祥教你做绩效管理 曹子祥　著	复杂的理论通俗化，专业的知识简单化，企业绩效管理共性问题的解决方案	轻松掌握绩效管理
	把招聘做到极致 远　鸣　著	作为世界500强高级招聘经理，作者数十年招聘经验的总结分享	带来职场思考境界的提升和具体招聘方法的学习
	人才评价中心．超级漫画版 邢　雷　著	专业的主题，漫画的形式，只此一本	没想到一本专业的书，能写成这效果

续表

人力资源	**走出薪酬管理误区** 全怀周　著	剖析薪酬管理的 8 大误区，真正发挥好枢纽作用	值得企业深读的实用教案
	集团化人力资源管理实践 李小勇　著	对搭建集团化的企业很有帮助，务实，实用	最大的亮点不是理论，而是结合实际的深入剖析
	我的人力资源咨询笔记 张　伟　著	管理咨询师的视角，思考企业的 HR 管理	通过咨询师的眼睛对比很多企业，有启发
	本土化人力资源管理 8 大思维 周　剑　著	成熟 HR 理论，在本土中小企业实践中的探索和思考	对企业的现实困境有真切体会，有启发
	HRBP 是这样炼成的之“菜鸟起飞” 新　海　著	以小说的形式，具体解析 HRBP 的职责，应该如何操作，如何为业务服务	实践者的经验分享，内容实务具体，形式有趣
企业文化	**华夏基石方法：企业文化落地本土实践** 王祥伍　谭俊峰　著	十年积累、原创方法、一线资料，和盘托出	在文化落地方面真正有洞察，有实操价值的书
	企业文化的逻辑 王祥伍　著	为什么企业之间如此不同，解开绩效背后的文化密码	少有的深刻，有品质，读起来很流畅
	企业文化激活沟通 宋杼宸　安　琪　著	透过新任 HR 总经理的眼睛，揭示出沟通与企业文化的关系	有实际指导作用的文化落地读本
	在组织中绽放自我：从专业化到职业化 朱仁健　王祥伍　著	个人如何融入组织，组织如何助力个人成长	帮助企业员工快速认同并投入到组织中去，为企业发展贡献力量
	企业文化定位・落地一本通 王明胤　著	把高深枯燥的专业理论创建成一套系统化、实操化、简单化的企业文化缔造方法	对企业文化不了解，不会做？有这一本从概念到实操，就够了
生产管理	**高员工流失率下的精益生产** 余伟辉　著	中国的精益生产必须面对和解决高员工流失率问题	确实来源于本土的工厂车间，很务实
	车间人员管理那些事儿 岑立聪　著	车间人员管理中处理各种“疑难杂症”的经验和方法	基层车间管理者最闹心、头疼的事，‘打包’解决
	1. 欧博心法：好管理靠修行 **2. 欧博心法：好工厂这样管** 曾　伟　著	他是本土最大的制造业管理咨询机构创始人，他从 400 多个项目、上万家企业实践中锤炼出的欧博心法	中小制造型企业，一定会有很强的共鸣
	欧博工厂案例 1：生产计划管控对话录 **欧博工厂案例 2：品质技术改善对话录** **欧博工厂案例 3：员工执行力提升对话录** 曾　伟　著	最典型的问题、最详尽的解析，工厂管理 9 大问题 27 个经典案例	没想到说得这么细，超出想象，案例很典型，照搬都可以了
	苦中得乐：管理者的第一堂必修课 曾　伟　编著	曾伟与师傅大愿法师的对话，佛学与管理实践的碰撞，管理禅的修行之道	用佛学最高智慧看透管理
	比日本工厂更高效 1：管理提升无极限 刘承元　著	指出制造型企业管理的六大积弊；颠覆流行的错误认知；掌握精益管理的精髓	每一个企业都有自己不同的问题，管理没有一剑封喉的秘笈，要从现场、现物、现实出发
	比日本工厂更高效 2：超强经营力 刘承元　著	企业要获得持续盈利，就要开源和节流，即实现销售最大化，费用最小化	掌握提升工厂效率的全新方法
	比日本工厂更高效 3：精益改善力的成功实践 刘承元　著	工厂全面改善系统有其独特的目的取向特征，着眼于企业经营体质（持续竞争力）的建设与提升	用持续改善力来飞速提升工厂的效率，高效率能够带来意想不到的高效益
	3A 顾问精益实践 1：IE 与效率提升 党新民　苏迎斌　蓝旭日　著	系统的阐述了 IE 技术的来龙去脉以及操作方法	使员工与企业持续获利

续表

员工素质提升	**跟老板"偷师"学创业** 吴江萍　余晓雷　著	边学边干，边观察边成长，你也可以当老板	不同于其他类型的创业书，让你在工作中积累创业经验，一举成功
	销售轨迹：一位快消品营销总监的拼搏之路 秦国伟　著	本书讲述了一个普通销售员打拼成为跨国企业营销总监的真实奋斗历程	激励人心，给广大销售员以力量和鼓舞
	在组织中绽放自我：从专业化到职业化 朱仁健　王祥伍　著	个人如何融入组织，组织如何助力个人成长	帮助企业员工快速认同并投入到组织中去，为企业发展贡献力量
	企业员工弟子规：用心做小事，成就大事业 贾同领　著	从传统文化《弟子规》中学习企业中为人处事的办法，从自身做起	点滴小事，修养自身，从自身的改善得到事业的提升
	手把手教你做顶尖企业内训师：TTT培训师宝典 熊亚柱　著	从课程研发到现场把控、个人提升都有涉及，易读易懂，内容丰富全面	想要做企业内训师的员工有福了，本书教你如何抓住关键，从入门到精通
营销类：把客户需求融入企业各环节，提供"客户认为"有价值的东西			
	书名．作者	内容/特色	读者价值
营销模式	**变局下的营销模式升级** 程绍珊　叶　宁　著	客户驱动模式、技术驱动模式、资源驱动模式	很多行业的营销模式被颠覆，调整的思路有了！
	卖轮子 科克斯【美】	小说版的营销学！营销理念巧妙贯穿其中，贵在既有趣，又有深度	经典、有趣！一个故事读懂营销精髓
	弱势品牌如何做营销 李政权　著	中小企业虽有品牌但没名气，营销照样能做的有声有色	没有丰富的实操经验，写不出这么具体、详实的案例和步骤，很有启发
	老板如何管营销 史贤龙　著	高段位营销16招，好学好用	老板能看，营销人也能看
	动销：产品是如何畅销起来的 吴江萍　余晓雷　著	真真切切告诉你，产品究竟怎么才能卖出去	击中痛点，提供方法，你值得拥有
组织和团队	**升级你的营销组织** 程绍珊　吴越舟　著	用"有机性"的营销组织替代"营销能人"，营销团队变成"铁营盘"	营销队伍最难管，程老师不愧是营销第1操盘手，步骤方法都很成熟
	用数字解放营销人 黄润霖　著	通过量化帮助营销人员提高工作效率	作者很用心，很好的常备工具书
	成为优秀的快消品区域经理 伯建新　著	37个"怎么办"分析区域经理的工作关键点	可以作为区域经理的'速成催化器'
	一位销售经理的工作心得 蒋　军　著	一线营销管理人员想提升业绩却无从下手时，可以看看这本书	一线的真实感悟
	快消品营销：一位销售经理的工作心得2 蒋　军　著	快消品、食品饮料营销的经验之谈，重点突出	来源于实战的精华总结
	销售轨迹：一位快消品营销总监的拼搏之路 秦国伟　著	本书讲述了一个普通销售员打拼成为跨国企业营销总监的真实奋斗历程	激励人心，给广大销售员以力量和鼓舞
	用营销计划锁定胜局：用数字解放营销人2 黄润霖　著	全方位教你怎么做好营销计划，好学好用真简单	照搬套用就行，做营销计划再也不头痛
	快消品营销人的第一本书：从入门到精通 刘　雷　伯建新　著	快消行业必读书，从入门到专业	深入细致，易学易懂
营销案例	**解决方案营销实战案例** 刘祖轲　著	用10个真案例讲明白什么是工业品的解决方案式营销，实战、实用	有干货、真正操作过的才能写得出来
	招招见销量的营销常识 刘文新　著	如何让每一个营销动作都直指销量	适合中小企业，看了就能用

续表

营销案例	**我们的营销真案例** 联纵智达研究院　著	五芳斋粽子从区域到全国/诺贝尔瓷砖门店销量提升/利豪家具出口转内销/汤臣倍健的营销模式	选择的案例都很有代表性，实在、实操！
	中国营销战实录：令人拍案叫绝的营销真案例 联纵智达　著	51个案例，42家企业，38万字，18年，累计2000余人次参与……	最真实的营销案例，全是一线记录，开阔眼界
	双剑破局：沈坤营销策划案例集 沈　坤　著	双剑公司多年来的精选案例解析集，阐述了项目策划中每一个营销策略的诞生过程，策划角度和方法	一线真实案例，与众不同的策划角度令人拍案叫绝、受益匪浅
产品	**产品炼金术Ⅰ：如何打造畅销产品** 史贤龙　著	满足不同阶段、不同体量、不同行业企业对产品的完整需求	必须具备的思维和方法，避免在产品问题上走弯路
	产品炼金术Ⅱ：如何用产品驱动企业成长 史贤龙　著	做好产品、关注产品的品质，就是企业成功的第一步	必须具备的思维和方法，避免在产品问题上走弯路
	新产品开发管理，就用IPD 郭富才　著	10年IPD研发管理咨询总结，国内首部IPD专业著作	一本书掌握IPD管理精髓
品牌	**中小企业如何建品牌** 梁小平　著	中小企业建品牌的入门读本，通俗、易懂	对建品牌有了一个整体框架
	采纳方法：破解本土营销8大难题 朱玉童　编著	全面、系统、案例丰富、图文并茂	希望在品牌营销方面有所突破的人，应该看看
	中国品牌营销十三战法 朱玉童　编著	采纳20年来的品牌策划方法，同时配有大量的案例	众包方式写作，丰富案例给人启发，极具价值
	今后这样做品牌：移动互联时代的品牌营销策略 蒋军　著	与移动互联紧密结合，告诉你老方法还能不能用，新方法怎么用	今后这样做品牌就对了
	中小企业如何打造区域强势品牌 吴之　著	帮助区域的中小企业打造自身品牌，如何在强壮自身的基础上往外拓展	梳理误区，系统思考品牌问题，切实符合中小区域品牌的自身特点进行阐述
渠道通路	**快消品营销与渠道管理** 谭长春　著	将快消品标杆企业渠道管理的经验和方法分享出来	可口可乐、华润的一些具体的渠道管理经验，实战
	传统行业如何用网络拿订单 张　进　著	给老板看的第一本网络营销书	适合不懂网络技术的经营决策者看
	采纳方法：化解渠道冲突 朱玉童　编著	系统剖析渠道冲突，21个渠道冲突案例、情景式讲解，37篇讲义	系统、全面
	学话术　卖产品 张小虎　著	分析常见的顾客异议，将优秀的话术模块化	让普通导购员也能成为销售精英
	向高层销售：与决策者有效打交道 贺兵一　著	一套完整有效的销售策略	有工具，有方法，有案例，通俗易懂
	通路精耕操作全解：快消品20年实战精华 周　俊　陈小龙　著	通路精耕的详细全解，每一步的具体操作方法和表单全部无保留提供	康师傅二十年的经验和精华，实践证明的最有效方法，教你如何主宰通路

思想·文化

	书名．作者	内容/特色	读者价值
思想·文化	**史幼波中庸讲记（上下册）** 史幼波　著	全面、深入浅出地揭示儒家中庸文化的真谛	儒释道三家思想融汇贯通
	史幼波心经讲记（上下册） 史幼波　著	句句精讲，句句透彻，佛法经典的多角度阐释	通俗易懂，将深刻的教理以浅显的语言讲出来
	史幼波大学讲记 史幼波　著	用儒释道的观点阐释大学的深刻思想	一本书读懂传统文化经典
	史幼波《周子通书》《太极图说》讲记 史幼波　著	把形而上的宇宙、天地，与形而下的社会、人生、经济、文化等融合在一起	将儒家的一整套学修系统融合起来